기독교 이야기 윤리

KB208669

기독교 이야기 윤리

초판 1쇄 찍은 날 · 2006년 3월 15일 | 초판 1쇄 펴낸 날 · 2006년 3월 22일

지은이 · 한기채 | **펴낸이** · 김승태

편집장 · 김은주 | **편집** · 박지영, 윤구영, 노지현, 정근미 | **디자인** · 이승희, 이훈혜, 김연정 | **제작** · 한정수
영업본부장 · 오상섭 | **영업** · 변미영, 장완철 | **홍보** · 주진호 | **물류** · 조용환, 신승철
드림빌더스 · 고종원

등록번호 · 제2-1349호(1992. 3. 31.) | **펴낸 곳** · 예영커뮤니케이션
주소 · (110-616) 서울 광화문우체국 사서함 1661호 | **홈페이지** www.jeyoung.com
출판사업부 · T. (02)766-8931 F. (02)766-8934 e-mail: jeyoungedit@chol.com
출판유통사업 · T. (02)766-7912 F. (02)766-8934 e-mail: jeyoungsales@chol.com

ISBN 89-8350-392-0 (03230)

값 12,000원

▪ 잘못 만들어진 책은 교환해 드립니다..

기독교 이야기 윤리

한기채 지음

예영커뮤니케이션

신학 하는 이야기

저는 1959년 기독교 신앙적인 배경이 없는 집에서 태어나 중학교 1학년까지 시골에서 보내고 중학교 2학년에 전주로 전학을 가 미션 스쿨을 다니게 되었습니다. 학교 채플에서 처음으로 찬송과 성경을 보았습니다. 그래도 일 년 동안은 교회에 출석을 하지 않았는데, 예배 시간마다 고향에 계시는 어머니가 생각나서 울었던 기억이 납니다. 저는 그 때 누나와 함께 전주에서 자취를 하면서 학교에 다녔는데 예수님 이야기를 들으면 어머니 생각이 났습니다. 그래서 그런지 지금까지 저에게는 하나님이 어머니 같은 분으로 자리하고 있습니다. 중학교 3학년이 되어 친구의 권유로 전주성결교회에 나가게 된 것이 계기가 되어 지금까지 신앙생활을 이어오고 있습니다. 저는 고등부 활동을 하면서 하나님이 저를 이 땅에 보내신 목적이 무엇인지 알기 위하여 열심히 기도하였습니다. 기도하면 할수록 거부할 수 없는 하나님의 목회에 대한 부르심이 있어서 집안의 반대에도 불구하고 서울신학대학 신학과에 진학하게 되었습니다. 처음에는 반대하였던 가족들이 하나씩 예수님을 영접하기 시작하여 부모님도 훌륭한 믿음의 사람이 되었고, 삼 형제 모두 목사가 되었으며, 누이들도 신실한 믿음을 가지고 있습니다. 저는 신학교에 다닐 때 학문적인 갈증이 많았습니다. 저는 영성과 지성을 겸비한 신학자가 되어 훌륭한 목회자를 양성하는 사람이 되겠다는 꿈을 가졌습니다. 그래서 1988년 군목을 마친 직후 아내와 두 아이를 동반하고 미국으로 유학을 떠났습니다. 밴더빌트에서 공부하면서 기존 한인교회를 담임하기도 하고, 미국 교회 부목사로 일하다가 한인교회를 개척하기도 하였습니다. 이 때부터 저는 신학 하는 일과 목회 하는 일을 동시에 수행하였습니다. 목회를 하였기 때문에 신학공부에 필요한 영적 · 물질적 도움을 받을 수 있었으며, 신학공부를 하였기 때문에 목회가 풍성하였습니다. 공부하다가 지치면 심방을 하였고, 교회 일을 하다가 한계를 느끼면 공부를 하였습니다. 신학과 목회를 넘나드는 영역 허물기 생활을 9년 동안 하면서 신학과 목회는 서로에게 도움이 되었고 서로에게 안식을 주었습니다. 목회활동을 하지 않았다면 그렇게 메마른 신학공부를 할 수 있었을까 의심이 듭니다. 신학공부를 하지 않았다면 목회의 매너리즘에 빠지지 않았을까 생각해 봅니다. 그렇게 학교에 6년 반 동안 몸담고 있으면서 MTS와 MA 그리고 PHD를 마쳤습니다. 나머지 3년은 목회에 중심축을 두면서도 신학 연구 활동을 계속하였습니다. 돌이켜 보면 어려운 일도 많았지만 하나님의 선하심과 인자하심을 맛보아 아는 시간들이었습니다. 주님은 늘 감당할 수 있는 정도에서 훈련을 시키시곤 하셨는데 그 중 제일 마음 아픈 일은 건강하시던 아버님이 암으로 일찍 세상을 떠나시고 그 장례식에도 참석하지 못한 일입니다. 주님께 부름을 받은 후 신학 하는 일, 교회를 섬기는 일, 그리고 나 자신을 목회하는 일을 동시에 수행하시는 하나님의 섭리는 이루 헤아릴 길이 없습니다. 한국에 1996년에 귀국한 후 다시 연단의 시간을 보내야 했습니다. 교수 자리가 주어지지 않아 서울신학대학교와 연세대학교에서 강사와 겸임교수로 나가면서 새사람교회에서 공동목회를 하는 한편 한국기독교실업인회 성경공부를 인도하였습니다. 그러면서 저는 저의 신학이 평신도들이 이해할 수 있고, 교회를 세우기 위한 신학이 되기를 갈망했습니다. 서울신학대학교 전임교수가 된 후에도 교회를 향한 관심은 계속되어 설교와 성경공부를 꾸준히 인도하였습니다. 한편으로는 신학서적과 논문을 쓰면서 다른 한편으론 신앙서적을 출판하였습니다. 이번에 출판되는 『기독교 이야기 윤리』는 시간이 있을 때마다 발표한 여러 논문들을 편집하여 출간하는 것으로 2003년에 출판한 『성서 이야기 윤리』(대한기독교서회)의 자매편에 해당합니다. 여러 가지 미흡한 것이 보이고 중복되는 것도 보이지만 목회를 하다보니 다른 일이 쌓여 더 이상 출판을 미룰 수 없어서 이렇게 일단을 정리하고자 합니다. 저는 2004년에 성결교회의 모교회가 되는 중앙성결교회에 부름을 받아 전임교수직을 사임하고 담임목회를 하고 있습니다. 제가 계획하거나 원한 바는 아니었지만 하나님의 이끄심이 있으셔서 순종하였습니다. 그러면서도 서울신학대학교 겸임교수와 한국기독교윤리학회 회장(2005~2006)을 맡아 섬기고 있습니다. 이렇게 신학 하는 일과 목회하는 일이 자리바꿈을 거듭하며 지금도 계속되고 있습니다.

제가 이번에 출판하는 글들은 저의 박사 학위 논문에서 제시하였던 이야기 방법론을 따라 사회윤리학을 전개한 것입니다. 저의 박사학위 논문은 "Toward a Christian Narrative Ethic in Korea: A Methodological Discourse"였는데, 우리말로 번역하자면 "한국에서의 기독교 이야기 윤리를 위한 방법론적 논의"라고 할 수 있습니다. 이 논문은 하나의 질문에서 출발합니다. 즉, 어떻게 기독교적이면서도 한국의 민중들을 위한 윤리를 할 수 있겠는가? 다시 말하면 어떻게 기독교의 아이덴티티를 지키면서도 전통적인 한국 민중의 문화유산도 함께 가질 수 있느냐 입니다. 저의 관심은 기독교의 기본적인 복음의 본질을 손상시키지 않으면서 어떻게 한국의 전통적인 문화와 종교행위를 기독교 신학에 접목시켜 한국적인 신학을 형성하느냐 였습니다. 왜냐하면 지금까지 소위 서구 선교사들에 의해 유입된 전통적인 신학은 기독교의 아이덴티티를 지키기 위해 한국의 전통적인 문화를 백안시하였고 반면 한국에서 일어난 민중 신학이나 토착화 신학 등 자유주의 신학은 한국의 전통적인 문화나 종교에 주안점을 두다 보니 기독교의 복음을 상대화 시켜버리는 오류를 범하고 말았기 때문입니다. 그러므로 나는 이 양극단, 즉 배타주의(Exclusivism)와 상대주의(Relativism)를 지양하고 "상호변형모델"(Mutual-transformation model)을 대안으로 제시했습니다. 이것은 리차드 니버가 말한 "문화를 변혁시키는 그리스도"에다가 "문화도 그리스도의 이미지를 변형"시킨다는 주장을 추가한 이론입니다.

이러한 과제를 수행함에 있어서 "이야기"(Narrative)라는 수단을 동원했습니다. 이야기는 우리의 윤리적인 행위에 있어서 가치를 전달하는 중요한 매개체가 되기 때문입니다. 이야기에는 도덕적 가치도, 성품도, 도덕적 이상도 들어 있습니다. 이야기를 통하여 우리는 내가 직접 경험하지 않은 다른 사람의 경험에 동참 할 수 있습니다. 이야기에는 무엇이 옳으며 그른지 그리고 악을 미워하고 선을 사랑하도록 교육하는 효과가 있습니다. 그러므로 이야기는 성품을 개도하는 도덕 교육에 효과적입니다. 또 이야기는 자의식(Self-identification)을 일깨워 주어 억울하고 억눌린 자들과 동질의식을 가지게 하고 그들을 위하여 행동하도록 촉구합니다. 그리고 이야기는 억눌린 자를 해방시키는 잠재적인 능력을 가지고 있습니다. 이야기는 한 사람의 삶과 세계관을 변형시킬 수 있습니다. 이렇게 이야기를 통해 "됨"(being)의 윤리와 "함"(doing)의 윤리를 동시에 할 수 있습니다. 이야기에는 덕성도 내포되어 있고 행위도 들어 있기 때문입니다.

우리는 한국인이면서 동시에 기독교인이므로 크게 두 가지 이야기의 전통을 공유하고 있습니다. 하나는 전통적 한국 민중의 이야기요, 다른 하나는 성서에 나타난 기독교인의 이야기입니다. 저의 과제는 이 두 개의 이야기를 어떻게 잘 조화롭게 만나게 하느냐에 있습니다. 윤리의 과제인 민중의 해방이라는 관점에서 나는 두 이야기의 만남을 시도하였습니다. 이것을 민중윤리라고 했습니다. 그리고 민중윤리는 이야기 윤리여야 한다고 주장하였습니다. 왜냐하면 민중은 철학적, 사변적인 것으로 사상을 표현하지 않고 이야기로 표현하기 때문입니다. 이야기는 민중의 언어입니다. 이야기를 통해 민중은 윤리도, 신학도, 교육도, 의사소통도 할 수 있습니다. 민중의 이야기는 민중의 경험을 나누는데 그들의 경험의 핵은 다름 아닌 "한" 즉 고난의 경험입니다. 우리가 민중의 한을 알기 위해선 민중의 이야기를 들어야 합니다. 진정한 민중의 이야기는 한의 경험을 내포하고 있는데 이야기는 한을 드러내고(Narrative revelation), 한을 공감하고(Narrative solidarity), 한을 초월합니다 (Narrative soteriology).

우리의 역사는 한의 문화와 한의 사회운동들로 점철되어져 왔습니다. 한국민중들의 이야기는 종교 문화적 전기(religio-cultural biography)와 사회 정치적 전기(socio-political biography)로 되어 있습니다. 예를 들면 종교 문화적 전기는 샤머니즘이나, 탈춤, 판소리, 민담, 민요 등을 들수 있고, 사회 정치적 전기는 동학혁명, 삼일운동, 광주 민주화 운동, 정신대 이야기, 이산가족 이야기, 노동자들의 이야기 등 입니다. 나는 한국의 민중 이야기를 네 가지로 분류하여 실화(life stories), 민담(folk stories), 공연된 이야기(played stories), 제의적 이야기(ritual stories)로 나누고 각각의 예를 들어 문화 인류학적 입장에서 설명하였습니다. 이야기를 보는 세 가지 중요한 관점은 이런 이야기들이 어떻게 한을 다루고 있는가, 어떻게 이야기를 통해 민중들을 의식화시키고 있는가, 어떻게 민중들은 이야기를 통해 초극의 힘(the power of transcendence)을 느끼느냐 입니다.

최근에 제임스 바(James Barr)라는 구약 학자는 성서는 이야기로 읽어야 한다는 주장을 펴고 있습니다. 현재까지의 역사 문헌적 성서 비평 외에 "이야기 비평"(Narrative Criticism)에 의해 성서의 정확한 뜻이 드러난다는 것입니다. 이런 관점에서 성서를 보면 성서의 이야기도 역시 성서의 민중들의 한과 한풀이 과정을 담고 있습니다. 출애굽은 이스라엘의 이집트 노예 생활에서의 억압과 해방의 이야기입니다. 성서의 약자와 가난한 자에 대한 관심, 예언자들의 정의를 향한 외침, 시편 기자의 탄식의 소리, 성서에서 다루는 고통의 문제, 예수님의 치유사역이나 말씀 사역 특별히 비유의 말씀, 십자가 사건 등은 당시 민중들의 생활과 그들을 향한 하나님의 관심을 잘 보여주고 있습니다. 이런 면에서 성서의 이야기는 우리 한국 민중의 이야기와 많은 유사점을 가지고 있습니다.

성서의 이야기는 반드시 민중의 이야기와 만나야 되고 만나되 창의적인 대화를 할 수 있어야 합니다. 만일 오늘 우리의 이야기와 만나지 않는다면 성서의 이야기는 하나의 독백이요, 과거의 일들을 회상하는 기억에 지나지 않습니다. 부단히 오늘 우리에게 살아서 역사 하는 말씀이 되기 위해선 우리의 특별한 이야기와 만나 대화를 나누어야 합니다. 이 만남을 통하여 성서는 계시적인 말씀으로 나에게 들려집니다. 성서의 이야기가 죄와 구원의 패러다임을 가지고 있다면 민중의 이야기는 한과 한풀이의 패러다임을 가지고 있습니다. 이 두 이야기는 서로 유사점과 상이점을 동시에 가지고 있습니다. 만일 상이점만을 부각시켜 말하면 전통적인 신학처럼 한국적인 것을 신학에서 배제하는 오류를 범합니다. 반대로 민중 신학이나 토착화 신학처럼 유사성만을 고집하면 한국적인 것을 무조건 무리하게 신학화 하는 혼합주의에 빠질 우려가 있습니다. 저는 두 이야기의 공통점 위에 민중윤리를 세우고 차이점을 통해 상호 보완하는 대화를 시도하고 있습니다. 성서의 이야기나 민중의 이야기는 둘 다 민중을 교육하고, 의식화하고, 해방시키는 이야기라는 점에서 공통점을 가지고 있습니다. 이것이 윤리의 목적이며 만일 민중 신학이 민중의 해방을 목적하고 있다면 상대주의에 빠지지 않고도 민중 윤리로 이 과제를 충분히 수행할 수 있습니다. 성서의 이야기는 종교-윤리적 해방의 표현이요, 민중운동은 사회-정치적 해방의 표현이요, 민중문화는 문화-예술적 해방의 표출인 것입니다. 그러므로 이 이야기들 속에서 찾아지는 민중윤리는 해방하는 윤리, 공감 동참하는 윤리입니다. 물론 두 이야기의 차이점도 있습니다. 성서의 이야기는 영혼의 구원 문제를 포함하나 민중의 이야기는 다분히 현세 지향적인 해방을 의미합니다.

하나님, 압제자, 눌린 자의 삼각관계에서 본다면 압제자는 눌린 자를 억압하고 착취하므로 하나님께 죄를 짓고 눌린 자에겐 한(고통)을 주게 됩니다. 전통적인 신학은 여기에서 죄와 구원의 문제를 논함으로 주로 압제자의 문제를 해결하고자 하고 눌린 자의 한의 문제에 대해선 소홀했던 것이 사실입니다. 이런 신학은 가진 자들을 위한 신학으로 전락하고 민중의 한에 대해선 침묵하게 됩니다. 그러나 바른 신학은 고통당하고 소외된 민중들의 한을 치료하는 신학이어야 합니다. 사실 성서의 이야기를 살펴보면 하나님은 고통당하는 자와 함께 아파하셨고, 그들의 외침을 들으셨고, 예수님도 "상처받은 치료자"이셨습니다. 이것이 한국 민중의 이야기가 제공할 수 있는 성서를 보는 한 가지 중요한 해석학적 공헌입니다. 민중의 이야기는 기독교의 죄에다가 한의 의미를 더불어 생각하고, 예수를 가난한 자 억눌린 자의 주로 보게 합니다. 물론 민중의 이야기가 성서의 이야기와 만날 때 민중의 이야기는 계시적인 권위를 얻습니다. 그리고 성서의 이야기는 민중들의 한이 부정적인 방향으로 나아가 파괴적인 자포자기나, 복수 등으로 한이 악순환 되는 것을 막고 건설적으로 한을 삭혀 긍정적으로 한을 푸는데 도움을 줍니다. 여기서 "한 삭임"(Melting Han)의 기능은 중요합니다. 민중의 이야기는 구조적인 악을 보여 주고, 대신 성서의 이야기는 개인적인 죄도 간과하지 말 것을 알려 줍니다.

성서의 이야기와 민중의 이야기에 기초한 민중의 윤리의 목적은 "한 많은"(Hanfull) 사회에서 "한 없는"(Hanless) 사회로 전환하는데 있습니다. 이로서 민중윤리는 정치적, 문화적, 종교적 윤리를 변증법적으로 통합하고자 하였습니다. 윤리학도로서의 저의 역할은 이야기꾼이 되는 것입니다. 좋은 이야기를 개발하고 그 이야기를 들려주는 것입니다. 자녀들에게도 아름다운 성품을 만들어 주기 위해선 품성 개발에 도움이 되는 이야기들을 들려주는 것이 좋습니다. 통일문제, 환경보존, 장애자 보호, 생명경외, 의료윤리, 이민문제 등 산적한 많은 과제를 다룸에 있어서 이야기 방법론을 도입하여 윤리를 전개한다면 동감하게 하고 동참하게 하는데 큰 효과가 있을 것입니다. 그러므로 저의 학위 논문은 이러한 방법론의 하나를 제시하였다는데 의미가 있다 하겠습니다.

지난 세기의 서구 윤리학은 20세기까지는 주로 보편적이면서 객관적인 규범을 찾는 데에 주력하였습니다. 규범은 밖에서 주어지는 것이므로 자연히 권위는 외부에 있었고 개인들은 주어진 규범에 복종하면 되었습니다. 이런 경향은 기독교윤리학에서 신중심적인 윤리로 두드러지게 나타난다고 볼 수 있습니다. 그런데 20세기초부터 윤리적인 행위자인 인간과 그들이 처한 상황과 현실을 강조하는 맥락주의가 윤리학의 흐름을 주도하게 되었습니다. 현실 상황 속에 살고 있는 인간이 윤리적 가치의 근거요, 윤리적 가치판단의 주체가 되었습니다. 실용주의, 공리주의 윤리에서 볼 수 있는 바와 같이 이러한 인본주의 윤리학은 윤리적 판단의 중심 권위를 인간의 손에 돌려주었습니다. 그런데 여기에서 야기되는 문제는 현대의 많은 윤리적 이슈들인 안락사, 동성애, 낙태, 인간배아연구, 인간복제 같은 사안들이 인간의 필요에 따라 윤리적으로 정당화될 수도 있다는 것입니다. 이런 윤리 모델에서는 자연 생태계와 초월이 윤리적인 판단에 있어서 주변으로 소외됩니다. 이러한 경향은 기독교윤리 안에서도 상황을 중시하는 기독론중심적인 윤리로 나타나고 있습니다.

저는 21세기의 산적한 많은 문제들을 해결하기 위해서는 규범과 상황, 초월과 현실, 어느 쪽으로든 주체와 객체의 종속적인 관계를 설정해서는 안 된다고 봅니다. 이러한 이분법적인 윤리를 타파하기 위해서는 성령의 역동적인 역사에 관심을 두어야 합니다. 주체와 주체의 간주관성(inter subjectivity)속에서 성령론적인 윤리를 지향해야 한다고 봅니다. 하나님과 공동체와 나의 상호관계성 속에서, 시간적으로는 과거와 현재와 미래를 함께 아우르고, 공간적으로는 자연생태계와 인간과 초월이 함께 어울리는 책임윤리를 세워 나가야 한다고 봅니다. 이러한 관심에서 이야기윤리 방법론이 주목을 끕니다.

저는 여기에서 이야기 윤리를 본격적으로 전개하지는 못하였지만 크게 세 부분으로 나누어 집필을 하였습니다. 각 장은 다른 시간에 쓴 글들이 모아진 것이기 때문에 부분적으로 중복되는 것이 나옵니다. 그렇지만 각 장은 독립적으로 읽을 수 있도록 되어 있습니다. 시사적인 통계는 시기와 상황에 따라 달라지겠지만 기본적인 가치체계는 응용할 수 있을 것입니다. 제1부에서는 이야기 윤리의 최근 경향과 방법론을 다루면서 저의 박사 학위 논문의 일부를 소개하였습니다. 제2부에서는 기독교 윤리는 신앙의 생활화에 주된 관심이 있다고 보고 생활영성의 문제를 다루었습니다. 생활영성의 주제가 되는 것을 기본적으로 다루었습니다. 응용윤리의 차원에서 윤리를 영성으로 연결시켜 개인의 영성과 공동체의 영성, 그리고 노동의 문제를 다루었습니다. 영성과 윤리의 문제는 앞으로 지속적인 작업이 필요한 부분입니다. 제3부에서는 생명과 윤리 문제를 다루었는데, 종전의 기독교 윤리가 사랑을 중심으로 전개 되었다면 최근에는 생명에 관한 주제가 중요한 이슈로 등장하고 있습니다. 결국 사랑과 생명은 같은 것의 양면과 같습니다. 사랑이 생명을 가능하게 하고 생명이 있는 존재는 사랑하게 되어 있습니다. 생명(Live)을 역행하는 것이 악(Evil)입니다. 생명은 하나님께서 주신 가장 신성한 것임을 인식하는 생명 신학의 입장에 서서 생태계, 의료, 생명유전공학, 그리고 나이 듦과 죽음에 대해서 다루어 보았습니다. 최근까지 윤리는 "무엇이 선이냐?"를 찾아가는 목적론적 윤리, "무엇이 옳은 것이냐?"를 논하는 의무론적 윤리, 그리고 "무엇이 적합한 응답인가?"를 찾아가는 책임윤리 등으로 진행이 되었습니다. 이런 전통적인 윤리에서는 행복, 자유, 평화, 정의 같은 가치나 덕목들이 강조되거나, 아니면 의무, 원칙, 명령 등이 중시되었고, 책임 등의 개념들이 중요했었습니다. 그러나 이제 오늘 우리의 상황은 생존의 문제가 심각한 문제로 대두되고 있습니다. 그러므로 우리에게 필요한 것은 생명을 지향하는 윤리라고 생각합니다. 이전의 기독교윤리가 사랑이라는 개념을 중심으로 전개되었다면 이제는 생명이라는 개념이 중요하게 되었습니다. 사랑과 생명(Love and Life), 이것은 기독교의 본질이기도 합니다. 생명 이외에 최고의 가치는 있을 수 없습니다. 이 생명은 비단 인간의 생명만을 의미하지 않습니다. 하나님이 주시는 생명은 모든 만물에 충만하게 흐릅니다. 생명은 하나님께서 주신 가장 신성한 것임을 인식하는 생명신학의 입장에서서 생태, 의료, 현대 사회의 문제를 조명하고자 했습니다. 생명윤리는 예방윤리여야 하며 책임윤리여야 합니다. 과학기술의 진보가 너무 가속화 된 상황에서 윤리적 반성의 노력이 느리면 사후처방적인 것이 되기 쉽기 때문에 예상되는 문제점들을 미리 지적하여 위기를 예방해야 합니다. 그리고 윤리적 책임의 범위는 공간적으로는 비단 이웃에게 뿐 아니라 생태계에게 까지 미치고, 시간적으로는 과거와 현재 그리고 미래의 세대에 대한 책임까지도 포함합니다.

제 박사 학위 논문이 통과될 때 가장 기뻐하신 분은 저의 지도교수 하워드 해로드(Howard Harrod) 박사님이십니다. 그 분은 학문적으로 뿐 아니라 제 인생의 진정한 멘토이십니다. 그 분은 학문을 삶에 담아 주셨습니다. 암 투병을 하시면서도 저의 학문적인 과정에 지장을 줄까봐 노심초사하시던 모습은 잊을 수가 없습니다. 지금은 하나님의 부르심을 받았지만 그 분이 저에게 남기신 많은 선물들은 아직도 저를 풍요롭게 하고 있습니다. 해로드 박사님께 부족하기 짝이 없는 이 책을 바칩니다. 선생님의 이름에 부끄러움이 없는 삶을 살고 싶습니다.

동역자로서 언제나 나를 믿어주고 든든한 버팀목이 되면서도 자신의 사명을 위해서 끊임없이 정진하는 사랑스러운 아내 동숙, 이제 나의 친구에서 세계인으로 자라나 자기의 영역을 넓혀가기 위해 점점 더 멀리 나가며 항상 도전적인 자세를 잃지 않는 자랑스러운 아들 보형, 엄마 아빠에 이어 밴더빌트 대학을 자신의 발판으로 삼아 자신만의 꿈을 소리 없이 성실하게 키우고 있는 아름다운 딸 신형, 우리가 함께 지나 온 시간들이 만들어 놓은 흔적들이 너무나 아름답습니다.

제가 한국에서 자유롭게 학문을 할 수 있도록 지원해 준 서울신학대학교와 영성과 지성을 겸비하신 존경하는 선후배 교수님들, 그리고 수업 시간에 훌륭한 청중과 토론자가 되었던 학생들께 감사드립니다. 한국 기독교윤리학회 회원들의 격려와 나눔에 감사드립니다. 부족한 사람을 담임목사로 불러주고 사랑과 인내로 후원하는 중앙성결교회 가족들에게 감사드립니다. 어려운 출판여건에도 다양한 저자를 발굴하여 발표하는 장을 만들어 보겠다는 일념으로 일하시는 예영 커뮤니케이션 김승태 사장님과 편집자 여러분들께 감사드립니다.

모든 영광은 하나님께 돌립니다.

중앙성결교회 목사 서재에서

한기채

제1부 이야기 윤리

제1부 · 운동 이야기

제2부 운동과 원리

제3부 산업과 운동

기독교 **윤**리와 **이**야기

전통적으로 기독교윤리는 의무론적 윤리와 목적론적 윤리 방법론으로 양분된 분위기 속에서 리차드 니버의 책임윤리가 통합적인 면모를 보여 주고 있었다. 독일에서는 한스 요나스(Hans Jonas)의 책임윤리를 비롯하여 한스 큉(Hans Kung)의 세계윤리, 칼 오토 아펠(Karl Otto Apel) 의 보편윤리도 같은 흐름으로 진행된다고 볼 수 있다. 최근에 들어서면서 영미에서는 리차드 니버의 방법론 중 일부를 발전시킨 이야기 윤리가 많이 활용되고 있다. 이러한 경향은 전통적으로 기독교윤리가 사랑에 관련되어 있던 인권, 정의, 평화, 해방 같은 이슈에 대한 관심에서, 생명에 관련된 이슈인 의료, 생태계, 유전공학, 과학기술, 사회문화에 대한 관심으로 윤리적 관심사가 옮겨가는 것과 깊이 관련되어 있다.

1. 새로운 윤리 방법론의 요청

전통적인 윤리는 윤리적 행위나 규범을 중시하는 윤리였다. 목적론적인 윤리는 윤리적 원형을 인간 외면에 있는 초월에 설정해 놓고 그것을 지향하는 생활이 선이라고 하였다. 의무론적인 윤리는 신의 명령이라는 도덕률을 위에서부터 아래로 제시함으로써 인간 내면의 선의 의지에 초월적인 자리를 확보하였다. 이렇게 목적론적인 윤리나 의무론적인 윤리 모두는 무시간적인 절대, 즉 초월적인 윤리를 전제하고 있다. 그리고 이 윤리는 절대성을 가지고 있었다. 현대는 이 절대에 대해 심각하게 도전하고 있으며 결국 "윤리적 회의론"이 대두되고 있는 것이다. 절대론적 윤리가 위기를 맞게 된 것이다. 여기에서 문제가 되는 것은 윤리적 행위자에 대한 고려가 적절하지 못하다는 것이다.

　지난 세기의 서구 윤리학은 20세기까지는 주로 보편적이면서 객관적인 규범을 찾는 데에 주력하였다. 규범은 밖에서 주어지는 것이므로 자연히 권위는 외부에 있었고 개인들은 주어진 규범에 복종하면 되었다. 이런 경향은 기독교윤리학에서 신중심적인 윤리로 두드러지게 나타난다고 볼 수 있다. 그런데 20세기초부터 윤리적인 행위자인 인간과 그들이 처한 상황과 현실을 강조하는 맥락주의가 윤리학의 흐름을 주도하게 되었다. 현실 상황 속에 살고 있는 인간이 윤리적 가치의 근거요, 윤리적 가치판단의 주체가 되었다. 실용주의, 공리주의 윤리에서 볼 수 있는 바와 같이 이러한 인본주의 윤리학은 윤리적 판단의 중심 권위를 인간의 손에 돌려주었다. 그런데 여기에서 야기되는 문제는 현대의 많은 윤리적 이슈들인 안락사, 동성애, 낙태, 인간배아연구, 인간복제 같은 사안들이 인간의 필요에 따라 윤리적으로 정당화될 수도 있다는 것이다. 이런 윤리 모델에서는 자연 생태계와 초월이 윤리적인 판단에 있어서 주변으로 소외된다. 이러한 경향은 기독교윤리 안에서도 상황을 중시하는 기독론중심적인 윤리로 나타나고 있다.

　필자는 21세기의 산적한 많은 문제들을 해결하기 위해서는 규범과 상황, 초월과 현실, 어느 쪽으로든 주체와 객체의 종속적인 관계를 설정해서는 안 된다고 본다. 이러한 이분법적인 윤리를 타파하기 위해서는 성령의 역동적인 역사에 관심을 두어야 한다. 주체와 주체의 간주관성 (inter subjectivity)속에서 성령론적인 윤리를 지향해야 한다고 본다. 하나님과 공동체와 나의 상호관계성 속에서, 시간적으로는 과거와 현재와 미래를 함께 아우르고, 공간적으로는 자연생태계와 인간과 초월이 함께 어울리는 책임윤리를 세워 나가야 한다고 본다. 이러한 관심에서 이야기윤리 방법론이 주목을 끈다.

2. 이야기 방법론에 대한 관심

요사이 사회학, 심리학, 상담학, 문학, 의학, 교육, 철학, 신학 할 것 없이 이야기 방법론이 각각의 영역에 유용하게 활용되고 있는 실정이다. 이야기에 대한 연구는 특별히 종교학에 요긴한데 그것은 서로간의 대화나 협조를 위한 공동의 장을 마련해 주기 때문이다. 역시 어떻게 신앙적 경험이 믿음을 형성하는가 하는 과정을 보여주기도 한다. 신학에서는 홀로코스트(유대인 대학살)의 이야기, 흑인 노예의 압제받았던 이야기, 고통 받던 여인들의 이야기, 가난한 사람들의 이야기, 민중의 이야기가 신학의 근간을 형성하기도 한다.[1]

1) 맥킨타이어의 책 *Whose Justice? Which Rationality?*와 *After Virtue*

맥킨타이어는 기독교윤리학자는 아니지만 그의 윤리학 방법론이 기독교윤리학자들에게 많은 영향을 끼치고 있다. 맥킨타이어의 작업에 있

어서는 이야기가 그의 역사 이해 방법의 중심적인 개념이며 도덕의 기
본원칙으로 간주되고 있는 것을 볼 수 있다. 그는 "본질적으로 인간은
가상의 픽션에서와 마찬가지로 실제 행동양식에 있어서도 이야기하는
습성을 지닌 동물(a story-telling animal)이다."[2]라고 말한다. 맥킨타이어
는 윤리적 경험에 대한 아리스토텔레스적인 해명에 다가 사회적인 경험
은 본질적으로 역사적이라는 헤겔적인 통찰을 접목시키고 있다.[3]

  아리스토텔레스에게 이야기는 감성을 훈련시키고 덕성을 함양시키
는데 아주 중요한 도구였다. 인간의 도덕 발달에 있어서 이야기는 성품
을 형성시키는 주요한 역할을 한다. 이야기는 윤리 이론의 중심에 역사
의식을 가져다주고, 구체적이고 실제적인 생활 가운데에서 좋은 삶의
개념을 분석해 주며, 특별한 덕을 교화하거나 실천하도록 요구한다. 맥
킨타이어의 관심은 현대 윤리에 있어서 전통적인 덕의 재건인데, 이야

---

1 Darrell J. Fasching은 아우슈비츠(Auschwitz)의 경험으로부터 이야기 윤리의 관점에서 "소
외된 자의 신학"(an alienated theology)을 시작한다. *Narrative Theology After Auschwitz:
From Alienation to Ethics* (Minneapolis: Fortress Press, 1992). James H. Cone도 "흑인들의 종
교적 경험의 근원적인 예술 형태들"-이야기, 영가, 설교, 성서의 이야기, 흑인들의 전통적인
이야기-을 풍부한 신학적인 토양으로 삼는다. *God of the Oppressed* (New York: Seabury
Press, 1975), p. 5 ; *The Spirituals and the Blues: An Interpretation* (New York: The Seabury
Press, 1972). Carol Christ와 그밖에 여성 해방 신학자들은 이야기를 통하여 여성들의 경험을
부각시키며 해방을 위한 새로운 상징과 사고의 유형을 개발한다. *Diving Deep and Surfacing*
(Boston: Beacon Press, 1980). Johann Baptist Metz는 "위험스런"(dangerous) 이야기들을 통
하여 사회의 부정의를 고발하고, 해방을 선언하는 기능을 다룬다. *Faith in History and
Society: Toward a Practical Fundamental Theology* (New York: Seabury Press, 1980). 민중신
학에 있어서도 민중들의 한 맺힌 이야기는 신학의 주제가 된다. 서광선 역음 「한의 이야기」
(서울: 보리, 1988). 안병무, 「민중신학이야기」(서울: 한국신학연구소, 1988).

2 MacIntyre, *After Virtue*, 2nd ed. (Notre Dame: University of Notre Dame Press, 1984), p. 216.

3 아리스토텔레스의 도덕 발달론에 보면 도덕 발달은 내 이야기와 다른 사람의 이야기의 끊
임없는 대화를 통하여 형성되어 간다. 도덕 교육은 반드시 감정의 훈련을 수반해야 한다. 즉
도덕교육은 다름 아닌 "감성 교육"(education sentimental)이다. 덕은 감성에 기초하고 있고
적합한 도덕교육은 "적절한 즐거움과 고통"(right pleasure and pains)을 훈련시키는 것이다.

기가 이러한 중요한 과제를 수행할 수 있다고 그는 확신하고 있다. 공동체 전체의 이야기를 알 때 그 공동체의 일원인 우리가 비로소 무엇을 해야 하는가를 알게 된다. 맥킨타이어는 실천적 이성(practical rationality)만 가지고는 공동체나 전통 안에서 일어나는 자기 정체성의 도덕적인 변화를 효과적으로 설명해 줄 수 없기 때문에 궁극적으로 실천적 이성은 여러 면에서 이야기가 필요하다고 주장한다. 이런 면에서 맥킨타이어의 연구는 윤리의 기초를 이해하는데 있어서 한층 도움을 준다.

이야기는 그 자체로도 실제 생활에 있어서 윤리적 패러다임으로 제시될 수도 있다. 좋은 삶의 모델을 보여 주는 이야기는 실생활을 하는데 있어서 윤리적인 행동을 이해시키고 생활의 방향을 안내할 수 있다. 이야기는 덕스러운 삶을 스스로 발견하게 하고 연구하는데 있어서 아주 좋은 패러다임이다. 맥킨타이어는 실제로 도덕 개념이나 이론은 도덕의 발달과 쇠퇴의 실재 역사적인 이야기 안에서만 제대로 이해할 수 있다고 하였다. 그는 윤리에 있어서 철학적 연구와 역사적 연구 사이의 전적인 구별은 있을 수 없다고 하였다. 좋은 삶을 구성하는 조건으로서 이야기의 연대성을 말하는 것이다. 그의 이러한 노력은 현대 윤리 철학의 콘텍스트 안에서 아리스토텔레스적인 윤리 전통을 발전시키고 재규명 하는 것이었다. 그는 자신의 이런 윤리 사상을 현대적 대안 윤리인 흄학파(Humeanism), 칸트학파(Kantianism), 자유주의학파(Liberalism)와 논쟁을 벌여가며 발전시키고 있다.

맥킨타이어는 자신의 입장을 다음과 같이 세 가지로 요약하였다. 첫째, 여러 가지 도덕적 이론은 그것들이 단편적인 것이 아니라 긴밀하게 연관된 이야기 안에서 역사적으로 발전되었다는 것. 둘째, 이야기와 관련 없이 도덕 철학을 하려는 시도는 사람의 자기 이해와 도덕적 견해를 왜곡시킨다는 것. 셋째, 작금의 철학적인 윤리는 도덕적인 논의를 난해

하게 만든다는 것.[4]

인간의 유기적인 자아의식은 어떤 하나의 단순한 윤리강령이나 일치된 도덕률을 요구하는 것이 아니라, 우리 존재에 대해 알려 주고 인격 형성에 도움을 주는 이야기를 필요로 한다. 윤리는 행위자와 별도로 존재하면서 윤리적 판단만을 취급하는 이성의 학문이 아니다. 윤리적 행위자는 도덕적 선택의 전체적인 이야기 콘텍스트에서만 의미 있고 이성적인 선택을 할 수 있기 때문이다.

그러므로 윤리 의식을 전달하는 수단으로서의 이야기는 우리의 윤리적인 행위에 강력한 영향력을 미친다. 이야기 안에는 도덕적 가치, 성품, 그리고 이상이 내재되어 있다. 모든 이야기들은 가치를 제시하며, 전달하고, 내면화시킨다. 이야기는 사실만 전달하는 것이 아니라, 이야기 안에서 무엇이 선이며, 무엇이 옳은 것인가를 해석한다. 이야기는 단순히 우리의 기억들을 되살려 주는 것이 아니라, 우리의 실재적인 행동에 강력한 영향력을 행사한다. 돈 커피트(Don Cupitt)는 네 가지 면에서 이야기의 영향력을 설명하였다. 즉 이야기는 삶을 의미 있게 하며 이해할 수 있게 하고, 이야기는 삶에 있어서 실재적인 도덕적 예지를 제공하며, 이야기는 행위를 유도하는(action-guiding) 가치관들을 심어 주고, 마지막으로 이야기는 등장하는 주요 인물의 아이덴티티를 분명하게 보여 준다.[5]

이야기에 대한 이해에 있어서는 서로 차이가 있지만 이야기 방법론을 자신의 신학에 활용하고 있는 신학자들은 다음과 같은 사람들이다. H. Richard Niebuhr, Hans W. Frei, Paul Ricoeur, Stanley

---

4 Paul Nelson, *Narrative and Morality* (University Park: The Pennsylvania State University Press, 1987), p. 19.

5 Don Cupitt, *What is a Story?* (London: SCM Press, 1991), p. 77.

Hauerwas, James M. Gustafson, Bruce C. Birch, Robert McAfee Brown, David Carr, John Dominic Crossan, Stephen Crites, Don Cupitt, Darrell J. Fasching, David F. Ford, Stephen E. Fowl, James Fowler, Michael L. Goldberg, Garrett Green, Robert W. Jensen, Robert Kellogg, Wesley A. Kort, George Lindbeck, James Wm McClendon, Sallie McFague, Johann Baptist Metz, Donald E. Miller, John Navone, Michael Novak, William C. Placher, Alter Robert, William C. Spohn, Robert Scholes, Ronald Thiemann, Terrence W. Tilley, Dan O. Via Jr., James B. Wiggins, R. R. Wilson.

2) 경험experience → 이야기narrative → 상징symbol → 이론체계 system

인간에게 있어서 이야기는 근본적인 것이지 이차적인 것이 아니다. 인간은 자신의 경험을 가장 먼저 이야기로 표현한다. 이것은 이야기의 편재성, 독창성, 필연성을 의미한다. 마이클 노박(Michael Novak)은 실재의 자각(경험)에서 이야기로, 이야기에서 상징으로, 상징에서 원리로, 원리에서 행위나 사건으로 이어지는 일련의 순서를 말한 바가 있다.[6] 스티븐 크리츠(Stehpen Crites)도 경험과 이야기 사이의 관계를 다음과 같이 관찰하였다. "이를테면 상징보다 이야기 형식이 경험에 더 가깝다. 오직 이야기 형식만이 실재 생생한 경험인 긴장과 흥분, 실망, 반전

---

6 Michael Novak, *"Story" in Politics* (New York: Council on Religion and International Affairs, 1970), p. 16.

과 성취들을 담을 수 있다. 이야기는 구체적인 경험을 표현하는데 가장 적합하다."[7]

이야기는 화자의 경험으로부터 출발하여 "중요한 경험"(significant experience)에 도달한다. 가장 좋은 반응의 청중은 자기 개인의 경험으로부터 그 이야기를 통하여 역시 "중요한 경험"으로 옮겨가는 것이다. 그런 점에서 우리의 의식은 이야기에서 서로 합류하게 된다.[8] 그러므로 우리는 우리의 실재적인 삶에서 직접 경험하지 않은 것도 이야기를 통하여 어떤 행위의 결과를 간접 경험할 수 있다. 폴 리쾨르도 "인간 경험의 역사는 이야기 형식을 빌려 언어로 표현 된다"고 했는데,[9] 이런 면에서 이야기는 발화하는 시점부터 이미 윤리성을 가진다. 더 정확하게 말하면 이야기는 발화가 되면서부터 윤리적 환경을 갖는다. 즉, 이야기가 시작될 때 화자와 독자가 있는데, 이는 A라는 주체와 B라는 주체가 생김으로써 윤리의 존재 요건인 관계가 만들어지고, 이야기는 말해지는 순간 특정한 방향성(의도)을 가지고 전달된다. 이러한 과정은 A라는 주체의 윤리적 의식이 B라는 주체의 윤리적 의식과 부딪히며 상호작용을 일으켜 해석학적 지평융합을 일으키게 된다. 이야기를 들으므로 B는 전에 보지 못했던 것을 보게 되고, 그 안에서 윤리적 요청을 받게 된다.

이야기는 개인과 공동체에서 발굴된 신학을 위한 "가공되지 않은 원료"(the raw material)인 셈이다.[10] 말하자면 기독교인의 삶에 대한 이야

---

7 Stephen Crites, "The Narrative Quality of Experience," *The Journal of the American Academy of Religion 39/3* (Sep. 1971) p. 306.

8 James Olney, *Metaphors of Self, the Meaning of Autobiography* (Princeton, NJ: Princeton University Press, 1972), p. 268.

9 Paul Ricoeur, "Narrative Function," *Semeia* 13 (1978) p. 195.

10 George W. Stroup, *The Promise of Narrative Theology* (Atlanta: John Knox Press, 1981), p. 86.

기가 잘 짜여진 기독교 신학이 형성되기 이전부터 존재하고 있었다. 사실 성서의 기록 이전에 구전되는 신앙의 사건에 대한 체험적인 이야기들이 산재되어 있었다. 그것이 기록되고 해석되면서 일정한 이론의 틀을 형성한 것이 신학이다.

이야기 신학(Narrative Theology)은 우리의 삶의 경험 속에서 하나님은 자신을 계속적으로 나타내시는 분으로 소개한다. 이야기 신학에서 경험은 계시적인 것이며 우리의 존재 안에서 우주적이고 궁극적인 가치를 가리키는 것으로 간주된다. 우리가 신학에서 활용할 수 있는 이야기들을 스티븐 크리츠(Stephen Crites)는 "경험의 이야기적인 특성" (narrative quality of experience) 안에서 세 가지 영역으로 묘사하는데, 즉 성스러운 이야기, 세속적인 이야기, 경험 자체의 임시적인 형태로서의 이야기이다. 이것들이 이야기의 세 가지 궤적인데 서로를 끊임없이 반영하며 서로의 과정에 영향을 미친다. 이야기 신학은 우리가 세속에서도 초월을 발견할 수 있는 기회를 제공해 주므로 하나님에 대해서나 신학에 대해서도 우리가 과거에 생각했던 것 보다 훨씬 더 쉽게 접근하도록 해 준다.[11]

전통적으로 서구 신학은 신화(mythos)로부터 로고스(logos)를 끌어내는 로고스 지향적인 체계(logos-oriented)로 "비신화화"를 신학 방법론으로 제시하지만 이야기 신학은 신화의 힘을 재발견하고 "재신화화" (remythologization)의 필요성을 제시한다. 그러므로 이야기 신학은 신화 지향적인(mythos-oriented) 신학이다.[12]

---

11 한기채, "민중 이야기 윤리를 위한 방법론적 논의"「신학사상」 93 (1996 여름), p. 188.

12 Young-Chan Ro, "Symbol, Myth and Ritual" in *Lift Every Voice*, eds. Susan Brook thistlethwaite & Mary Potter Engel (San Francisco: Harper & Row, 1990), p. 43. 참조.

3) 이야기 전개의 발전 과정

이야기는 다음과 같이 진행된다. 첫째는 자신의 이야기를 말한다. 둘째는 자신의 이야기를 검토한다. 셋째는 다른 사람의 이야기를 듣는다. 넷째는 이야기를 통해 배우거나 남을 교육한다. 마지막으로 이야기의 도덕적 힘을 사용한다. 이런 과정을 통하여 이야기는 다음과 같은 세 가지 역할을 한다.

첫째, 이야기는 자의식(self-identification)을 형성시킨다.

둘째, 이야기는 우리들에게 가치관, 문화적 신념, 행동의 양식들을 가르친다.

셋째, 이야기는 변혁 또는 해방하는 힘(transforming power)을 가지고 있다.

이상에서 말한 이야기의 세 가지 기능은 서로 긴밀하게 연관이 되어 있다. 우리의 정체성은 늘 "이야기 속에서 자기 자신을 동일화(narrative identification)"[13]하는 것으로 구체화된다. 즉, 이야기는 사회가 어떻게 유지되는가에 대하여 우리를 의식화시키고, 어떻게 유지될 수 있는가에 대하여 우리의 상상력을 자극한다. 이야기는 상상력을 자극하고 자아인식이나 사회인식을 더욱 높여 준다. 그래서 과거에 간과했거나 소홀히 했던 것들을 좀 더 확실히 볼 수 있도록 우리의 비전이나 관점에 변화를 준다. 이야기는 새로운 패러다임을 가져다준다. 그러면서 이야기들은 사회를 적절히 유지하기 위해 새로운 방법과 가치관을 도입한다. 이러한 과정 속에서 이야기는 삶을 변혁시키고 사회의 상황을 변화시키

---

13 Johann Baptist Metz, *Faith in History and Society* (New York: Seabury Press, 1980), p. 213.

는 힘을 제공한다.

4) 덕과 성품 윤리Virtue and Character Ethics

최근에 덕 윤리와 성품 윤리는 구미 철학자들과 기독교 윤리학자들의 관심을 불러일으키고 있다. 이야기 윤리는 도덕적 행위자의 성품에 관심을 두고 있는데, 이러한 이론은 도덕적 논의의 초점을 행위나 결단보다는 도덕적 행위자 자체에 두고 있다. 그러니까 행위자 중심(agent-centered) 윤리이다.[14] 사실 전통적인 윤리에서는 도덕적 행위자가 윤리적 논의 과정에서 소외되어 있었다. 윤리적 논의가 행위와 원칙에 너무 치중되어 있었기 때문이다. 이야기 윤리학자들은 "우리가 무엇을 해야 하는가?"를 이해하기 위해서 "우리가 누구인가?"를 먼저 탐구해야 한다고 주장한다. 어떤 특별한 도덕적 행위에 있어서 결단을 내리기 전에 선결되고 중요한 질문은 "내가 어떠한 사람이 되기를 원하는가? 내가 어떤 성품을 형성해 나갈 것인가? 어떤 종류의 이야기가 내 삶에 알맞은 행동과 습관, 그리고 태도와 반응들을 형성해 주는가?"[15] 등이다. 하나의 윤리적 행위가 행동으로 옮겨지기 까지는 행위자의 결단이 중요한 것인데, 그 결단은 행위자의 성품과 깊이 관련이 되어 있다. 아무리 윤리에 대한 이론적인 지식이 있다고 하더라도 자신의 이해와 상충되어 있는 사안에 대한 결단은 그가 쌓은 평소의 덕성에 따라 달라지게 되어 있다. 그러므로 이야기를 통하여 윤리를 행할 행위자가 먼저 덕과 성품이 몸에 배이도록 훈련되어야 한다.

---

14 한기채, op. cit., p. 198.

15 Richard J. Mouw, "Ethics and Story," *The Reformed Journal* 37 (Aug. 1987) p. 23.

이런 면에서 맥킨타이어는 덕, 성품, 이야기, 공동체와 같은 주제에 깊은 관심을 보인다. 맥킨타이어의 철학적인 노력은 하우워스의 신학적인 작업으로 이어진다. 하우워스는 그것이 신학적인 것이든 특정한 도덕적 이슈에 관한 것이든 간에 공동체와 도덕적 논의에 미치는 이야기의 역할을 강조한다. 하우워스의 윤리는 이야기와 성품, 그리고 공동체가 주요한 관계를 이루고 있다. 하우워스는 우리가 우리 자신을 잘 알려면 우리가 속한 공동체의 이야기가 필수적이라고 한다. 공동체의 이야기는 어떤 다른 설명으로도 대치할 수 없다.[16] 그리고 특별히 기독교인들에게는 예수의 이야기가 표준이 되는 훌륭한 이야기이다. 예수의 이야기는 우리의 가치관과 행동에 어떤 연속성을 제공해 주기 때문이다.[17] 하우워스는 공동체를 형성하며, 그 형성된 공동체의 도덕적 논의를 하는데 있어서 이야기가 차지하는 역할을 강조한다. 기독교 공동체의 정체성은 예수와 교회의 전통적인 이야기를 자신들의 이야기로 받아드리는 데에 있다. 그리고 여기에 기초하여 교회는 새로운 신앙 경험의 이야기가 기독교적인 이야기인지 여부를 분별할 수 있다.

하우워스는 지금까지의 도덕적 논의가 적어도 세 가지의 본질적인 면에서 우리의 도덕적 경험의 본성을 왜곡하였다고 하였다. 즉, 첫째는 특정한 결정이나 애매한 입장을 부당하게 강조했고, 둘째는 도덕적 개념의 중요성과 그것들이 어떻게 우리에게 인지 능력을 제공하는가를 설명하는데 실패했고, 그리고 셋째는 행위자를 그들의 관심으로부터 분리시켰다는 것이다.[18] 개신교 신학자로서 하우워스는 기독교 공동체 안에

---

16 Hauerwas, *Truthfulness and Tragedy* (Notre Dame: University of Notre Dame Press, 1977), p. 77.

17 Ibid., p. 72.

18 Ibid., p. 18.

서 들려지는 이야기가 개개의 기독교인들의 삶이나 품성을 어떻게 형성시켜 주느냐를 궁극적으로 보여 주고자 노력하였다.

하우워스에게는 "내가 무엇이 되어야만 하는가?"라는 질문이 "내가 무엇을 할 것인가?"보다 선행하고 있다.[19] 이것은 우리가 우선적으로 어떤 특정한 성품을 가진 사람으로서 상황을 직면하기 때문이다. 그러므로 "됨"(being)이 "함"(doing)을 선행한다. 즉 됨의 윤리가 함의 윤리보다 먼저 온다. 하우워스는 윤리의 과제가 문제를 해결(problem-solving)하는 것 이상이며, 문제를 해결하는 윤리는 도덕적 성품의 일면에 지나지 않는다고 하였다. 그러므로 그는 도덕적인 결정을 위한 가이드라인을 제시하는 것보다는 도덕적 자아의 본성을 밝히는데 주력하였다. 하우워스는 행위 결정 도덕론자들(decision-making moralists)을 논박할 때 행위자가 윤리적인 사람이 되는 것 없이 어떻게 윤리적인 결단을 할 수 있느냐고 공박한다. 이것은 하우워스의 윤리가 결단을 유도하는 윤리적 결정의 과정이나 원칙에 무관심하기 때문이 아니라 결단과 원칙들은 하나의 이야기에서 도출된다고 믿기 때문이다. 그래서 이야기들은 어떤 특정한 행위보다는 우리가 어떤 사람이 되어야 마땅한가를 더 시사해 준다. 기독교 공동체 안에서 정경은 이야기를 통하여 기독교인의 정체성과 위치를 마련해 준다.

이 이야기들을 기억하고 해석하고 논의하면서 우리가 어떤 사람이 되어야 마땅한가를 알게 된다. 그러므로 하우워스에게 있어서 기독교 도덕의 독특성은 기독교인들의 성품을 형성해 주거나 비전을 제시해 주는 비유, 카테고리, 개념들을 제공해 주는 기독교 이야기의 기능에 있

---

19 Hauerwas, *The Peaceable Kingdom* (Notre Dame: University of Notre Dame Press, 1983), p. 116.

다.[20] 하우워스의 윤리는 신자이거나 어떤 일정한 성품을 갖춘 자들을 위한 윤리이다. 이런 면에서 하우워스의 윤리는 "요건을 갖춘 자의 윤리"(a qualified ethic) 이다.[21]

하우워스에 대한 주요한 비판은 도덕적인 삶에 있어서 원칙이나 행위에 강조점을 두는 학자들로부터 나온다. 그들은 하우워스가 "됨"에 지나치게 강조점을 둔 나머지 "함"을 너무 소홀히 다루었다는 것이다. 하우워스의 윤리는 일상생활을 결단의 영역으로부터 분리시키며, 규범적인 도덕적 삶을 거의 다루지 않은 서술적인 윤리(descriptive ethics)라고 몰아세운다. 이야기 신학자들 내부에서도 하우워스를 비판하는데, "됨"(또는 아이덴티티)은 다름 아닌 우리 자신들의 이야기에서 나온다고 믿기 때문이다. 이야기 안에서는 이야기 속의 행위(함)가 현재의 존재(됨)보다 선행된다는 것이다. 그러므로 정확하게 말하면 이야기 윤리 안에는 "함"과 "됨"이 함께 통합되어 있다고 보아야 한다는 것이다. 그러나 하우워스는 그의 건설적인 이야기 윤리 안에서 "됨"에 "함"이 흡수되고 만다. 그래서 하우워스는 "분파주의자"(sectarian)[22] 또는 "문화에 대항하는 그리스도" 모델의 옹호자로 분류되기도 한다.[23] 결국 하우워스의 윤리가 기독교 공동체 안에 있는 자들에겐 효용성이 있을 수 있지만 그 밖에 있는 사람들에겐 무슨 필요가 있느냐는 비판은 피할 수 없게

20 Paul Nelson, *Narrative and Morality: A Theological Inquiry* (University Park and London: The Pennsylvania State University Press, 1987), p. 111.

21 Hauerwas, *The Peaceable Kingdom*, p. 17.

22 James M. Gustafson, "The Sectarian Temptation: Reflections On Theology, the Church and the University," *Proceedings of the Catholic Theological Society of America* 40 (1985) pp. 83-94.

23 John D. Barbour, "The Virtues in a Pluralistic Context," *Journal of Religion* 63 (1983) pp. 175-182.

되어 있다.

그러나 리차드 니버(Richard Niebuhr)는 "무엇이 일어나고 있느냐?"를 물으면서 "내가 무엇이 되어야 하는가?"(됨)를 선결시키면서도 "내가 무엇을 하여야 하는가?"(함)를 축소시키지 않는다.[24] "함"(도덕의 실천적인 활동 "practical enterprise of moral")과 "됨"(윤리의 숙고적인 활동 "reflective enterprise of ethic")은 함께 구현된 윤리(embodied ethics)안에서 동시에 발견된다.

구미의 이야기 윤리와는 별도로 신앙의 사건에서 윤리를 끌어내는 작업을 하는 김중기 교수의 이야기 방법론도 성서 이야기의 "신앙사건"인 "함"에서 "윤리적 가치"를 도출하는 "됨"이 일어나며, 다시 됨은 함으로 연속 순환되는 것으로 말하고 있다. 이것이 그의 "삼중감동"(나, 이웃, 하나님)의 윤리에 잘 드러난다. 그는 구체적인 이야기에서 가치들을 구조론적으로 분석한다.[25] 이것은 이야기 윤리의 특성을 잘 드러내고 있다.

인간은 말이나 논리적으로 표현된 원칙이나 규범을 따라 행동하는 경우보다는 모델이나 은유, 이야기나 신화 등을 따라 행동하는 경우가 많다. 즉 규범을 따르기 보다는 모방하여 행한다.[26] "이야기는 삶을 모방하고 삶은 이야기를 모방한다."[27] 이야기는 "됨"과 "함"을 동시에 내포하고 있는 신앙적인 경험의 의미를 분명하게 보여 주고 있다. 이렇게 같은 이야기 안에서 "됨"과 "함"의 거리를 좁히며 공동체의 인식은 일종의 행동으로 간주된다.[28] 모든 이야기들은 행동을 드러낸다. 하나의

---

24 H. Richard Niebuhr, *The Responsible Self* (New York: Harper & Row, 1963).

25 김중기, 「참가치의 발견」 (서울: 예능, 1995).

26 Michael Novak, *The Experience of Nothingness* (New York: Harper, 1971), p. 23.

27 Jerome Bruner, "Life as Narrative," *Social Research* 54 (1987) p. 13.

28 John Navone, *Towards a Theology of Story* (Slough, U.K.: St. Paul Publications, 1977) P.76.

이야기를 듣는다는 것은 어떤 사람의 행동을 인식하는 것이다. 이야기의 본질은 행동을 드러내는 데 있기 때문이다.[29]

5) 이야기 전체를 말하기

리차드 니버에게 있어서 어떻게 역사 속의 사건들이 현대에 살고 있는 사람들에게 계시의 사건으로 경험될 수 있는가는 중대한 물음이었다. 니버는 그가 의도하였든지 아니든지 이야기 신학을 처음 시작한 사람으로 인정받고 있다. 많은 이야기 신학자들이 니버의 사상에 직간접으로 영향을 받았다. 특별히 니버는 계시의 의미를 설명하면서 이야기를 사용했다. 니버의 저술인 「계시의 의미」(*The Meaning of Revelation*)[30] 제 2장은 이야기 신학자들의 성서라고 불려지는데, 그는 거기에서 가장 먼저 이야기 방법론을 사용하고 있다. "우리 삶의 이야기"라는 항목에서 니버는 어떻게 기독교인들이 하나님의 계시를 경험하는가를 설명한다. 그리고 어떻게 계시가 역사적인 사건이 될 수 있는가 하는 문제와 씨름을 한다. 니버는 "우리는 물고기가 물에 사는 것처럼 역사 속에 산다. 그리고 우리가 하나님의 계시라고 말하는 것은 우리가 사는 삶의 수단을 통하여 접촉된 점을 가리키는 것이다"라고 하였다. 역사 안에서 그 접촉점에 도달하기 위하여 니버는 "외적 역사"(external history)와 "내적 역사"(internal history)를 구별하여 말하고 있다.

외적 역사는 객관적인 목격자의 입장에서 "무엇이 일어나고 있는가"를 보는 것이고, 내적 역사는 주관적인 참여자의 입장으로부터 사건의 경위를 서술하는 것이다. 다른 말로 하면 외적 역사는 "관찰된 역사"

---

30 Niebuhr, *The meaning of Revelation* (New York: Macmillan Publishing Co, 1941)

(history as seen)이고, 내적 역사는 "경험된 역사"(history as lived)이다. 역사에 대한 외적인 서술은 역사를 형성하고 있는 일련의 사건들로 역사를 설명하는 반면에 역사에 대한 내적 서술은 역사에 동기를 주는 의미들을 설명한다. 역사적인 상황과 역사의 의미 사이의 관계를 알기 위하여 니버는 역사적 주체에 관심을 갖는다. 왜냐하면 사람들은 의미를 추구하기 때문이다. 자아가 역사에서 어떻게 의미를 알아내는가를 이해하는 것은 필요한 일이다. 자아는 역사를 주관적이면서도 객관적으로 경험한다.

니버는 관찰된 역사와 경험된 역사 사이를 구별하여 조사된 객관적 역사와 고백되어진 주관적 믿음 사이의 이분법을 해결할 가능성을 보여준다. 외적 역사와 내적 역사는 인간 역사의 사회적인 조건으로부터 의미와 가치에 있어서 독립적으로 존재하는 두 개의 별도의 다른 역사가 아니다. 오히려 니버가 이것을 이렇게 먼저 구별한 것은 이분법의 문제를 해결하려는 시도에서 이다. 즉 니버의 의도는 역사와 자아가 근본적으로 연합된 관계에 있다는 것을 보여 주자는 것이다. 외적 역사와 내적 역사 사이의 관계를 이해함으로써 니버는 어떻게 종교적인 지식이 경제적, 사회적, 문화적 상황으로부터 자아를 불러일으키는가를 이해하기 위한 기초를 제공해 준다. 역사 상대주의와 초월적 유일신관은 외적 역사와 내적 역사의 관계로부터 서로 접촉점을 확보할 수 있다.

이야기, 공동체, 그리고 자아는 상호 연관되어 있다. 자기 정체성과 공동체의 정체성은 이야기 형식에서 잘 이해된다. 니버는 어떻게 개인이 기독교 공동체의 이야기와 개별적인 만남을 통하여 변화되는가를 설명한다. 교회는 "자연의 세계처럼 공동의 기억과 공동의 희망 안에서 각각의 살아 있는 자아의 참여"이다.[31] 교회는 공동의 기억, 공동의 해석, 그리고 공동의 비전을 공유한다. 기독교 공동체의 기본적인 활동은 우선 과거의 지난 이야기를 다시 말하는 것이다. 도덕적 숙고에 있어서의 연속성과 방향은 행위자의 이야기나 그가 공유하고 있는 기독교 공동체의 이야기 안에서 발견되는 것이다. 이야기는 각 공동체의 정체성을 밝혀 주고 어떤 가치나 신념을 강화시켜 줌으로서 공동체의 구성원인 개인들의 삶을 형성시킨다.

적합한 신학은 단순히 성서적인 이야기를 읽는 것이 아니라 그것들을 나의 이야기로 고백하게 한다. 신학은 고백적이고 그것은 이야기 형식을 취하고 있다. 그런 의미에서 계시는 "고백 신학"(confessional theology)의 관점에서 검토되어야 한다. 확실히 기독교인은 두 개의 이야기를 함께 말해야 되는데, 하나는 그리스도에 대한 우리의 경험에 대한 내면적인 이야기이요, 다른 하나는 자연, 역사, 과학에 대한 외적 이야기이다. 니버는 이렇게 전체의 이야기를 다 말하도록 하였다. 이것은 신앙과 생활을 균형 있게 이끌어 준다.

3. 이야기 이론 안에서 두 가지 흐름

이야기 방법론을 활용하는 학자들을 크게 두 가지 흐름으로 분류해 볼 수 있다. 예일학파(pure narrative)는 "문화−언어적 접근(cultural-linguistic approach)"방법을 활용하는 사람들로 성서의 이야기를 한정하여 사용하는 경향이 있다. 한스 프라이(Hans Frei)를 필두로 하여 조지 린드백(George Lindbeck)과 스텐리 하우워스(Stanley Hauerwas)가 여기에 속한다고 볼 수 있다. 이들은 리차드 니버가 말한 내적 역사를 강조

---

31 Niebuhr, *The Meaning of Revelation*, p. 52.

하는 사람들로서 "비기초적인(nonfoundational)" 입장을 가진 사람들로서 복음의 순수성은 지킬 수 있을지 모르지만 배타주의나 분파주의의 유혹에 빠질 위험이 있다. 또 다른 부류는 시카고학파(impure narrative)로 "경험−표현적 접근(experiential-expressive approach)"[32] 방법을 활용하는 사람들로서 이야기를 성서뿐 아니라 문화 일반에까지 확장하여 받아드리고 사용한다. 폴 리꾀르(Paul Ricoeur)를 비롯하여 데비드 트레시(David Tracy)와 제임스 거스탑슨(James Gustafson)이 여기에 속하는데, 이들은 니버의 외적 역사를 강조하는 "기초적인(foundational)" 입장을 가진 사람들로서 포용적인 면모를 보이지만 상대주의적인 위험을 가지고 있어서 기독교 정체성에 위기를 초래할 가능성이 보인다.

이 두 가지 접근 방법의 큰 차이는 "내적인 것과 외적인 것 사이의 관계"에 있다.[33] 경험−표현적 접근 방법은 하나님, 자아, 세계에 대한 개념화 이전의 경험으로 종교의 내적인 감정을 표현하고, 문화−언어적 접근 방법은 외적인 종교적 언어에 의해 경험이 형성되거나 주어진다고 주장한다. 즉 경험−표현적 접근방법에 있어서는 경험이 표현에 선행하며, 표현은 경험으로부터 비롯된다. 그러나 문화−언어적 접근 방법에서는 표현이 선행하며, 경험은 표현으로부터 연유된다.[34]

게리 콤스톡(Gary Comstock)은 이러한 흐름에 서서 논쟁을 벌이고 있는 거스탑슨과 하우워스를 동시에 비판하고 있는데, 니버가 두 개의 이야기를 함께 가졌던 것과는 달리 그들은 외적 이야기 아니면 내적 이야

---

32 린드백은 "경험-표현적 접근방법"이 현대 자유주의 신학과 종교 연구의 지배적인 경향이라고 본다. George A. Lindbeck, *The Nature of Doctrine: Religion and Theology in a Postliberal Age* (Philadelphia: The Westminster Press, 1984).

33 Ibid., pp. 33-36.

34 한기채, "민중윤리를 위한 두 이야기의 만남"「신학사상」105 (1999 여름), p. 236.

기 한 쪽으로 치우쳐 있다는 것이다.[35]

콤스톡은 우리가 거스탑슨이나 하우워스처럼 한쪽에 치우치지 않는 니버의 통전적인 방법론으로 돌아갈 것을 제안한다. 기독교에 대한 전체의 이야기를 다 말한다는 것은 하우워스와 함께 내적 역사로부터 시작하여 거스탑슨과 함께 외적 역사로 들어가는 것을 의미한다. 특별히 이야기는 내적 의미와 외적 역사의 상호의존적인 것을 표현하는데 있어서 적합하다. 니버는 자신의 신학에서 바르트의 고백주의(내적 역사)와 트뢰얼치의 상대주의(외적 역사)를 창의적으로 연관시켰다. 니버는 바르트의 유일신론과 트뢰얼치의 역사 상대주의의 영향을 받았으면서도 그들을 창의적으로 종합하고 있다.

4. 이야기와 성서

이야기 윤리는 모든 종류의 이야기를 다 사용할 수는 있지만 모두 다 동등하게 취급해야 하는 것은 아니다. 신학은 인간의 이야기와 하나님의 이야기가 만날 때 발생한다. 이러한 두 이야기의 만남이 없이는 기독교적 의미에서의 신학은 없다. 신학 자체가 두 이야기의 만남을 요구한다.

우리는 우리에게 영향을 미치는 중요한 사람들의 이야기와 접촉하면서 성품이 형성된다. 우리 자신의 이야기는 역시 공동체와 문화의 이야기와 접촉되기도 한다. 여기에서 이야기는 우리가 인간으로서 누구이며 무엇이 되어야 하는가를 들려주는 힘이 있다. 만일 우리가 접촉하는 이

---

35 Gary Comstock, "Telling the Whole Story? American Narrative Theology After H. Richard Niebuhr," in *Religion and Philosophy in the United States of America*, vol. 1, ed. Peter Freese (Essen: Verlag Die Blaue Fule, 1987), p. 126.

야기가 우리에게 자신을 보여주지 못한다면 그런 이야기는 우리를 형성시키거나 변형시키는 힘이 부족한 것이다. 위대한 이야기는 우리 자신을 넘어서 거대한 이야기 속의 일부가 되도록 우리를 이끌어 준다. 그런 이야기들은 우리가 고집하던 왜곡된 이야기들을 교정해 주고 우리 자신들의 이야기에 새로운 의미를 부여하기도 한다.

기독교인들에게 있어서 위대한 이야기는 무엇보다 성서의 이야기이다. 우리는 성서적인 이야기를 통해서 자신을 효과적으로 발견한다. 그리고 우리는 그것을 인류를 위한 새로운 대안을 제시하는 데 사용하기도 한다.[36] 기독교 윤리는 단순히 행위 결정 과정을 도와주는 이론이나 방법론이 아니다. 오히려 기독교적인 이야기를 통하여 윤리 행위자의 성품을 형성하고 기독교적인 세계관을 형성시키는 것이다. 성서의 이야기는 기독교인에게 구체적인 시간과 상황에서 사람과 일을 보는 안목을 형성시켜 준다. 성서의 이야기는 일종의 성품을 형성시키는 역할을 하며 변형시키는 힘도 가지고 있다. 성서의 이야기, 이미지, 비유들은 우리가 세상을 이해하는 방법을 형성시키고 변형시킬 수 있다. 그렇다고 해서 성서 외적인 이야기가 필요하지 않은 것은 아니다. 성서의 이야기와 성서 외적인 이야기는 서로의 만남을 통하여 영향을 주고받는다. 성서의 이야기는 도덕 성품 발달을 위해 성서 외적인 이야기들을 변형시킬 수 있다. 성서적인 이야기가 성서 외적인 이야기와 만날 때 성서의 권위가 성서 외적인 자료들에게도 권위를 전해 줄 수 있다. 성서의 이야기는 우리의 이야기를 이끌어 주는 힘이 있다. 만일 우리 한국의 민중 이야기가 성서적 전통과 관련될 때 민중의 이야기는 역사적이면서도 성스러움의 중요성을 첨가한 더 폭넓은 의미를 지니게 된다. 그리고 신앙

---

36 Hauerwas, *Truthfulness and Tragedy*, p. 39.

의 공동체에서 들려질 때 그 힘은 더욱 증폭된다.

성서와 우리의 경험은 서로 종속하거나 지배되지 않고 나란히 존재한다. 이러한 관계를 공생관계(symbiotic)라고 표현할 수 있다. 성서와 우리의 관계는 주체와 객체의 종속적인 관계가 아니라 주체와 주체의 "간주관성"(inter subjectivity)에서 보아야 한다. 우리는 성스러운 이야기와 세속의 이야기를 완전히 구분할 수 없다. 그들은 상호 연관되어 있고 섞여 있기 때문이다. 기독교인에게 있어서 예수의 이야기는 "세속과 초월의 통합"이다.[37]

성서 이야기는 성서 밖에서 일어나는 독립적인 이야기와 연속성을 가진다. 성서의 이야기는 나의 이야기와 만나며 나의 이야기를 이끌어 주는 힘을 가지고 있다. 우리는 성서의 이야기 속에서 나의 이야기를 보게 된다. 성서 바로 읽기는 단순한 독해나 주석이 아니라 삶과 실천을 포함한다. 성서 바로 읽기는 성서 비평학 보다는 성서를 삶에 적용하는 데 더욱 관심을 둔다. 성서를 읽는다는 것은 삶을 읽는 것이며 삶을 살아간다는 것은 성서를 살아간다는 것이다. 하나의 이야기는 그 자체만으로는 그 이야기를 효과적으로 해석할 수 없는 경우가 많다. 두 이야기의 만남을 통하여 우리는 하나의 이야기를 더 잘 해석할 수 있다. 우리의 이야기는 성서의 이야기와 만날 때 더욱 잘 해석된다. 사실상 성서의 이야기는 내 이야기를 보는 눈을 열어 주며, 내 이야기를 바르게 해석할 수 있게 한다. 다시 말해 내가 성서를 해석하는 것이 아니라 오히려 성서의 이야기가 나의 삶을 해석한다. 이렇게 성서의 이야기와 나의 이야기가 만나는 순간 그 관계성에서 우리는 계시적인 사건을 경험한다. 계시는 정지하여 있는 것이 아니라 두 이야기가 만나는 순간에 역동적으

---

37 Sallie McFague, *Speaking in Parables* (Philadelphia: Fortress Press, 1975), p. 139.

로 경험된다. 성서의 이야기는 우리가 인간으로서 누구이며 무엇이 되어야 하느냐를 들려주는 힘이 있다. 그리고 우리의 이야기가 그 거대한 이야기 속의 일부가 될 수 있도록 이끌어 준다. 우리의 왜곡된 이야기를 교정해 주고 우리 자신의 일상적인 이야기에 새로운 의미를 부여해 준다. 이 모든 것이 상호관계성에서 되어지는 작업이다.

성서에는 무엇이 바른 삶이며, 무엇이 잘못된 삶인지를 보여주는 여러 가지 긍정적인 사례와 부정적인 행동의 모델이 나와 있다. 한권의 책으로서 성서만큼 다양한 삶의 패턴을 보여 주는 것은 다시없을 것이다.

5. 이야기의 한계성

윤리가 일차적으로 보편적인 가치를 추구하는 것이라면 이야기는 특정한 상황을 설정하고 전개되기 때문에 한계성을 지닐 수밖에 없다. 이야기에서 소외당한 상황에 대한 적절한 대안을 제시하게 위해서는 이야기에서 일관된 원칙과 윤리 이론을 도출해야 되므로 전통적인 윤리 작업이 다시 필요하게 된다. 그러므로 이야기 윤리 방법론이 종전의 윤리를 대치하는 방법론으로서가 아니라 윤리적 시각을 다각화하고 보완하는 방법론으로서 유용성을 가진다. 필자는 여기에서 이야기의 근원성과 잠재성을 말하려고 하지만 이야기의 타당성을 과도하게 일반화하기를 원치 않는다. 말하자면 이야기에 대한 타당성 논의도 다양하고, 이야기를 사용하는 방법도 다양하기 때문이다. 필자는 이 연구 과제를 통하여 기존 윤리 방법론에다가 하나의 중요한 건설적인 윤리의 관점을 추가하려는 데 목적이 있었다.

그리고 이야기는 이야기를 말하는 화자의 의도에 따라서 윤리적 반
응이 왜곡될 수 있다. 같은 사실을 이야기하더라도 어떤 의도를 가지고
말하느냐에 따라서 사실을 왜곡하거나 청중들의 반응을 조종할 수 있
다. 그래서 진실 된 이야기를 변별하기 위한 나름대로의 기준을 제시하
지만 일관성이 부족하고 여전히 진실 된 이야기를 변별하기 위한 기준
이 모호하다는 것을 부인하기 어렵다. 이러한 여러 가지 한계성에도 불
구하고 해방윤리, 생태윤리, 그리고 의료윤리에 있어서 사례별 이야기
를 모으고, 실재의 이야기를 전달하므로 행위자들이 공감하면서 의식화
되고, 거기에서 윤리적인 문제점과 해결책을 찾아가는 방법론으로서 이
야기 윤리는 딜레마에 빠져 있는 현대 윤리에 새로운 가능성을 시사해
주고 있다.

6. 이상의 논의와 더불어 참고할 자료들

Hans W. Frei. *The Eclipse of Biblical Narrative* (1974).

Stanley Hauerwas. *A Community of Character: Toward a Constructive Christian Social Ethic* (1981).

Paul Ricoeur. *Time and Narrative* (1984).

George A. Lindbeck. *The Nature of Doctrine: Religion and Theology in a Postliberal Age* (1984).

Paul Nelson. *Narrative and Morality: A Theological Inquiry* (1987).

Wesley A. Kort. *Story, Text, and Scripture* (1988).

Stanley Hauerwas and L. Gregory Jones. eds. *Why Narrative?:*

Readings in Narrative Theology (1989).

John Navone. *Seeking God in Story* (1990).

Mark Allan Powell. *What Is Narrative Criticism?* (1990).

Darrell J. Fasching. *Narrative Theology After Auschwitz* (1992).

Michael Goldberg. *Theology & Narrative: A Critical Introduction* (1991).

William C. Placher. *Narratives of a Vulnerable God* (1994).

Paul Ricoeur. *Figuring the Sacred: Religion, Narrative, and Imagination* (1995).

Edward LeRoy Long Jr. and J. Philip Wogaman. *To Liberate and Redeem: Moral Reflections on the Biblical Narrative* (1997).

Hilde Lindemann Nelson. *Stories and Their Limits: Narrative Approaches to Bioethics* (1997).

Peter Levine. *Living Without Philosophy: On Narrative, Rhetoric, and Morality* (1998).

David H. Smith. *Caring Well: Religion, Narrative, and Health Care Ethics* (2000).

Darrel Fasching. *Comparative Religious Ethics: A Narrative Approach* (2000).

Rufus Black. *Christian Moral Realism: Natural Law, Narrative, Virtue, and the Gospel* (2001).

02 민중 이야기 윤리를 위한 방법론

"태초에 이야기가 있었다."

1. 왜 하필 이야기인가[1]

최근에 인문 사회학 분야에서 이야기에 대한 관심이 고조되어 문화 속에 내재되어 있는 이야기의 주제, 구조, 기능들이 폭넓게 논의되고 있다. 사회학, 심리학, 상담학, 문학, 의학, 교육, 철학, 신학 할 것 없이 이야기 방법론이 각각의 영역에 유용하게 활용되고 있다. 이야기 연구는 특별히 종교학에 요긴한데 그것은 서로간의 대화나 협조를 위한 공동의 장을 마련해 주기도 하며 역시 어떻게 신앙적 경험이 믿음을 형성하는 가 하는 과정을 보여주기 때문이다. 그러므로 유대교 신학자들은 홀로코스트(유대인 대학살)의 이야기를, 흑인 신학자들은 흑인 노예의 압제받

---

1 이 글에서 나는 "스토리"(story)와 별 구별 없이 영어 "네레이티브"(narrative)를 이야기라고 번역하여 쓰고 있다. 사실 "네레이티브"(narrative)는 "스토리"(story)보다 광의의 의미로 스토리가 더 개별적인데 반해 네레이티브는 더 실제적인 경험에서 나오는 것이다. 맥페그(McFague)는 (성서의) "스토리"는 행동에 있어서 공공의 세계보다는 개인들과 관계가 있다고 하였다.(McFague, *Speaking in Parables*, p. 122.) 그녀에게 있어선 스토리나 비유가 똑같이 쓰이며 은유와 같은 작용을 한다. 그러나 나의 관심은 스토리든 네레이티브든 그것이 담고 있는 경험에 더 관심이 있다. 이 글에서 "이야기"(narrative)는 자서전(autobiography)이나 "사회전기", 민담, 탈춤, 판소리, 시, 소설, 굿, 성서의 이야기들을 다 포함한다.

았던 이야기를, 여성 해방 신학자들은 고통 받은 여인들의 이야기를, 제
삼 세계 해방 신학자들은 가난한 사람들의 이야기를, 민중 신학자들은
민중의 이야기를 신학의 주요한 주제로 다루고 있는 것이다.[2]

아리스토텔레스의 도덕 발달론은 이야기 윤리에 새로운 근거를 제공
해 준다.[3] 도덕 발달은 내 이야기와 다른 사람의 이야기의 끊임없는 대
화를 통하여 형성되어 간다. 아리스토텔레스는 선천적으로 주어지는
"도덕적 성품"을 이해한다. 그것은 소크라테스가 사람의 품성은 후천적
으로 습득되며, 덕이 습득되어질 때까지는 무엇이 덕인지 알 수 없다는
이론과 대조를 이룬다(Meno 71 a 6). 아리스토텔레스는 우리가 덕이 무
엇인지 알기도 전에 도덕적 성품이 개발되고 있다고 하였다(니코마코스
윤리학 II. I, 1103a 15-30). 훈련과 학습은 도덕적 성품을 습득하는데 매우

---

2 Sallie McFague, *Speaking in Parables: A Study in Metaphor and Theology* (Philadelphia: Fortress Press, 1975), p. 139. 대럴 파싱(Darrell J. Fasching)은 아우슈비츠(Auschwitz)의 경험 으로부터 이야기 윤리의 관점에서 "소외된 자의 신학"(an alienated theology)을 시작한다. *Narrative Theology After Auschwitz: From Alienation to Ethics* (Minneapolis: Fortress Press, 1992). 제임스 콘(James H. Cone)도 "흑인들의 종교적 경험의 근원적인 예술 형태들"-이야 기, 영가, 설교, 성서의 이야기, 흑인들의 전통적인 이야기-을 풍부한 신학적인 토양으로 삼 는다. *God of the Oppressed* (New York: Seabury Press, 1975), p. 5; *The Spirituals and the Blues: An Interpretation* (New York: The Seabury Press, 1972). 케롤 크리스트(Carol Christ)와 그밖에 여성 해방 신학자들은 이야기를 통하여 여성들의 경험을 부각시키며 해방을 위한 새 로운 상징과 사고의 유형을 개발한다. *Diving Deep and Surfacing* (Boston: Beacon Press, 1980). 존 뱁티스트 멧츠(Johann Baptist Metz)는 "위험스런"(dangerous) 이야기들을 통하여 사회의 부정의를 고발하고, 해방을 선언하는 기능을 다룬다. *Faith in History and Society: Toward a Practical Fundamental Theology* (New York: Seabury Press, 1980).

3 나의 방법론을 전개하는 데 있어서 서구 철학자들을 액면 그대로 받아 드리는 것은 상당 한 부담이 있다. 왜냐하면 아리스토텔레스는 가난한 자들에겐 덕성이 불가능하다는 견해를 가지고 있는 엘리트주의자(elitist)이고, 맥킨타이어(MacIntyre)가 말하는 덕은 민중의 에토스 와 다른 점이 많이 있고, 하우워스(Hauerwas)도 민중의 투쟁을 이해하지 못하기 때문이다. 마이클 노박(Novak)은 제 3세계에서 자본주의와 미국의 힘을 옹호하는 사람이다. 그러나 이 런 모든 차이점에도 불구하고 나는 방법론을 발전시키는 데 있어서 그들의 통찰들을 실용적 인(pragmatic) 관점에서 이용하려고 한다.

중요한 역할을 한다. 이런 아리스토텔레스의 도덕적 성품의 개념은 그의 심리학과 깊은 연관을 맺고 있다. 즉 덕은 감정에 관계된다는 것이다 (1106b 17). 그러므로 도덕 교육은 반드시 감정의 훈련을 수반해야 한다. 즉 도덕교육은 "감성 교육(education sentimental)"이다.[4] 덕은 감성에 기초하고 있고 적합한 도덕교육은 "적절한 즐거움과 고통"(right pleasure and pains)을 훈련시키는 것이다(1105b 20ff, 1107a 4-5, 1104b 11-16).

아리스토텔레스는 그의 책 *Rhetoric*(수사학)에서 감성의 이러한 측면을 잘 설명해 주고 있다. 음악, 비극, 춤도 감성 훈련에 있어서 중요한 부분을 차지하는데, 즉 문학이나 예술에서의 선에 대한 호감과 악에 대한 혐오감을 통해서 도덕적 감성을 개발시킨다는 것이다. 비극에서의 모방적인(mimetic) 반응은 더 복잡한데, 우리는 도덕적 행위자로서 등장하는 인물과 함께 여러 가지 비극적인 선택 가운데서 하나의 결단을 하거나 그 결과를 평가하는 입장을 취하게 된다. 비극을 보면서 우리는 주인공의 선택을 마치 우리의 것처럼 상상하며 동정적으로 또는 감정을 이입하여 반응을 보인다. 즉 우리는 동일한 상황 속에서 무엇을 선택할 것이며 어떻게 그 선택을 정당화할 것인가를 생각한다.

아리스토텔레스의 "카타르시스"(Catharsis)의 개념은 비극의 교육적인 역할을 더 잘 설명해 주고 있다. 카타르시스는 정화(clarification)하는 과정인데 그 정화는 다름 아닌 우리 자신의 동정심이나 두려움의 감성적인 반응을 통해서 되어지는 것이다. 동정이나 두려움은 지적이고 도덕적인 숙고에 부분적으로 의존되어 있는 감성이다. 우리는 다른 사람의 불행에 대하여 두려움을 느낀다. 그리고 어떤 사람이 애매하게 고난을 받고 있으면 우리는 그 사람에 대해 연민을 가진다.[5] 아리스토텔레

---

4 MacIntyre, *After Virtue*, p. 149.

스는 우리가 연민이나 두려움을 느낄 때 우리는 강하게 주인공과 동일화(identification)되며 우리는 동일한 운명의 고난을 느낀다고 하였다. 우리는 부당하게 고난을 당하거나, 동정을 받기에 충분한 사람들의 어려움을 알기 위하여 그들의 실제 상황에 들어가 보지 않고서도 이러한 경험을 통하여 알 수 있다(Rhetoric 1385b 13-14). 아리스토텔레스에게 있어서는 우리가 어떤 습관을 얻기 위해서는 도덕적인 훈련이 필요한데 그것은 우리가 살고 있는 곳에서 타인이나 우리가 속한 사회 그리고 세계와의 관계 속에서의 이야기가 중요하다. 도덕적 발달에서 이야기는 실로 중요한데 그것은 우리가 성취한 도덕의 모호성과 계속적인 성장의 필요성을 인식시키는 데 있어서 더욱 그러하다.

맥킨타이어의 책 *Whose Justice? Which Rationality?* 와 *After Virtue*를 보면, 이야기가 그의 역사 이해 방법의 중심적인 개념이며 도덕의 기본 원칙으로 간주되는 것을 볼 수 있다.[6] 맥킨타이어는 "본질적으로 인간은 가상의 픽션에서와 마찬가지로 실제 행동양식에 있어서도 이야기하는 습성을 지닌 동물(a story-telling animal)이다"[7]라고 말한다. 그리고 "인류의 안녕"은 이야기 안에 있는 전통과 부합하는 어떤 도덕적 규범이나 미덕에 입각한 덕목들을 사회가 구체적으로 실행에 옮김으로써 확실하게 성취될 수 있다.[8] 맥킨타이어는 윤리적 경험에 대한 아리스토텔레스적인 해명에 사회적인 경험은 본질적으로 역사적이라는 헤겔적인 통찰을 접목시키려고 한다. 이야기의 개념은 윤리 이론의 중

---

5 John D. Barbour, *Tragedy as a Critique of Virtue* (Chico, CA: Scholars Press, 1984), p. 4.

6 Alasdair MacIntyre, *Whose Justice? Which Rationality?* (Notre Dame: University of Notre Dame Press, 1988), *After Virtue*, 2nd ed. (Notre Dame: University of Notre Dame Press, 1984).

7 MacIntyre, (1984) op. cit., p. 216.

8 Ibid., p. 174ff.

심에 역사의식을 가져다주고, 구체적이고 실제적인 생활에서 좋은 삶의 개념을 분석해 주며, 특별한 덕을 교화하거나 실천하도록 요구한다. 맥킨타이어의 관심은 현대 윤리에 있어서 전통적인 덕의 재건인데 바로 이야기가 이러한 중요한 과제를 수행할 수 있다고 확신한다. 우리가 일부를 이루는 공동체 전체의 이야기를 알 때 우리는 비로소 무엇을 해야 하는가를 알게 된다. 맥킨타이어는 실천적 이성(practical rationality)만 가지고는 공동체나 전통 안에서 일어나는 자기 정체의 도덕적인 변화에 대하여 설명해 줄 수 없기 때문에 궁극적으로 실천적 이성은 이야기가 여러 면에서 필요하다고 주장한다. 이런 면에서 맥킨타이어의 연구는 윤리의 기초를 이해하는데 있어서 한층 도움을 준다.

이야기 그 자체는 실제 생활에 있어서 윤리적 패러다임으로 제시될 수 있다. 좋은 삶의 모델을 보여 주는 이야기는 실생활을 하는 데 있어서 윤리적인 이해와 방향을 제시할 수 있다. 이야기는 덕스러운 삶을 스스로 발견하고 연구하는 데 있어서 아주 좋은 패러다임이다. 맥킨타이어는 도덕 개념이나 이론은 도덕의 발달과 쇠퇴의 역사적인 이야기 안에서만 제대로 이해할 수 있다고 하였다. 그는 철학적 연구와 역사적 연구 사이의 전적인 구별은 있을 수 없다고 하였다. 좋은 삶을 구성하는 조건으로서 이야기의 연대성에 대한 그의 주장은 현대 윤리 철학의 콘텍스트에서 아리스토텔레스적인 윤리 전통을 발전시키고 강력하게 재규명을 하는 것이다. 그는 이런 자신의 윤리 사상을 현대적 대안 윤리인 흄학파(Humeanism), 칸트학파(Kantianism), 자유주의학파(Liberalism)와 논쟁을 벌이며 발전시킨다. 폴 넬슨은 이런 맥킨타이어의 입장을 세 가지로 정리하였다.

첫째, 여러 가지 도덕적 이론은 그것들이 단편적인 것이 아니라 긴밀하게 연관된 이야기 안에서 역사적으로 발전되었다고 간주될 때만 신빙성을 얻을 수 있다. 둘째, 이야기와 관련 없이 도덕 철학을 하려는 시도는 사람의 자기 이해와 도덕적 견해를 왜곡시킨다. 셋째, 작금의 지적인 상황에서는 도덕적인 논의가 종종 지루하게 계속되며 그럴 수밖에 없게 되어 있다.[9]

인간의 유기적인 자아의식은 어떤 하나의 단순한 윤리강령이나 일치된 도덕률을 요구하는 것이 아니라, 우리 존재에 대한 충분하고도 진실된 설명을 해 주고 인격 형성에 도움을 주는 이야기를 필요로 한다. 윤리는 행위자와는 별도로 판단만을 취급하는 이성의 학문이 아니다. 행위자는 도덕적 선택의 이야기 콘텍스트에서만 의미 있고 이성적인 선택을 할 수 있다.

신학자들도 역시 이야기가 어떻게 도덕적 품성을 형성해 주는가 하는 것을 연구하였다.[10] 스탠리 하우워스(Stanley Hauerwas)와 샬리 맥페그(Sallie McFague)에 있어서도 이야기는 기독교 윤리의 열쇠이다. 맥페그의 책, *Speaking in Parables*(1975)에 보면 어떤 특정한 이야기의 구조는 실재에 대한 특정한 이해를 형성한다고 한다. 그녀는 성서의 비유가 기독교인들뿐만 아니라 사실은 인류를 위하여 하나님, 자신, 세상에 대한 이해의 토대를 제공해 준다고 주장한다.[11] 맥페그에 의하면 이야기

9 Paul Nelson, *Narrative and Morality* (University Park: The Pennsylvania State University Press, 1987), p. 19.

10 다음과 같은 신학자들을 예로 들 수 있다. H. Richard Niebuhr, Hans W. Frei, Stephen Crites, David F. Ford, R. R. Wilson, Bruce C. Birch, Michael L. Goldberg, Alter Robert, Robert W. Jensen, Dan O. Via Jr., Stephen E. Fowl, William C. Spohn, James Wm McClendon, James Fowler, Robert Scholes, Robert Kellogg, Garrett Green, George Lindbeck, Paul Nelson.

11 Michael Goldberg, *Theology and Narrative* (Philadelphia: Trinity Press International, 1991), p. 162.

는 우리가 이해하는 데 있어서 은유와 같이 작용한다.[12] 은유적인 의미
는 순간적으로 정지된 것이 아니라 하나의 과정, 즉 이야기와 같이 여기
에서 저기로 움직이는 것이다. 다시 말해서 "무엇이냐"(what is)에서
"무엇이 되어야 하는가"(what might be)로 이동을 시켜 준다.[13] 그러므
로 용서가 필요할 때 비유는 단순한 도덕적 논리에 의해서 용서를 설명
해 주는 것이 아니라 기억과 상상력에 호소함으로써 용서할 수 있도록
움직인다.

　하우워스 역시 이야기를 자기 이해의 핵심으로 본다. 만일 우리가 우
리 자신을 잘 알려면 이야기가 필수적이다. 이야기는 어떤 다른 설명으
로도 대치할 수 없다.[14] 그리고 특별히 "기독교인들에게 예수의 이야기
는 표준이 되는 훌륭한 이야기이다. 예수의 이야기는 우리의 가치관과
행동에 어떤 연속성을 제공해 준다."[15] 하우워스는 공동체를 형성하며,
그 형성된 공동체의 도덕적 논의를 하는데 있어서 이야기의 역할을 강
조한다. 그는 지금까지의 전통적인 도덕적 논의가 적어도 세 가지의 본
질적인 면에서 우리의 도덕적 경험의 본성을 왜곡하였다고 하였다. 즉,
첫째는 특정한 결정이나 애매한 입장을 부당하게 강조했고, 둘째는 도
덕적 개념의 중요성과 그것들이 어떻게 우리에게 인지 능력을 제공하는
가를 설명하는데 실패했고, 셋째는 행위자를 그들의 관심으로부터 분리
시켰다.[16] 개신교 신학자로서 하우워스는 기독교 공동체 안에서 들려지

---

12 다음 항목에서 맥페그의 은유와 이야기 사이의 차이점을 더 자세하게 논의하겠지만 기
본적으로 나는 그녀의 이야기에 대한 통찰은 받아들이면서도 그녀의 은유("metaphor")만 가
지고 이야기 윤리를 전개하는 데는 무리가 있다고 생각한다.

13 McFague, *Speaking in Parables*, p. 57.

14 Hauerwas, *Truthfulness and Tragedy*, p. 77.

15 Ibid., p. 72.

16 Ibid., p. 18.

는 이야기가 개개의 기독교인들의 삶이나 품성을 어떻게 형성시켜 주느냐를 궁극적으로 보여 주고자 한다.

윤리 의식을 전달하는 수단으로써의 이야기는 우리의 윤리적인 행위에 강력한 영향력을 미친다. 가치, 성품, 도덕적 이상은 특별한 이야기 속에 내재되어 있다. 모든 이야기들은 가치를 제시하며, 전달한다. 이야기는 무엇이 선이며, 무엇이 옳은 것인가를 해석한다. 이야기는 단순히 우리의 기억들을 되살려 주는 것이 아니라 우리의 실재적인 행동에 강력한 영향력을 행사한다. 돈 커피트(Don Cupitt)는 네 가지 면에서 이야기의 영향력을 설명하였다. 즉, 이야기는 삶을 의미 있게 하며 이해할 수 있게 하고, 이야기는 삶에 있어서 실재적인 도덕적 예지를 제공하며, 이야기는 행위를 유도하는(action-guiding) 가치관들을 심어 주고, 마지막으로 이야기는 등장하는 주요 인물의 아이덴티티를 분명하게 보여준다.[17]

이야기는 근본적인 것이지 이차적인 것이 아니다. 이것은 이야기의 편재성, 독창성, 필연성을 의미한다. 그리고 이야기는 신화와 신앙에도 관계되어 있다.[18] 우리는 우리의 실재적인 삶에서 직접 경험하지 않고서도 이야기를 통하여 어떤 행위에 대한 결과를 경험할 수 있다. 이야기는 개인과 공동체에서 발굴된 신학을 위한 "가공되지 않은 원료"(the raw material)이다.[19] 말하자면 기독교인의 삶에 대한 이야기가 잘 짜여

---

17 Don Cupitt, *What is a Story?* (London: SCM Press, 1991), p. 77.

18 나는 여기에서 이야기의 근원성과 잠재성을 제시하려고 하지만 이야기의 타당성을 과도하게 일반화하기를 원치 않는다. 말하자면 이야기에 대한 타당성 논의도 다양하고, 이야기를 사용하는 방법도 다양하기 때문이다. 나는 이 연구 과제를 통하여 기존 윤리 방법론에다 하나의 중요한 건설적인 윤리의 관점을 추가하려는데 목적이 있다.

19 George W. Stroup, *The Promise of Narrative Theology* (Atlanta: John Knox Press, 1981), p. 86.

진 기독교 신학의 형성 이전부터 존재하고 있었다. 그러므로 이야기 신학(Narrative Theology)은 우리의 삶의 경험 속에서 하나님은 자신을 계속적으로 나타내시는 분으로 소개한다. 이야기 신학은 경험이 계시적인 것이며 우리의 존재 안에서 우주적이고 궁극적인 가치를 가리키는 것으로 간주한다. 우리가 신학에서 활용할 수 있는 이야기들을 스티븐 크리츠(Stephen Crites)는 "경험의 이야기적인 특성"(narrative quality of experience) 안에서 세 가지 영역으로 묘사하는데, 즉 성스러운 이야기, 세속적인 이야기, 경험 자체의 임시적인 형태로서의 이야기이다. 이것들이 이야기의 세 가지 궤적인데 서로를 끊임없이 반영하며 서로의 과정에 영향을 미친다.[20] 이야기 신학은 우리가 세속에서도 초월을 발견할 수 있는 기회를 제공해 주므로 하나님과 신학에 우리가 과거에 생각했던 것 보다 더 쉽게 접근하도록 해 준다. 이야기 신학은 모든 사람들이 신학을 할 수 있는 가능성을 열어 준 것으로 신학을 민중들의 손에 되돌려 주는 시도라고 할 수 있다.

2. 이야기: 민중의 언어

나는 이야기에 신학적인 관심을 많이 가지고 있다. 왜냐하면 어떤 특정한 이야기를 나누면서 민중에 의한 행동 신학 스타일을 이해할 수 있는 많은 단서들을 제공받기 때문이다. 몰트만의 정치 신학, 제임스 콘의 흑인 신학, 구티에르즈의 해방 신학, 류터의 여성 신학들이 나누는 고통과 해방의 이야기들은 우리들의 고통과 해방에 대한 희망의 이야기들과

---

20 Ibid., p. 76.

만날 때 우리가 응용할 수 있는 신학이 될 수 있다.[21] 그런 면에서 한국 신학은 하나의 이야기 신학이 될 수 있다.

맥페그는 근본적인 인간 이해를 개별적이고 산만한 개념화에서가 아니라 전체적이고 역동적인 은유의 형식에서 찾는다. 그녀는 종교에서의 이야기의 중요성과 빈도를 확실히 이해하고 있다. 그녀의 책, *Speaking in Parables*에서는 비유, 전기, 자서전, 시문학 전반에 걸쳐 논의하고 있다. 그러나 후기에는 그녀가 "확장된 은유"(extended metaphors)라고 정의한 비유에 그녀의 관심을 집중시킨다. 그러므로 맥페그의 관심은 이야기에서 비유로 그리고 마침내는 모델로 넘어가는 것을 볼 수 있다.[22] 은유는 그것이 말하는 것을 긍정하면서 동시에 부정하기도 한다. 즉 어떤 사람이 "X는 Y다"라고 비유적으로 말했다면 말의 비유적인 성격 때문에 그 말은 "X는 Y가 아니다"도 동시에 의미하며 이 때 비중은 "아니다"라는 쪽에 있다. 종교적인 언어의 주요 과제가 우리의 신학에 대해 도전하는 것처럼 비유의 근본적인 기능도 우리의 세계관을 붕괴시키는 데 있다. 비유와 같은 이야기는 은유와 마찬가지로 우리가 당연시하던 세계를 붕괴시키는 수단이 된다. 그러면서도 맥페그는 이야기 신학보다 은유를 더 선호하고 있다.

그러면 이야기와 비유의 차이를 살펴보자. 피터 버그(Peter Berger)는 은유와 모델은 그것들이 공유하는 노모스(*nomos*)에 의해 그것들의 의미를 알 수 있다고 하였다.[23] 그리고 그 노모스는 사회 경험의 산물이

---

21 David Kwang-Sun Suh, "A Theology by Minjung," in *Theology By the People*, eds. Samuel Amirthan & John S. Pobee (Geneva: WCC, 1986), p. 70.

22 Sallie McFague, *Models of God* (Philadelphia: Fortress Press, 1987) 참고. 멕페그와는 반대 방향으로 폴 리코 (Paul Ricoeur)는 그의 초기의 연구에서는 이야기보다 "상징"(symbol)을 더 중요하게 취급하다가 나중에는 이야기를 인간 존재의 본질적인 부분으로 보기 시작한다.

23 Berger, *The Sacred Canopy* (Garden City, NY: Doubleday, 1967), pp. 19-20.

다. 그러니까 경험이 은유보다 선행한다. 마이클 노박(Michael Novak)은 실재의 자각(경험)에서 이야기로, 이야기에서 상징으로, 상징에서 원리로, 원리에서 행위나 사건으로 이어지는 일련의 순서를 말하였다.[24] 그러므로 이야기는 은유보다 경험에 더 가깝다. 스티븐 크리츠도 경험과 이야기 사이의 관계를 다음과 같이 관찰하였다.

> 이를테면 상징보다 이야기 형식이 경험에 더 가깝다… 오직 이야기 형식만이 실재 생생한 경험 인 긴장과 흥분, 실망, 반전과 성취들을 담을 수 있다. 이야기가 구체적인 경험을 표현하는데 가장 적합하다.[25]

이야기는 화자의 경험으로부터 출발하며 "중요한 경험"(significant experience)으로 넘어간다. 가장 좋은 반응의 청중은 자기 개인의 경험으로부터 그 이야기를 통하여 역시 "중요한 경험"으로 옮겨간다. 그런 점에서 우리의 의식은 이야기에서 합류하게 된다.[26] 폴 리코도 "인간 경험의 역사는 이야기 형식을 빌려 언어로 표현 된다"라고 비슷한 말을 한 적이 있다.[27]

은유적인 이미지들은 긴장감은 일으키지만 발전하지는 않는 반면에 이야기를 전개해 나가는데 있어서는 시간이 중요하다. 말하자면 이야기는 "개방된 미래와 닫힌 과거 사이의 선택과 분명한 구별에 대한 전체

24 Novak, *"Story" in Politics* (New York: Council on Religion and International Affairs, 1970), p. 16.

25 Crites, "The Narrative Quality of Experience," *The Journal of the American Academy of Religion* 39/3 (Sep. 1971) p. 306.

26 James Olney, *Metaphors of Self, the Meaning of Autobiography* (Princeton, NJ: Princeton University Press, 1972), p. 268.

27 Ricoeur, "Narrative Function," *Semeia* 13 (1978) p. 195.

적인 역사"를 제공해 준다.[28] 이렇게 제공되는 선택과 시간은 인간 경험에 불가결한 요소이므로 이야기는 은유보다 인간 정체성을 위해서 더 좋은 수단을 제공한다.

맥페그는 *Models of God*(1987)라는 책에서 어머니, 애인, 친구를 하나님에 대한 모델로 들어 그들의 속성인 돌봄, 우애, 매력, 양육, 후원, 공감, 책임, 섬김, 희생, 용서, 창조력을 하나님의 속성으로 은유적으로 묘사하였다.[29] 그러나 어떤 사람들은 이런 모델에 대해 부정적인 경험을 가지고 있는 사람도 있다. 어머니나 애인이나 친구에 대해 말하고 싶지 않거나 잊고 싶은 좋지 않은 기억을 가지고 있는 사람들이 있다. 어머니가 늘 희생적으로 돌보아 주는 분이라고 믿지 않는 사람도 있다. 이것은 현대 사회에서 아이들이 실제로 경험하는 사실들이다. 이혼, 아동학대, 낙태 등등은 이러한 어머니, 친구, 애인의 역할 모델(role model)에 부정적인 영향을 미치고 있다. 그러나 사람들은 이런 역할 모델을 통해서는 따뜻한 사랑을 받은 적이 없을지라도 그들은 어떤 것이 사랑인가를 배울 수 있다. 그들은 다른 사람들의 이야기를 통해서 배운다. 그러기 위해서 나의 이야기는 다른 사람의 이야기와 만나야 한다. 그러므로 나는 이야기가 맥페그가 말하는 은유나 모델보다 해방 신학을 위하여 더 큰 잠재력을 가지고 있다고 생각한다.

민중의 이야기를 찾기 위해 역사의 발전 과정과 논의를 살펴보면 역사적 진리가 본질적으로 힘과 관계되어 있는 것을 볼 수 있다. 한국의 공식적인 역사는 힘을 가지고 있는 자나 통치자에 의해 기록되었다. 최근에 들어 의식 있는 몇몇 역사 학자들이 과거 일본인들에 의해 왜곡되

---

28 John C. Hoffman, "Metaphorical or Narrative Theology," *Studies in Religion* 16 (1987) p. 174.

29 McFague, *Models of God*, p. 56.

었던 한국인들에 대한 인식, 즉 한국 사람은 게으르고, 파벌적이어서 자치 능력이 없다는 일본 식민주의 사관으로부터 벗어나 새로운 사관을 시도하고 있다.[30] 그들은 새로운 대안 역사를 시도하는데, 즉 왕이나 장군, 귀족들과 같은 지배자들의 역사가 아니라 역사의 주체인 민중의 역사로서의 한국사를 재조명한다.[31]

민중들의 진실한 이야기들은 검열하여 삭제되고 국가 번영과 안보의 거짓된 이야기들은 뉴스의 첫 머리를 장식한다. 그러므로 민중의 상황을 잘 알기 위해서는 "지하 역사"(under-history)또는 반역사(counter-history)를 살펴보아야 한다. 그것들은 루머를 통해 전해지거나, 수감자, 노동자, 창녀, 파산한 농부들의 이야기 등 산업화와 현대화 발전 과정에서 소외되고, 처지게 된 사람들의 이야기이다. 이러한 이야기들에 대한 관심은 지나간 과거의 지혜를 구하기 위한 것이 아니라 민중의 새로운 이야기를 창조하기 위해서이다.[32]

민중은 설명되거나 정의할 수 있는 어떤 개념이나 대상이 아니다. 민중은 역동적으로 변하면서 복잡하게 살아 있는 실체이다. 이런 살아 있는 민중은 개념적으로 규명되기를 원치 않고 역사 속에서의 행동과 사건을 통하여 자신의 존재를 드러낸다. 그러므로 민중은 그들의 이야기

---

30 일제는 도덕 교과목을 통해 식민 윤리(colonial ethics)를 가르쳤다. 수신(self-rule)이란 책은 일제 식민 정부에서 1910년부터 1945년까지 한국의 초등학교에서 사용되었다. 식민지 사관으로부터 수신은 한국이 독립국으로 생존할 수 없는 이유들을 강조해서 가르치고 있다. 그것은 한국의 과거 역사를 부정하고 일본 문화에 동화시키자는 데 목적이 있다. 이 부분에 대한 자세한 내용은 다음 논문을 참조할 것. Ma-Ji Rhee, "Moral Education in Korea: Under Japanese Colonialism During 1910-1945," Ed. D. dissertation, Rutgers the State University of New Jersey, (1989).

31 Young-Hak Hyun, "A Theological Look at the Mask Dance in Korea," in *Minjung Theology*, ed. CTC-CCA (Maryknoll, NY: Orbis Books, 1981), p. 53.

32 Young-Bok Kim, "The Minjung as the Subject of History," in *Living Theology in Asia*, ed. John C. England (Maryknoll, NY: Orbis Books, 1981), p. 29.

를 들어야 알 수 있다.

민중은 자기 이해 또는 자기 인식의 경험인데 그 경험은 "고난의 경험"이다. 우리를 민중으로 자각시키는 경험의 핵심은 고난의 경험, 즉 한의 체험이다. 그러므로 한은 한국 민중에 있어서 본질적인 것이다. 한은 부당한 일들을 계속적으로 당하면서 내적으로 강하게 응고되는 민중의 격정과 슬픔이다. 그러나 이러한 한도 민중이란 말과 마찬가지로 개념적으로 정의 할 수 없다. 한을 이해하기 위해선 역시 민중의 이야기를 들어야만 한다. 민중의 이야기 속에서 우리는 무엇이 선이며, 무엇이 악인지 확실히 알게 되며 악을 미워하고 선을 사랑하게 된다. 민중의 이야기에서 무엇이 한이며, 한이 어떻게 형성되는 지도 알 수 있다.

민중의 이야기에는 민중의 경험인 한이 내재되어 있다. 그리고 고난 받는 사람들의 이야기가 한국의 역사와 현대 사회를 이해하는 중요한 단서가 된다. 그러므로 우리는 억압받고 착취당한 민중들의 고난과 투쟁의 이야기들을 들어야 한다. "이야기하는 것"(storytelling)이 민중의 의사를 소통하는 중요한 수단이 된다.

그러면 무엇이 민중의 이야기를 구별하는 기준이 되는가? 첫째, 민중이 그 이야기의 주체가 되어야 한다. 민중의 이야기는 민중이 주인공이 되는 민중들의 "사회전기"이다. 둘째, 민중의 이야기는 몸 전체의 언어(body language)가 되어야 한다. 온 몸으로 경험에 참여하는 것이다. 이를테면 민중의 언어는 보고, 듣고, 느끼고, 생각하고, 인식하는 모든 것들이 연합된 것이다. 그러므로 민중의 언어는 서구 인식론이 앉고 있는 주체와 객체의 건널 수 없는 갭을 극복할 가능성을 제시해 준다.[33] 셋째, 이야기 속에서 지배자와 피지배자와의 관계를 볼 수 있어야 한다.

---

33 이런 면에서 나는 주체와 객체의 분리에 대한 현상학적 비판을 지지한다.

이런 관계 속에서 지배자는 힘을 남용하고 피지배자는 한을 경험한다. 여기에서 힘의 균형만으로는 한의 문제를 해결할 수 없다. 민중의 이야기는 힘 역학 관계의 질적 변화를 모색한다. 넷째, 민중의 이야기는 역사를 극적으로 만든다. 실재로 역사는 힘없는 사람이 주인공으로서 힘이 강한 상대역을 만나 복잡한 역사의 과정을 만들어 가는 인간 드라마의 장이라고 말할 수 있다. 이러한 상황 속에서 민중의 사회전기가 출현한다. 모든 드라마가 목적과 결말이 있듯이 민중의 이야기도 민중의 현재의 경험을 부정하고 미래의 희망을 추구한다. 이것은 어떤 확실한 목표와 결말을 향하여 이야기가 전개되는 것을 말한다. 이야기의 목적은 사람들에게 미래에 그들이 도모할 것을 상상하고 마음에 그리도록 일깨워 주고 미래로부터 오늘에 힘을 빌어다 준다.

이런 이유에서 어떤 이념적인 체계나 산술적인 계산도 이야기만큼 사람들의 미래를 잘 묘사할 수 없다. 그러므로 민중 신학은 이야기 신학이 되어야만 한다. 전통적인 서구 신학은 신화(mythos)로부터 로고스(logos)를 끌어내는 로고스 지향적인 체계(logos-oriented)이지만 민중신학은 신화의 힘을 재발견하고 "재신화화"(remythologization)의 필요성을 제시한다. 그러므로 민중신학은 신화 지향적인(mythos-oriented) 신학이다.[34]

한국의 이야기는 기근, 전쟁, 착취, 정쟁, 억압, 독재의 희생자들의 한으로 가득차 있다. 한은 반드시 말하고, 들려지고, 해명되고, 만져지고, 느껴져서 해결되어야 한다. "비극은 그것이 들려질 때까지는 비극이 아

---

34 Young-Chan Ro, "Symbol, Myth and Ritual," in Lift *Every Voice*, eds. Susan Brook Thistlethwaite & Mary Potter Engel (San Francisco: Harper & Row, 1990), p. 43.
여성 신학과 흑인 해방 신학도 그들의 경험과 이야기를 신학적인 중심 과제로 삼는다는 면에서 신화 지향적인의 신학이지만 제 3세계 해방 신학은 마르크스 사회주의 방법론을 도입하는 면에 있어서 이성 지향적인 신학 체계를 가졌다고 볼 수 있다.

니다."[35] 우리가 고난과 희망의 이야기를 말할 때 제3세계에 있는 우리의 형제들도 함께 공감할 수 있으며 우리의 이야기가 그들에게 평화와 정의를 향한 희망 그리고 궁극적으로는 하나님 나라를 말해 줄 수 있다.

우리는 소중한 민중의 이야기들을 잘 간직하고, 이러한 이야기를 어떻게 들을 것인가를 배우고, 그 이야기들이 한국의 역사와 사회를 변혁시키도록 해야 한다. 민중의 이야기를 들으면 우선적으로 나 자신의 변화를 경험하고, 그 후에 다른 사람과 이 이야기를 나누도록 해야 한다. 그러므로 우리의 과제는 민중 이야기꾼이 되는 것이다.

민중신학은 크게 두 가지 종류의 이야기를 사용한다고 볼 수 있는데 하나는 자서전, 사회전기와 같은 실화이고, 다른 하나는 탈춤, 판소리, 굿과 같은 민담이다.[36] 이 둘을 확실하게 구분하기가 힘든 때도 있지만 실화와 민담은 실제 민중의 억압받는 현실을 세속적인 언어로 가장 내밀한 감정까지 그대로 드러내는 효과적인 도구이다. 이 이야기들은 민중의 사회-정치적인 전기뿐 아니라 문화-종교적인 전기도 다 같이 전달한다.[37]

이야기는 변화를 위한 영감을 제공하며 변화를 위한 역사적 근거를 제공하지만 아직은 그 자체만 가지고는 윤리적인 결단을 내리는데 필요충분한 것은 아니다. 그러므로 각 이야기가 변화를 위해 사용되기 위해

---

35 Ibid., p. 48.

36 나는 학위 논문에서 민중의 이야기를 네 가지로 세분화했다. 즉, "사는 이야기"(Life Stories)—사회전기, 자서전, 루머, "민속 이야기"(Folk Stories)—민담, 민요, 속담, 전설, "공연된 이야기"(Played Stories)—판소리, 탈춤, 꼭두각시, "제의적 이야기"(Ritual Stories)—굿. Kee Chae Han, "Toward A Christian Narrative Ethic in Korea: a Methodological Discourse," Ph. D. dissertation, Vanderbilt University, (1995) p. 167.

37 Jung Young Lee, ed. *An Emerging Theology in World Perspective* (Mystic Connecticut: Twenty-Third Publications, 1988), p. 17.

서는 적용을 필요로 한다. 그런데 민중의 이야기는 민중의 사건을 이야기 형식으로 묘사하는데 있어서 이미 그 자체에 해석을 내포하고 있다. 해석이 이야기의 한 요소를 이루고 있기 때문에 이야기와 해석을 분리하는 것은 불가능하다. 그러므로 나는 이야기를 어떻게 해석할 것인가보다는 이야기를 어떻게 사용할 것인가를 논의하고자 한다. 이야기를 전개하는데 있어서 다섯 가지 발전 과정이 있을 수 있다. 즉, 1)자신의 이야기를 말한다, 2)자신의 이야기를 검토한다, 3)다른 사람의 이야기를 듣는다, 4)이야기를 통해 배우거나 남을 교육한다, 5)이야기의 도덕적 힘을 사용한다. 이런 과정을 통하여 민중의 이야기는 세 가지 방법으로 사용할 수 있다.

첫째, 이야기는 자의식(self-identification)을 형성시켜 준다. 우리의 의식은 이야기 안에서 얼기설기 엮어져 있고 그래서 우리의 정체성은 늘 "이야기 안에서 자기 자신을 동일화"(narrative identification)[38] 시킴으로써 구체화된다. 이러므로 멧츠는 이야기가 실천적인 행위에 깊이 관계가 있으며 독단적인 개인이 이성적으로 형성한 신앙적 진술들은 잘못되기 쉽다고 한다. 이야기는 단순히 자아를 예증하거나 상징화하는 것이 아니다. 그것은 자아가 구체화 된 것이며 자아 자체이다. 그러므로 그것은 직접적으로 행위를 일으키고, 본질적으로 그 자체가 실제적이다. 달리 말하면 이야기는 억압을 받는 사람들에 대한 관심을 불러일으키며 억압받는 자의 편에 서서 직접적인 사회운동을 일으키는데 억압받는 사람들과의 연대감을 형성시켜 준다. 우리는 다른 "우리들"과 동일시하기를 결정하는 "나"가 아니라 우리는 먼저 "우리"가 되고 우리 자신들의

---

38 Johann Baptist Metz, *Faith in History and Society* (New York: Seabury Press, 1980), p. 213.

유사점과 상이점을 통해 다른 사람들을 인식하는 것을 배우면서 그 속에서 "나"를 발견하게 된다.

둘째, 이야기는 우리들에게 가치관, 문화적 신념, 행동의 양식들을 가르쳐 준다. 그러므로 개인적이든 사회적이든 배움은 이야기를 통해서 이루어진다. 아리스토텔레스, 맥킨타이어, 하우워스에게서 말한 대로 이야기는 도덕교육을 통한 인격 형성에 매우 효과적이다. 그것은 우리가 어떻게 우리의 자녀들을 교육할 것인가, 우리가 어떻게 윤리적인 자기 분석을 할 것인가 그리고 심지어 어떻게 성서를 읽은 것인가에 영향을 미친다. 이야기는 상상력을 자극하고 자아 인식이나 사회 인식을 더욱 높여 준다. 그래서 과거에 간과했거나 소홀히 했던 것들을 좀 더 확실히 볼 수 있도록 우리의 비전이나 관점에 변화를 준다.[39] 이야기는 새로운 패러다임을 가져다준다. 그래서 새로운 관점에서 문제를 보고 해결할 수 있는 안목을 제공해 준다. 문제는 그 문제를 만든 패러다임에서는 해결이 불가능하므로 패러다임의 변화가 긴요한데 이야기는 이러한 기능을 수행한다. 이야기는 상상력을 자극할 뿐 아니라 개념적인 형태로는 쉽게 전달할 수 없는 실체를 잘 지적해 준다. 그리고 한 사람의 이야기는 다른 사람으로 하여금 그들 자신의 이야기를 할 수 있도록 고무시킨다. 우리가 남의 이야기를 들으면 들을수록 우리는 또한 우리 자신의 이야기를 더욱 자세하고 구체적으로 인식하게 된다.

셋째, 이야기는 변혁 또는 해방하는 힘(transforming or liberating power)을 가지고 있다. 하나의 긴요한 이야기는 한 사람의 세계관과 인생관에 파고 들어와 교화하며 변혁시킨다. 기독교 신학 안에 있는 구속론의 과제는 어떻게 기독교의 이야기가 모든 인간에게 구속의 이야기가 될 수

---

39 Goldberg, *Theology and Narrative*, p. 70.

있느냐를 보이는 것이다. 기독교의 이야기는 자아나 세계나 하나님에 대하여 구속적인 진리를 설명해 준다. 인간의 활동은 이야기로 엮여져 있다. 간단히 말하자면 이야기는 여전히 삶을 변혁시키는 잠재성을 가지고 있다. 이야기들은 계속해서 삶을 형성하고 인도하는 힘을 가지고 있다. 그것들은 사회 활동에 깊이 연관되어 세상을 형성하고, 도전하고, 재형성하는 상징들을 불러일으키는 힘이 있다.

이상에서 말한 이야기의 세 가지 기능은 서로 연관되어 있다. 즉, 이야기는 사회가 어떻게 유지되는가에 대해 우리의 의식을 불러일으키고, 어떻게 유지될 수 있는가에 대한 우리의 상상력을 자극한다. 그러면서 이야기들은 사회를 적절히 유지하기 위해 새로운 방법을 도입하고, 새로운 가치관을 도입한다. 민중의 사회전기는 사람들을 고난 받는 민중들과 함께 자신들을 동일화시키는 동질의식으로 사람들을 인도하는 수단이 되고 민중의 해방을 통하여 사람들에게 희망을 가져다주는 역할을 한다. 이러한 과정에서 이야기는 민중의 상황을 변혁하는 힘을 제공한다.

3. 됨과 함: 구현된 윤리Embodied Ethics

최근에 덕 윤리와 이야기 윤리는 구미 철학자들과 기독교 윤리학자들의 관심을 불러일으키고 있다. 이야기 윤리는 도덕적 행위자의 성품에 관심을 두고 있는데 이러한 이론은 도덕적 논의의 초점을 행위나 결단보다는 도덕적 행위자 자체에 두고 있다. 그러니까 행위자 중심 (agent-centered) 윤리이다. 이야기 윤리학자들은 "우리가 무엇을 해야 하는가?"를 이해하기 위해서 "우리가 누구인가?"를 먼저 탐구한다. 어떤 특별한 도덕적 행위에 있어서 결단을 내리기 전에 선결되고 중요한 질문은 "내가 어떠한 사람이 되기를 원하는가? 내가 어떤 성품을 형성해 나갈 것인가? 어떤 종류의 이야기가 내 삶에 알맞은 행동과 습관 그리고 태도와 반응들을 형성해 주는가?"[40] 등이다.

맥킨타이어는 덕, 성품, 이야기들의 주제에 깊은 관심을 보인다. 맥킨타이어의 철학적인 노력은 하우워스의 신학적인 작업과 밀접한 관계가 있다. 하우워스의 책에는 그것이 신학적인 것이든 특정한 도덕적 이슈에 관한 것이든 간에 공동체와 도덕적 논의에 미치는 이야기의 역할을 강조한다. 하우워스에게는 "내가 무엇이 되어야만 하는가?" 라는 질문이 "내가 무엇을 할 것인가?" 보다 선행된다.[41] 이것은 우리가 우선적으로 어떤 특정한 성품을 가진 사람으로서 상황을 직면하기 때문이다. 그러므로 "됨"(being)이 "함"(doing)을 선행한다. 즉, 됨의 윤리가 함의 윤리보다 먼저 온다. 하우워스는 윤리의 과제는 문제를 해결(problem-solving)하는 것 이상이며, 문제를 해결하는 윤리는 도덕적 성품의 단지 일면에 불과하다고 한다. 그러므로 그는 도덕적인 결정을 위한 가이드라인을 제시하는 것보다는 도덕적 자아의 본성을 밝히는데 주력한다. 이것은 하우워스의 윤리가 결단을 유도하는 윤리적 결정의 과정이나 원칙에 무관심하다기 보다는 결단과 원칙들은 역사 속에서 나온다는, 즉 하나의 이야기에서 도출된다는 것을 의미한다. 그래서 이야기들은 어떤 특정한 행위보다는 우리가 어떤 사람이 되어야 마땅한가를 더 시사해 준다. 기독교 공동체 안에서 정경은 이야기를 통하여 기독교인의 실체와 자리를 마련해 준다. 이 이야기들을 기억하고 해석하고 논

---

40 Richard J. Mouw, "Ethics and Story," *The Reformed Journal* 37 (Aug. 1987) p. 23.

41 Hauerwas, *The Peaceable Kingdom* (Notre Dame: University of Notre Dame Press, 1983), p. 116.

의하면서 우리가 어떤 사람이 되어야 마땅한가를 알게 된다. 그러므로 하우워스에게 있어서 기독교 도덕의 독특성은 기독교인들의 성품을 형성해 주거나 비전을 제시해 주는 비유, 카테고리, 개념들을 제공해 주는 기독교 이야기의 기능에 있다.[42] 이런 면에서 하우워스의 윤리는 "요건을 갖춘자의 윤리"(a qualified ethic) 이고 보편적인 윤리(a universal ethic)라고 볼 수 없다.[43]

하우워스에 대한 주요한 비판은 도덕적인 삶에 있어서 원칙이나 행위에 강조점을 두는 학자들로부터 나온다. 그들은 하우워스가 "됨"에만 너무 강조점을 둔 나머지 "함"을 너무 소홀히 다루었다는 것이다. 하우워스의 윤리는 일상생활을 결단의 영역으로부터 분리시키며, 규범적인 도덕적 삶을 거의 다루지 않은 서술적인 윤리(descriptive ethics)라는 것이다. 반면에 이야기 신학자들은 공통적으로 "됨"(또는 아이덴티티)은 우리 자신들의 이야기에서 나온다고 한다. 이런 면에서는 이야기 속의 행위(함)가 현재의 존재(됨)보다 선행된다. 나는 하우워스가 그의 건설적인 이야기 윤리 안에서 "함"을 "됨"에 귀속시키고 있다고 본다. 그러므로 하우워스는 "분파주의자"(sectarian)[44] 또는 "문화에 대항하는 그리스도" 모델의 옹호자로 분류되기도 한다.[45] 하우워스의 윤리가 기독교 공동체 안에 있는 자들에겐 효용성이 있지만 그 밖에 있는 사람들에겐 무

---

42 Paul Nelson, *Narrative and Morality: A Theological Inquiry* (University Park and London: The Pennsylvania State University Press, 1987), p. 111.

43 Hauerwas, *The Peaceable Kingdom*, p. 17.

44 James M. Gustafson, "The Sectarian Temptation: Reflections On Theology, the Church and the University," *Proceedings of the Catholic Theological Society of America* 40 (1985) pp. 83-94.

45 John D. Barbour, "The Virtues in a Pluralistic Context," *Journal of Religion* 63 (1983) pp. 175-182.

슨 필요가 있느냐는 비판은 여전히 피할 수 없다.

나는 하우워스가 행위 결정 도덕론자들(decision-making moralists)을 논박할 때 행위자가 윤리적인 사람이 되는 것 없이 윤리적인 결정을 하도록 이끈다고 비판한 것에 대해 공감한다. 그러나 리차드 니이버(Richard Niebuhr)는 "무엇이 일어나고 있느냐?"를 물으면서 "내가 무엇이 되어야 하는가?"(됨)를 선결시키면서도 "내가 무엇을 하여야 하는가?"(함)를 축소시키지 않는다.[46] 하워드 헤로드 역시 "함"의 윤리의 방법론적 기초로서 도덕적 행위자를 탐구한다. 이러한 과정에서 하워드는 "함"(도덕의 실천적인 활동 "practical enterprise of moral")과 "됨"(윤리의 숙고적인 활동 "reflective enterprise of ethic")을 함께 구현된 윤리(embodied ethics)안에서 발전시킨다.[47]

인간은 말이나 논리적으로 표현된 원칙이나 규범을 따라 행동하는 경우보다는 모델이나, 은유나, 이야기나, 신화 등을 따라 행동하는 경우가 많다. 즉 규범을 따라서 보다는 모방하여 행한다.[48] "이야기는 삶을 모방하고 삶은 이야기를 모방한다."[49] 십계명을 이해하기 위해선 우리는 하나님의 성품과 인간의 성품을 알아야 한다. 하나님이 십계명을 주는 상황을 보면 일련의 명령법을 주기 전에 그들 앞에 행하였던 구원의 드라마를 상기시켜 준다.[50] "나는 너를 애급 땅, 종 되었던 집에서 인도하여 낸 너의 하나님 여호와로라"(출20:2). 이 이야기는 "됨"과 "함"을

---

46 H. Richard Niebuhr, *The Responsible Self* (New York: Harper & Row, 1963).

47 Howard L. Harrod, *The Human Center: Moral Agency in the Social World* (Philadelphia: Fortress Press, 1981).

48 Michael Novak, *The Experience of Nothingness* (New York: Harper & Row, 1971), p. 23.

49 Jerome Bruner, "Life as Narrative," *Social Research* 54 (1987) p. 13.

50 Richard J. Mouw, *The God Who Commands* (Notre Dame: University of Notre Dame Press, 1990), p. 129.

동시에 내포하고 있는 신앙적인 경험의 의미를 분명하게 보여 주고 있다.[51] 하나님의 은혜로 구속된 백성이 되었으므로 계명을 지키게 되는 것이다. 이렇게 "됨"과 "함"의 거리를 좁히며 공동체의 인식은 일종의 행동으로 간주된다.[52] 모든 이야기들은 행동을 드러낸다. 하나의 이야기를 듣는 다는 것은 어떤 사람의 행동을 인식하는 것이다. 이야기의 본질은 행동을 드러내는 데 있다.[53]

민중신학은 민중을 이상화하는 경향이 있다.[54] 민중신학자들은 즉 민중이 이미 된 사람으로 간주한다. 그러므로 그들의 윤리적인 관심은 "함"에만 있다. 그러나 민중도 구현된 윤리 안에서 "됨"과 "함"이 함께 필요하다. "됨"이 "함"에 대해 강조하는 것을 대체하기 위해서 필요한 것이 아니라 그 자체가 "행함"을 위해 준비해야 할 중요한 부분인 것이다. 이런 구현된 윤리가 민중 이야기 윤리 안에서 가능하다.

하우워스의 윤리는 죄와 덕의 전통 안에 놓여 있다. 그러나 죄에 대한 교리나 이론은 지배자들의 편견에 의할 때가 많고 종종 지배자들이 억압받는 사람들에게 붙여 준 라벨일 때가 많다.[55] 종종 "죄"라는 단어는 지배자로부터 온 개념일 때가 있다. 그러므로 우리는 "죄"라고 말할

---

51 히브리적 사유에 있어서의 명사는 동사적인 의미도 내포하고 있다. Therlief Boman, *Hebrew Thought Compared with Greek* (London: SCM Press, 1960).

52 John Navone, *Towards a Theology of Story*, p. 76.

53 Richard C. Prust, "The Truthfulness of Sacred Story," *Soundings* 68 (1985), p. 481.

54 같은 맥락에서 해방신학은 가난한 자를, 흑인 신학에서는 흑인 공동체를 이상화한다.

55 Suh Nam-dong, "Towards a Theology of Han," in *Minjung Theology*, p. 68. 예를 들면 예수님 공생애 때 가난한 자, 소외된 자, 병든 자 등은 지배자들에 의해 "죄인"이라고 종종 불렸다. 예수님은 "죄인의 친구"라고 불릴 뿐 아니라 지배자들이 볼 때는 죄인과 같이 행동했다. 그는 유대 율법을 어길 뿐 아니라 로마의 실정법에 의하여 십자가에 죽임을 당했다. 그러므로 예수님은 민중과 같다. 예수님은 정죄 된 자신과 민중이 더 이상 죄인이 아니며 단지 한의 담지자라는 것을 보여 주었다.

때 주의해서 살펴볼 필요가 있다. 중요한 문제는 죄 자체의 개념보다도 죄라는 다양한 개념에 의해 누가 희생되느냐이다. 그러므로 죄라는 말 대신에 한이란 말을 사용하면 더욱 확실하게 이해할 수 있는데 한은 민중의 경험의 실체를 가장 잘 드러내 주는 민중의 언어이다. 한의 경험과 함께 일반 대중은 민중이 된다. 한은 불공정을 경험한 사람들에게 해결되지 않고 축적된 경험으로 부정적이고 소극적인 개념이다. 그러나 한은 긍정적인 면에서 보면 사회 심리적 에너지로서 사회 정치적인 힘이나 정신 종교적 초월의 힘으로 표출될 수도 있다. 그러므로 민중신학은 한의 신학이다. 그리스도는 민중들을 그들의 한에서 풀어 주기 위해 왔으므로 우리의 목회는 한의 목회가 되어야 한다. 한의 사제인 그리스도는 민중들의 한을 위로하고 풀어 주는 민중 교회를 세운다. 서구의 신학에 있어서 교회는 죄와 형벌로부터 회개를 촉구하는 설교와 영혼 구원에 대한 책임을 말하는데 이것은 지배자들의 이데올로기가 될 수 있다. 민중신학에 있어서 교회는 민중의 한을 풀어 주고 민중을 위로한다.[56] 한을 풀므로 민중은 해방을 느낀다.

동양적인 사고 체계는 대부분 포괄적이고 유기적이다. 민중신학은 구현된(embodied) 신학이라고 말할 수 있다. 민중음악도 거의 언제나 민중의 이야기와 춤이 함께 나온다. 민중의 이야기는 목소리와 몸짓으로 표현되고, 그 이야기를 말하고 들으면서 사람들은 온 몸과 마음으로 그 이야기에 참여하게 된다. 이런 면에서 신학을 한다는 것은 신나는 일이며 신학은 사고하기 전에 몸과 율동 속에서 이미 신학을 느끼게 된다.[57] 한

---

56 Suh Nam-dong, "Historical References for a Theology of Minjung," in *Minjung Theology*, p. 179.

57 Hyun Young-hak, "A Theological Look at the Mask Dance on Korea," in *Minjung Theology*, p. 54.

의 이야기는 몸의 언어이고, 한의 신학을 한다는 것은 행동 속에서 말하는 것이다. 사실상 영과 육의 상반적인 개념이 이야기 안에서 통합된다. 이야기는 언어로 표현되든 몸짓(춤)으로 표현되든 의사를 소통시킨다. 하나의 좋은 이야기는 등장하는 인물들의 생각과 행동이 하나의 삶에서 구체적으로 구현되며 잘 짜여진 것이다. 물론 이야기에는 여러 가지 의도가 담겨져 있다. 특별히 어떤 이야기들은 특정한 사상이나 도덕적인 가치를 전달하기도 한다. 그것은 문화의 차이를 뛰어 넘어 몸 전체를 통하여 사람들이 깊은 이해의 수준까지 함께 도달하도록 이끌어 준다. 요약하면 한의 이야기 안에서 우리는 "어떤 사람이 되어야 하는가?" (What we ought to be?)에도 "우리가 무엇을 해야 하는가?"(What we ought to do?)에도 함께 도달할 수 있다. 그러므로 한의 이야기 안에서 "됨"의 윤리와 "함"의 윤리를 함께 할 수 있는 것이다.

4. 객관성과 주관성: "이야기 전체를 말하라"

리차드 니이버에게 있어서는 어떻게 역사 속의 사건들이 현대에 살고 있는 사람들에게 계시의 사건으로 경험될 수 있는가가 중대한 물음이었다. 많은 이야기 신학자들이 니이버의 사상에 직간접으로 영향을 받고 있는데 특별히 니이버는 계시의 의미를 설명하는데 있어서 이야기를 사용했다. 니이버의 저술인 〈계시의 의미〉(*The Meaning of Revelation*)[58] 제2장은 이야기 신학자들의 성서라고 불려지는데, 그는 거기에서 가장 먼저 이야기 방법론을 사용하고 있다. "우리 삶의 이야기"라는 항목에서

---

58 Niebuhr, *The Meaning of Revelation* (New York: Macmillan Publishing Co., 1941)

니이버는 어떻게 기독교인들이 하나님의 계시를 경험하는가를 설명한다. 그리고 그는 어떻게 계시가 역사적인 사건이 될 수 있는가 하는 문제와 씨름을 한다. 니이버는 말하기를 "우리는 물고기가 물에 사는 것처럼 역사 속에 산다. 그리고 우리가 하나님의 계시라고 말하는 것은 우리가 사는 삶의 수단을 통하여 접촉된 점을 가리키는 것이다."[59] 역사를 통해 그 접촉점에 도달하기 위해서 니이버는 "외적 역사"(external history)와 "내적 역사"(internal history)를 구별하고 있다.

외적 역사는 개관적인 목격자의 입장에서 "무엇이 일어나고 있는가"를 보는 것이고, 내적 역사는 주관적인 참여자의 입장으로부터 사건의 경위를 서술하는 것이다.[60] 다른 말로 하면 외적 역사는 "관찰된 역사"(history as seen)이고 내적 역사는 "경험된 역사"(history as lived)이다. 외적 역사는 우리가 처해진 역사의 실체를 어떻게 이해할 것인가에 관심이 있다. 이런 관점에서 우리는 하나의 처해진 상황에 대한 잠정적인 해명을 위해 역사적인 사건과 함께 사회, 경제, 문화적 조건들을 상호 연관시킨다. 여기에서 우리는 하나의 상황을 야기하는 "객관적 사건들"을 이해하려고 한다. 반면에 내적 역사는 사람들의 삶에 중요한 의미들을 역사 속에서 분별해 내는 것이다. 그러므로 역사를 형성하고 있는 사람들의 가치와 신념이 관심의 대상이 된다. 역사에 대한 외적인 서술은 역사를 형성하고 있는 일련의 사건들로 역사를 설명하는 반면에 역사에 대한 내적 서술은 역사에 동기를 주는 의미들을 설명한다.

니이버는 관찰된 역사와 경험된 역사 사이를 구별함으로써 조사된 객관적 역사와 고백되어진 주관적 믿음 사이의 이분법을 해결할 가능성

---

59 Ibid., p. 36.

60 Goldberg, op. cit., p. 149.

을 보여 준다. 외적 역사와 내적 역사는 인간 역사의 사회적인 조건으로 부터 의미와 가치에 있어서 독립적으로 존재하는 두 개의 별도의 다른 역사가 아니다. 오히려 니이버가 그들을 이렇게 구별한 것은 이분법의 문제를 해결하려는 시도이다. 즉 니이버의 의도는 이렇게 두 개로 나누어 설명함으로써 자아와 역사가 근본적으로 연합된 관계에 있다는 것을 보여 주고자 했다. 내적 역사는 늘 구체화되어 있다. 그래서 객관적 역사학의 방법론에 의해 탐구되어 질 수 있다. 내적 역사와 외적 역사 사이의 관계를 이해함으로써 니이버는 어떻게 종교적인 지식이 경제적, 사회적, 문화적 상황으로부터 자아를 불러일으키는가를 이해하기 위한 기초를 제공한다.

이야기, 공동체 그리고 자아는 상호 연관되어 있다. 자기 정체성과 공동체적 정체성은 이야기 형식에서 잘 이해된다. 니이버는 어떻게 개인의 개성이 기독교 공동체의 이야기와 개별적인 만남에 의해 변화되는가를 설명한다. 교회는 "자연의 세계처럼 공동의 기억과 공동의 희망 안에서 각각의 살아 있는 자아의 참여"이다.[61] 교회는 공동의 기억, 공동의 해석, 그리고 공동의 비전을 공유한다. 기독교 공동체의 기본적인 활동은 과거의 지난 이야기를 다시 말하는 것이다. 도덕적 숙고에 있어서의 연속성과 방향은 행위자의 이야기나 그가 공유하고 있는 기독교 공동체의 이야기 안에서 발견되어 진다.[62] 이야기들은 각 공동체의 정체성을 밝혀 주고 어떤 가치나 신념을 강화시켜 줌으로 개인들의 삶을 형성시킨다.

하우워스 역시 자아를 공동체 안에서의 자아로 본다. 즉, 개인과 사

---

61 Niebuhr, *The Meaning of Revelation*, p. 52.
62 Ibid.

회의 정체성은 상호 연관이 되어 있다. 사회 역시 하나의 이야기를 요구하는데 "그것은 존재에 대한 진리를 알려주고, 자기기만의 계속적인 유혹에 대처하도록 도와준다."[63] 개인의 첫 번째 도덕적인 질문은 "내가 무슨 역사에 속하여 있으며 내가 어떻게 그것을 잘 이해할 수 있는가?"이다.[64] 이야기를 통한 설명은 한 사람이 자신의 삶을 이해할 수 있는 패턴을 창조하는 일련의 우발적인 사건 속에 자신을 결합시키도록 돕는다.[65] 교회 공동체는 기독교 이야기에 의해 형성된다. "이야기들은 공동체를 만드는 것이다."[66] 기독교 이야기는 공동체의 구성원들이 거룩한 영역에서 자신들의 내면으로 공동체의 공유된 삶을 연관시킨다. 이렇게 같은 이야기들, 같은 사상들, 그리고 같은 음정으로 개인들이 공동체에 연합한다.[67]

공동체는 공동의 과거와 공동의 소망 그리고 공동의 이야기를 공유하고 있는 그룹의 사람들이다. 그러므로 공동체마다 그들 고유의 특성이 있다. 이런 특성은 공동체의 축적된 신념으로부터 일어난다. 이런 신념은 공동체에 속한 개개의 회원들에게 알려지고 그렇게 하여 형성되게 된다.[68] 기독교인들은 그들의 공동된 확신에 의해 형성된 사람들이다. 공동된 이야기의 참여자로서 기독교 윤리는 공유하고 있는 기독교인의 이야기의 구조를 밝혀야 한다.[69] 맥클랜든은 어떻게 개인들과 공동체가

---

63 Hauerwas, *Community of Character*, p. 18.

64 Ibid., p. 100.

65 Hauerwas, *Christian Existence Today: Essays on Church, World and Living in Between* (Durham, North Carolina: The Labyrinth Press, 1988), p. 31.

66 Stephen Crites, "The Spatial Dimensions of Narrative Truthtelling," p. 101.

67 Ibid., p. 104.

68 McClendon, *Biography as Theology*, p. 32.

69 McClendon, *Ethics*, p. 62.

그들의 신념을 구체화시키는가를 연구하는 신학의 과제는 기독교 신앙의 핵심이라고 말한다. 이런 면에서 이야기는 실체에 대한 개별적인 해석을 위해 축적된 렌즈를 제공해 준다. 그것은 과거를 해석하고, 현재에 행동하게 하고, 미래를 예측하게 한다. 축적된 기억을 가지고 있는 공동체는 전통에 대한 개개의 해석과 사용에 대한 기준을 제공해 준다.[70]

민중을 위한, 민중에 의한, 민중의 교회가 되기 위해서는 두 종류 이야기의 만남이 요구된다. 즉 기독교의 이야기와 민중의 이야기가 기독교 공동체 안에서 서로 만나야 한다. 이렇게 하면 민중신학이 안고 있는 "기독교 정체성의 위기"와 이야기 신학이 안고 있는 "분파주의의 유혹"을 동시에 극복할 수 있다. 민중신학은 여러 면에서 "기독교 정체성의 위기"를 가지고 있다. 서남동 교수는 민중을 텍스트로 그리고 성서를 콘텍스트로 본다. 그러므로 성서는 민중의 경험을 뒷받침하기 위한 하나의 전거일 뿐이다. 민중의 경험이 절대적인 신학의 기준이다. 더 나아가 민중신학은 기독교나 신학적인 (특히 서구적인) 전통에 도전하여 기독교의 전통이나 교회사에서 민중의 이야기를 찾는 대신 불교, 유교, 샤마니즘 등 비 기독교적인 자료들을 끌어들이고 있다.[71] 이러한 시도들은 성서적 전통에서 기독교 이야기에 의해 형성된 공동체를 불가분 파괴하게 된다. 그래서 민중신학은 교회론에 약점이 있는데 민중을 하나님의 백성인 교회 자체로 보기 때문에 교회에 대한 깊은 고려를 하고 있지 않

---

70 Stroup, *The Promise of Narrative Theology*, pp. 130-131.

71 그러나 엔리크 더셀(Enrique Dussel)같은 라틴 아메리카 해방 신학자는 민중신학과 같이 서구 신학에 도전은 하지만 해방의 전통을 교회사 속에서 찾아보려고 노력한다. 그는 해방의 전통에서 바톨로매를 읽는다. (Bartolome de las Casas' *Historia de las Indias*) "The Bread of the Eucharistic Celebration as a Sign of Justice in the Community," *in Can We Always Celebrate the Eucharist?* eds. Mary Collins and David Power; English language editor, Marcus Lefebure (Edinburgh: T.&T. Clark; New York: Seabury Press, 1982), pp. 56-65.

다. 민중신학은 기독교 신앙이나 신앙을 들어내는 이야기들에서보다는 기독교 공동체와 연관이 없는 이야기들이나 공동체들에 의해 되어 진다. 그러나 나의 민중윤리에서는 기독교 공동체가 매우 중요하다. 왜냐하면 기독교 공동체는 기독교인의 이야기와 민중의 이야기가 만나는 곳이기 때문이다. "기독교 정체성의 위기는 신앙의 내용에 대한 것이라기보다는 기독교인의 주체성과 기관의 위기인데 그것은 그리스도를 본받는 신앙의 실제적인 의미를 자신들이 부인하는 데 있다."[72]

우리 자신을 이해하기 위해서는 우리가 속해 있는 공동체 전체의 이야기를 이해해야만 한다. 우리가 속해 있는 민중의 이야기와 더불어 기독교 공동체의 전통적인 이야기도 필요하다. 민중의 이야기 하나만으로는 부족하고 그것을 보충해 줄 이야기가 반드시 필요하다. 그러므로 개인들은 자기 자신의 개인적인 이야기에 의미를 부여할 수 있는 공동체의 이야기를 찾는다. 공동체의 이야기의 중요성은 이야기를 바로 이해하기 위해서도 필요하다. 기독교인 민중들에게는 기독교의 이야기가 권위 있는 이야기로 간주되기 때문이다.

다른 한편으로 하우워스는 강조하기를 기독교 윤리는 교회 공동체에 중점을 두어야지 세상의 변화를 추구하는 것이 우선이 아니라고 한다. 교회의 첫째 과제는 교회가 되는 것, 즉 기독교인의 이야기대로 충실하게 살아가는 것이라고 한다. 계약된 공동체 안에 사는 기독교인들은 기독교의 이야기를 자신들의 삶의 근본적인 패러다임으로 삼고, 그 패러다임으로 자신들의 성품을 형성해 가는 것이다. 하우워스는 교회 안에서 세상을 이해하고자 하지 세상 안에서 교회를 보고자 하지 않는다.[73]

---

72 Metz, *Faith in History and Society*, p. 165.

73 Duane K. Friesen, "A Critical Analysis of Narrative Ethics," p. 236.

하우워스는 교회가 어떻게 세상에서 활발하게 증거를 하는가에 대해 분명히 말하지 않는다. 사실상 교회가 된다는 것은 무엇을 의미하는가? 어떤 면에서 우리가 교회인가? 하우워스의 이야기 윤리의 위험성은 그의 관심이 개인 윤리이거나 분파 윤리(sectarian ethics)로 이끌어 가는 방법론이라는 것이다. 이런 윤리는 기독교의 정체성을 유지하기 위해서 비판적인 외적 역사로부터 이탈하는 것이다. 구스타프슨은 "신학에 있어서 분파적인 경향은 특별한 역사와 이야기를 가진 문화 언어적인 (cultural-linguistic) 공동체가 그것이 일부를 이루고 있는 사회나 문화로부터 이탈할 수 있거나, 이탈해야 된다고 잘못 가정하는 데 있다"고 논박한다.[74] 분파 윤리는 세상에서의 삶이 세속 중심의 힘에 의해 결정되는 때에 논쟁할 여지가 있는 도덕적 · 정치적 상황에 참여하는 것을 거절하도록 한다.[75] 이렇게 하여 분파주의는 기독교의 정체성은 유지할지 모르지만 그 대가로 사회, 정치, 문화에 대한 참여와 이해에 대한 희생을 치르게 된다.[76] 만일 기독교 신학이 교회 공동체의 공유한 믿음에 대해 관심이 있다면 우리는 공동체 밖에서 들리는 소리도 들어야 한다. 우리는 신앙의 공동체에 가입한 사람들이 역시 다른 사람들의 공동체에도 참여하고 있다는 사실을 이해해야만 한다. 우리는 우리의 이야기들을 내적, 외적인 견지에서 살펴보아야 한다. 성서와 기독교의 전통은 기독교 공동체만을 위한 자료가 아니다. 만일 우리가 이야기 윤리에 있어서 민중의 경험과 이야기들을 잘 다루지 않는다면 "교회는 과거의 포로가 될 것이며 단순히 성서나 전통에서 암기한 것을 반복하는 것이다."[77] 기

---

74 Gustafson, "The Sectarian Temptation" *CTSA Proceedings* 40 (1985), p. 91.

75 Ibid.

76 Ibid., p. 94.

77 Stroup, *The Promise of Narrative Theology*, p. 35.

독교 신학에 있어서 예수의 중심성은 필요한 것이지만 그것만 가지고는 충분하지가 않다. 강력한 한국 신학을 형성하기 위해선 기독교의 이야기에 민중의 이야기를 포함함으로써 한층 새롭게 해야 한다.

이야기 윤리에서의 교회에 대한 강조는 교회의 세상과의 관계를 함축하고 있다. 나의 정체성은 내가 참여하고 있는 이야기의 종류에 따라 대략 결정된다. 나의 삶은 더 큰 이야기들(성서, 기독교 전통, 사회, 정치, 문화)의 틀 속에서 이루어지고, 그 안에서 나는 내 개인적인 이야기를 이해한다.

역사적인 상황과 역사의 의미 사이의 관계를 알기 위하여 니이버는 주체에 관심을 갖는다. 왜냐하면 사람들은 의미를 추구하기 때문이다. 자아가 역사에서 어떻게 의미를 알아내는가를 이해하는 것은 필요하다. 적합한 신학은 단순히 성서적인 이야기를 읽는 것이 아니라 그것들을 고백하게 한다. 신학은 고백적이고 그것은 이야기 형식을 취하고 있다. 계시는 "고백 신학"(confessional theology)의 관점에서 검토되어야 한다. 이런 면에서 니이버는 확실히 기독교인은 두 개의 이야기를 함께 말해야 하는데 하나는 그리스도에 대한 우리의 경험에 대한 내면적인 이야기이요, 다른 하나는 자연, 역사, 과학에 대한 우리의 경험에 대한 외적 이야기이다. 니이버는 이렇게 전체의 이야기를 다 말하도록 하였다.

게리 콤스톡은 구스타프슨과 하우워스를 동시에 비판하고 있는데 그들은 니이버와는 달리 외적 이야기 아니면 내적 이야기의 양극단으로 치우쳐 있다는 지적이다.[78]

---

78 Gary Comstock, "Telling the Whole Story? American Narrative Theology After H. Richard Niebuhr," in *Religion and Philosophy in the United States of America*, vol. 1, ed. Peter Freese (Essen: Verlag Die Blaue Fule, 1987), p. 126.

신 중심적 관점으로부터 구스타프슨의 윤리는 대부분의 기독교인들이 그들 자신의 이야기라고 여기는 것들과는 연속성이 없는 것처럼 보이는 이야기론 자의 견해를 가지고 있다고 볼 수 있다. 이것은 자유주의가 사라지게 되었던 문제들을 극복하지 못한 것 같다. 하우워스의 덕 윤리는 외부의 비판으로부터 고립된 이야기론 자의 견해로 볼 수 있다. 그것은 신정통주의가 가지고 있었던 문제를 극복하지 못한 것처럼 보인다. 나는 "이야기 윤리학자들"이 외부의 견해에 개방적이면서도 성서적인 이야기들에 충실하게 기독교를 재해석하는 방법을 발견할 필요성을 느낀다.[79]

콤스톡은 우리가 구스타프슨이나 하우워스처럼 한쪽에 치우치지 않는 니이버의 방법론으로 돌아갈 것을 제시한다. 이렇게 기독교에 대한 전체의 이야기를 다 말한다는 것은 하우워스와 함께 우리의 내적 역사로부터 시작하여 구스타프슨과 함께 외적 역사로 들어가는 것을 의미한다.[80] 이야기들은 특별히 내적 의미와 외적 역사의 상호의존적인 것을 표현하는데 있어서 적합하다. 특히 해방의 경험은 전체의 이야기 속에 함축되어 있다.

이야기는 지난 세대의 경험과 지혜를 현재의 세대에 전달해 주는 대화의 형식이다. 이야기는 과거와 현재의 경험을 매개하여 새로운 미래를 창출한다. 그것은 하나의 공동체의 경험을 다른 공동체로 연결시켜 주어 서로 가치관을 공유하게 하고 새로운 공동체를 향하여 상호 변형시키기도 한다. 이야기는 공동체의 공시적인 논의요, 통합적인 하나의 드라마의 시나리오다. 하나의 이야기는 다른 하나와 엮어진다. 이야기

79 Ibid.

80 Gary Comstock, op. cit., p. 145.

는 공동체에서 의사소통을 가능케 하고 사람들 간에 상호 유산을 공유할 수 있게 한다.

민중의 이야기들은 민중의 외부적인 삶의 (자연적 사회적) 객관적인 조건과 함께 주관적인 체험을 깊고 친밀하게 드러낸다. 그러나 현대 지성사에는 객관적 이성에 주관적인 실체가 눌려 무시당하고 있다. 현대 서구 인식론은 주관과 객관의 건널 수 없는 골을 만들어 놓았다.

주인공은 역사의 주체인 민중인데 그러나 민중은 강력한 적대자에 의해 객체가 된다. 이런 상황에서 민중은 역사를 주체로서 뿐 아니라 객체로서도 경험한다. 그러므로 민중들은 자신들의 운명에 주체가 되기 위해선 외부적인 힘에 의한 객체화로부터 해방이 필수적이다. 역사의 드라마에서 주인공의 해방이 민중의 사회전기나 이야기의 본질적인 차원이다. 그러한 해방이 없다면 민중은 고난을 받는다.

민중은 역사의 주체이며 메시아 왕국에 참여하도록 되어져 있는 메시아의 백성이다. 이야기, 비전, 심지어 샤머니즘적 활동들을 통해 민중은 초월의 힘을 경험하거나 "힘의 수혜자"가 된다.[81] 비록 민중들이 실재적으로 힘을 소유하는 것이 아니라도 이런 일을 통해 힘의 구조(the power structure)를 극복한다. 민중은 그들의 이야기 속에서 초월을 경험하고 그들은 서구 인식론의 주체와 객체의 이분법을 극복할 수 있다. 민중은 실현된 주체의 상태가 아닐 때도 많지만 "이미"(already)와 "아직 아님"(not yet) 사이에 있다. 왜냐하면 민중은 아직 메시아의 왕국에서의 부활을 맞이하지 않았기 때문이다.[82]

---

81 Howard L. Harrod, *Renewing the World* (Tucson: University of Arizona Press, 1987), p. 163.

82 Young-bock Kim, "Messiah and Minjung," in *Minjung Theology*, pp. 185-186.

5. 이야기와 성서

이야기 윤리는 모든 종류의 이야기를 다 사용할 수는 있지만 모두 다 동등하게 중요한 것은 아니다. 신학은 인간의 이야기와 하나님의 이야기가 만날 때 발생한다. 이러한 두 이야기의 만남이 없이는 기독교적 의미에서의 신학은 없다. 신학은 두 이야기의 만남을 요구한다.[83] 나는 이 항목에서 두 이야기의 관계, 즉 기독교 이야기와 민중 이야기, 성서적 이야기와 삶의 이야기, 성스런 이야기와 일상의 이야기와의 관계를 설명하려고 한다.

민중신학의 독특성은 하나님에 대한 특별한 경험을 가진 특정한 사람들의 경험의 산물이라는 사실이다. 물론 이 경험이 다른 사람들에게도 공감되기도 한다. 민중신학은 한국인들 삶의 이야기에 깊이 연관이 있기 때문에 이야기 형식을 띠고 있다. 스티븐 크리츠는 경험과 이야기 사이의 관계를 다음과 같이 적절하게 말하였다. "이야기 형태는 상징과 달리 경험에 가깝다…. 단지 이야기만이 실재로 임시적인 경험인 갈등, 놀람, 실망, 전이, 성취 등을 포함할 수 있다."[84]

사람들은 자신들의 이야기를 배우고 발전시키므로 정체성을 발견하고, 자신의 삶의 영역을 자각하게 되며 장년에 이르기까지 이야기를 더욱 추가시키게 된다. 그것은 이야기를 해석하고 표현하는 골격을 제공해 준다. 확실히 우리의 가족이라든지 우리에게 영향을 미치는 중요한 사람들의 이야기와 접촉하면서 우리는 형성되어 진다. 우리 자신의 이야기는 역시 공동체와 문화의 이야기와 접촉되기도 한다. 이러한 이야

---

83 서남동 교수는 그의 민중신학을 두 이야기의 합류라는 방법론으로 시작한다.

84 Crites, op. cit., p. 306.

기들은 우리가 인간으로서 누구이며 무엇이 되어야 하는가를 들려주는 힘이 있다. 만일 우리가 접촉하는 이야기가 우리 자신을 보여주지 못한다면 그런 이야기는 우리를 형성시키거나 변형시키는 힘이 부족한 것이다. 위대한 이야기는 우리 자신을 넘어서 거대한 이야기 속의 일부가 되도록 우리를 이끌어 준다. 그런 이야기들은 우리가 고집하던 왜곡된 이야기들을 교정해 주고 우리 자신들의 이야기에 새로운 의미를 부여하기도 한다.

기독교인들에게 있어서 위대한 이야기는 무엇보다 성서의 이야기이다. 우리는 성서적인 이야기를 통해서 자신을 효과적으로 발견한다. 그리고 우리는 그것으로 인류를 위한 새로운 대안을 제시하는데 사용하기도 한다.[85] 기독교 윤리는 단순히 행위 결정 과정을 도와주는 추상적인 적용이 아니다. 성서의 이야기는 기독교인에게 구체적인 시간과 상황과 사람을 보는 시야를 형성해 준다. 그것은 일종의 성품을 형성시키는 역할을 하며 변형시키는 힘도 가지고 있다. 성서의 이야기, 이미지, 비유들은 우리가 세상을 이해하는 방법을 형성해 주고 변형시킬 수 있다. 성서의 이야기는 도덕 성품 발달을 위해 다른 비성서적인 이야기들을 변형시킬 수 있다. 성서적인 이야기가 비성서적인 이야기와 만날 때 성서의 권위가 비성서적인 자료들에게도 권위를 줄 수 있기 때문이다. 민중의 이야기가 성서적 전통과 관련될 때 민중의 이야기는 역사적이고 성스러움의 중요성을 첨가한 더 폭넓은 의미를 지니게 된다. 그리고 신앙의 공동체에서 들려질 때 그 힘은 더욱 증폭되는 것이다.

물론 성서 한 권으로 모든 도덕 발달의 과제를 충분히 이루는 것은 아니다. 도덕을 위한 성서의 사용은 공동체와 개인의 삶을 계속적으로 인

---

85 Hauerwas, *Truthfulness and Tragedy*, p. 39.

도해 주는 하나님의 이야기를 기억하게 도와주는데 그 효용성이 있다. 성서의 이야기는 우리가 한국 민중의 역사를 충분히 이해하기 전에는 잘 이해할 수 없다. 왜냐하면 성서는 성서적 민중의 역사에 깊이 뿌리내리고 있기 때문이다.[86] 성서와 민중의 경험은 서로 종속하거나 지배되지 않고 나란히 존재한다. 민중신학에서 이러한 관계를 공생관계(symbiotic)라고 표현할 수 있을 것이다.[87] 우리는 성스러운 이야기와 세속의 이야기를 완전히 구분할 수 없다. 그들은 상호 연관되어 있기 때문이다. 기독교인에게 있어서 예수의 이야기는 "세속과 초월의 통합"이다.[88] 성서는 노예들의 이야기, 가난한 자, 억눌린 자, 핍박받는 자들의 이야기가 수록되어 있는 독특한 책이다. 축적된 고난이 성서의 주요 주제이다. 어떻게 이런 주요한 주제의 경험 없이 성서를 바로 읽을 수 있겠는가? 우리의 해석학적 과제는 한국 상황의 빛 아래서 성서를 해석하는 것이 아니라 성서의 빛 아래서 한국 민중의 고난의 경험을 해석하는 것이다. 성서의 권위는 민중의 해방을 지지해 주기 때문이다. 이것은 민중이 성서보다 더 중요하다기 보다는 민중이 성서 해석학의 출발점이라는 사실을 말하려는 것이다.

민중과 예수의 이야기는 지배층의 이데올로기를 공격하기 때문에 하나의 스캔들이다. 맥페그의 말대로 이런 이야기는 "지배층들의 안위와 안전을 위해 만들어 놓은 사회, 경제, 신화적인 구조들을" 공격한다.[89]

---

86 서남동 교수는 민중의 이야기를 텍스트로 성서의 이야기를 전거로 보았다. 필자는 민중의 이야기와 성서의 이야기 사이에 주종 관계를 설정하는 서 교수의 논지에는 반대하지만 그의 "두 이야기 합류"라는 방법론적 시도는 높이 산다.

87 James H. Evans, Jr. "Deconstructing The Tradition," *Union Seminary Quarterly Review* 44 (1990), p. 105.

88 McFague, *Speaking in Parables*, p. 139.

89 McFague, *Metaphorical Theology* (Philadelphia: Fortress Press, 1982), p. 45.

민중신학에 있어서 민중들의 고난의 이야기들(민중의 사회전기)과 예수의 왕국에 대한 이야기들(예수의 신학적 전기)이 신학의 기초를 이룬다. 민중윤리는 기독교 윤리가 성서와 기독교 전통의 이야기 속에 열거되어 있는 민중의 특별한 역사적인 사건 속에 뿌리를 내려야 한다는 사실에 주목한다.

6. 진리와 사실

이야기 윤리 안에 인식론적인 일련의 중요한 질문이 있다. 무슨 근거에 서서 하나의 이야기의 타당성 여부를 결정할 것인가? 우리의 이야기들이 서로 상충되는 경우는 어떻게 해야 하는가? 우리가 하나의 이야기를 진리라고 말했을 때 그것은 무슨 뜻이며, 어떤 의미에서 이야기는 진리를 드러내는가? 무슨 기준으로 어떤 이야기는 다른 이야기보다 더 진리라고 말할 수 있는가? 대부분의 이야기론 자들에 대한 비판은 이야기의 진실성에 대한 위와 같은 질문들에 대하여 적절한 대답을 못해 주고 있다는 점에 모아지고 있다. 진리라는 것은 하나의 이야기가 역사의 사건이냐 아니냐에 의해 늘 판명되는 것은 아니다. 어떤 이야기는 잘 입증된 사실을 말하고 있음에도 불구하고 거짓일 수 있고, 그렇지 않음에도 불구하고 진실일 수 있다.[90] 더구나 이야기의 진실성을 평가하는 기준은 다음의 부가적인 요소들에 의해서 더욱 복잡해진다. 우리는 이야기를 평가할 때 부수적으로 그것이 무슨 종류의 이야기인가, 누가 말하고

---

90 Stephen Crites, "The Spatial Dimensions of Narrative Truthtelling," in *Scriptural Authority and Narrative Interpretation* (Philadelphia: Fortress Press, 1987), p. 99.

있는가, 말하는 사람의 의도는 무엇인가, 청중은 누구인가, 그 이야기가 처한 사회적인 특별한 상황은 무엇인가 등을 고려해야 한다. 똑같은 이야기라도 다른 상황 속에서는 다소간 진실성에 차이가 있기 때문이다.[91] 이러한 모든 문제들을 여기에서 다 취급할 수는 없으나 이러한 문제에 접근하는 몇 가지 간단한 시도를 하고자 한다.

맥킨타이어는 윤리를 위한 적합한 이야기는 3가지 요구를 충족시켜야 한다고 했다. 첫째는 이야기가 진실해야 한다. 둘째는 이야기는 어떤 "일반적인 형식"(generic shape)을 띠고 있고 "검증할 수 있는 장르"(identifiable genre)에 속해 있어야 한다. 셋째는 이야기가 도덕적 복잡성의 실체와 특별히 인간 존재의 비극적인 특성을 올바로 평가할 수 있어야 한다.[92] 여기에서 맥킨타이어는 적합한 이야기에 대한 도덕적인 요점은 잘 이해하고 있으나 "무엇이 진실 된 이야기냐?"를 분별하는 방법은 제시하고 있지 않다.

그러면 우리는 어떻게 아주 기본적인 이야기에서 진실과 거짓을 분별할 수 있는가? 어떻게 우리는 그러한 이야기들을 평가하며 이야기에 몰두할 수 있겠는가? 이러한 비평은 이야기 윤리의 체계 안에서 작용하는 내용에 우선적으로 계속된다. 하우워스는 "우리의 특정한 이야기들의 진실성을 보증해 주는 중립적인 이야기는 없다"고 말했다.[93] 그러면서 그는 이야기를 평가하는 "실재적인 기준"(working criteria)을 마련하였다. 우리가 받아 드릴 수 있는 이야기는 첫째 파괴적인 대안으로부터

---

91 Paul Brockelman, *The Inside Story* (New York: State University of New York Press, 1992), p. 143.

92 MacIntyre, "Can Medicine Dispense with a Theological Perspective on Human Nature?" in *Knowledge, Value and Belief*, eds. Tristram Engelhardt, Jr., and Daniel Callahan (Hastings-on-Hudson, NY: The Institute of Society, Ethics and the Life Sciences, 1977), p. 40.

93 Hauerwas, *Truthfulness and Tragedy*, p. 24.

우리를 구출해 주는 힘이 있어야 하고, 둘째는 현재의 왜곡된 것을 보는 안목을 제공해야 하며, 셋째는 우리가 폭력의 수단에 의지하지 않을 여지를 보여 주며, 끝으로 어떻게 의미가 힘을 변형시키는 가를 보여줌으로 우리의 비극에 대한 감각을 구체화시키는 것이다.[94] 하우워스는 다른 곳에서 "과학적 이론이 그 이론으로 생산해 내는 열매에 의해 부분적으로 평가되듯이 이야기도 그것이 만들어 내는 도덕적 성품이나 활동의 효율성에 의해 가름할 수 있다"고 말한 적이 있다.[95] 하우워스는 우리의 이야기나 해석은 그것들의 실재적인 결과에 의해 평가할 수 있다는 입장을 견지하고 있다. 로리잰(Lauritzen)은 만일 기독교 이야기의 진실성이 그것의 실재적인 결과에 의해서 가름된다면, 그 결과 이를테면 멧츠(Metz)에게는 혁명적 사회 행동으로 나타나야 되고 하우워스에겐 일종의 종파적인 평화주의 운동으로 나타나야 되는 등 같은 이야기 신학자 간에도 기대에 따라 결과를 평가할 터이므로 실재적인 결과에 의해 기독교 진리를 확신한다는 논리는 받아들이기 매우 어렵다는 반론을 제기한다.[96] 그러므로 여러 가지 다른 이야기를 평가할 수 있는 "객관적인" 기준 비슷한 것을 마련한다는 것은 어려운 일이다.[97] 그런데도 하우워스는 어떤 이야기의 진실성은 이야기 속에서 밝혀지는 성품의 질에 따라 진위성이 밝혀진다고 주장한다. 이러한 진실성의 기준에 대한 사고의 방법들은 외적인 조건보다는 내적인 조건에 치중하고 있다. 그러므로 하우워스의 윤리는 "요건을 갖춘 자"(qualifier)를 위한 것이며 역시

---

94 Ibid., p. 35.

95 Hauerwas, *A Community of Character* (Notre Dame: University of Notre Dame Press, 1981), p. 95.

96 Paul Lauritzen, op. cit., pp. 336-339.

97 Paul Nelson, *Narrative and Morality*, p. 217.

상대주의의 위험을 가지고 있다.[98] 우리는 진실 된 특정한 이야기에 의해 살고 있지만 아직도 우리는 우리와 다른 세계관을 가지고 있는 다른 사람들과 대화하면서 우리의 이야기를 끊임없이 평가하고 있다.[99]

여기서 나는 한스-조지 가다머의 "진리의 경험"으로부터 진실성에 대해 탐구해 보겠다. 진리의 경험은 "과학적인 진리의 개념"과는 다르다. 그것은 과학적, 방법론적인 지식의 범위를 능가하는 것으로 우리의 역사적 전승에서 모든 인류의 과학적인 진리로서 확실히 조사의 대상이 될 수 있으면서도 동시에 그 이상의 진리를 말한다. 가다머에 의하면 역사적 전승의 경험은 객관적으로 조사할 수 있는 차원을 훨씬 능가한다. 그것이 진리인지 아닌지는 역사 비평에 의해서만 결정되는 것이 아니고 사람들이 나누어야만 하는 진리를 매개하고 있느냐에 놓여 있다.[100]

진정한 민중 이야기들은 "행동 지향적인 이야기"(action-orienting stories)이다. 그것들은 삶에 실천하는 데 관심이 있다. 가다머의 해석학적 공헌은 "행동 지향적인 자아 이해"(an action-orienting self-understanding)의 명확성을 초월적인 필요성과 함께 연결시키는 데 있다.[101] 가다머는 아리스토텔레스적 실용적 지식의 결정론을 통한 해석학적 이해로부터 적용할 수 있는 지식을 얻게 된다고 설명한다. 해석학적 지식은 아리스

98 로빈(Robbin)은 하우워스의 도덕 개념을 도덕적 상대주의라고 비판한다. J. Wesley Robbin, "On the Role of Vision in Morality," *Journal of the American Academy of Religion* 45 (1977), p. 635.

99 Duane K. Friesen, "A Critical Analysis of Narrative Ethics," in *The Church as Theological Community* (Winnipeg, Manitoba: CMBC Publications, 1990), p. 236.

100 Hans-Georg Gadamer, *Truth and Method*, Second, Revised edition, Trans. Joel Weinsheimer and Donald G. Marshall (Crossroad, New York: The Crossroad Publishing Cooperation, 1989), xxiii.

101 Jurgen Habermas, "A Review of Gadamer's Truth and Method," in *The Hermeneutic Tradition*, eds. Gayle L. Ormiston and Alan D. Schrift (Albany: State University of New York Press, 1990), p. 230.

토텔레스가 과학이나 기술적인 지식으로부터 구별시키는 정치-윤리적 지식(political-ethical knowledge)과 함께 공통적인 세 가지 특질을 가지고 있다.[102] 해석학적 지식으로부터 오는 실용적인 지식은 숙고적인 형태를 가지고 있고, 그것은 내면화 되고, 그리고 외면화 된다. 진정한 민중의 이야기는 "진리의 경험"으로서 한의 경험을 가지고 있다. 민중의 이야기는 한의 경험을 다른 사람들에게 나누는 매개체이다. 그러므로 나는 한을 진실한 이야기를 구별하는 하나의 기준으로 제시한다. 진정한 민중의 이야기는 한을 드러내고(이야기의 계시성), 한을 공감하고(이야기의 연대성), 한을 초월한다(이야기의 구원성).

첫째, 진실한 민중의 이야기는 우리가 과거에 알지 못했거나 경험한 적이 있었던 한을 드러낸다. 맥페그는 진실한 이야기는 인간 경험의 구조에 진실 된 것이라고 말했다.[103] 그러나 우리는 자신들에 대해 거짓된 이야기를 말하는 경향이 있다. 왜냐하면 진리를 말한다는 것은 언제나 쉽거나 명확한 것은 아니기 때문이다. 우리가 자신을 속일 때 우리는 어떤 요구 사항도 없고 되돌아 올 불이익이 없는 안전한 이야기를 선택하는 경향이 있다. 그리고 그 이야기들은 우리가 이미 선택한 것을 편안하게 잘 맞추어 준다.[104] 하우워스는 진실한 이야기는 사람을 "계속해서

---

102 Ibid., p. 231.

103 Sallie McFague, "The Experience of Coming to Belief," in *Theology Today* (1975), p. 159.

104 구약의 예언서를 보면 참 선지자들은 다가올 심판에 대해 선언하지만 거짓 예언자들은 평화와 번영을 예언한다. 미가, 이사야, 예레미아, 에스겔 모두는 거짓 예언자들에 대항하여 사람들이 듣기를 좋아하는 말을 전한다고 비판했다(미가 3:5f, 사30:10, 렘14:13, 겔 13:16). 예레미아는 그들이 "평안하다, 평안하다 하나 평화가 없다"고 불평하였다(렘6:14). 거짓 선지자는 사회 속의 부정의와 우상 숭배를 무시하고, 불가피하게 다가올 하나님의 심판과 멸망 대신에 하나님의 평화와 축복을 선언한다. 한국에서도 과거에 대형 교회를 목회하는 유명한 목사들이 독재 정부의 대통령과 조찬 모임에 참석하여 그들을 축복하는 기도를 하고 그들의 정권이 오래 지속되도록 축복한 일들이 있었다. 그들은 정부의 대변인처럼 번영과 평화와 안정을 말했다. 그러나 그것은 진리가 아니다.

거북하게"(continually discomforting) 만드는 특성이 있다고 규정했는데 옳은 지적이다.[105] 잘 먹고, 잘 입고, 잘 사는 번영의 이야기는 쉽게 우리들의 과거를 잘못 인식시키고 현재의 실상을 제대로 보지 못하게 하는 아편이 될 수 있다. 멧츠의 말대로 "위험한 기억들"(dangerous memories)은 우리 삶의 복판에서 현재를 위한 새롭고 위험스런 통찰력을 드러낸다.[106] 멧츠는 "고통에 대항한 모든 혁명은 고통을 기억함으로써 생기는 전복하는 힘에 의해 되어진다"고 말했다.[107] 이야기를 말하고 또 말함으로 민중의 한이 드러난다. 이 이야기는 잘못된 사회 구조도 여실히 드러낸다. 민중의 한은 언어로, 춤으로, 연극으로, 노래로 표현된다. 이렇게 드러난 한은 현대 정치적 힘의 냉소주의에 대항한다. 위험한 형태의 해방하는 이야기는 실재적인 힘을 갖는다. 어떤 이야기들은 다원화된 사회 속에서 더욱 효과적이고 적절하게 한을 드러낸다. 만일 오래된 이야기가 폭로하는 힘을 잃어버린다면 새로운 이야기가 필요하다. 계시란 이야기를 말함으로 숨겨져 있던 진실의 베일을 벗기는 사건이다.[108] 이것이 이야기가 가지는 계시성이다.

둘째, 진실한 민중 이야기는 긴밀히 연관되어 있는 이야기로서의 한을 나누고, 공감하게 한다. 민중 이야기에서 기본적인 이야기들은 서로 연관이 되어 있어서 상호 반응을 하게하고 알아차리게 한다. 그러므로 민중의 이야기 속에는 수 없는 잠재적인 공감의 관계가 있다. 민중의 이야기에서의 유혹은 언제나 듣는 것을 멈추거나, 반응하는 것을 멈추거

105 Hauerwas, *Truthfulness and Tragedy*, p. 95.

106 Johann Baptist Metz, *Faith in History and Society* (New York: The Seabury Press, 1980), p. 109.

107 Ibid., p. 110.

108 Terrence W. Tilley, *Story Theology* (Collegeville, Minnesota: The Liturgical Press, 1985), p. 189.

나, 말하는 것을 멈추는 데 있다. 이야기를 통하여 우리는 민중의 한을 공감하며 그 이야기에 동참하게 된다. 민중의 이야기가 다른 이야기와 연관성을 가지기 위해서는 우리가 알고 있는 다른 사실들과 연대성이 있어야 한다. 그것은 우리 존재의 실상을 이해시켜 주며 다른 민중들과의 연대성을 가질 수 있게 한다. 이것이 이야기가 가지는 연대성이다.

셋째, 진실한 민중 이야기는 한을 초월한다. 진실한 이야기는 민중의 한을 어떻게 극복하거나 풀어 가는 한풀이 과정을 보여준다. 기독교인의 소망은 단순히 과거에 대한 탄원에 있는 것이 아니라 과거에 하나님이 하신 약속이 새롭고 예기치 못한 방법으로 미래에도 성취될 것이라는 기대에 기초한다.[109] 만일 기독교의 중심적인 이야기들이 사실이라면 우리는 비극이 희극으로 변형될 것에 대한 소망을 가질 수 있다. 진실한 이야기는 비극적인 감정(한)을 지니고 있어야 하지만 역시 어떻게 의미(meaning)가 잔악한 힘을 초월하는 가를 보여준다. 그것은 민중이 불행에도 불구하고 살아갈 수 있으며 비극을 희극으로 변형시킬 수 있음을 보여 주는 것이다. 그것은 변화와 교육을 지지하지만 진리를 나누는 수단으로 파괴와 폭력을 유도하는 것은 아니다. 그것은 보복, 정복, 분리보다는 평화와 화해를 추구한다.[110] 여기에서 한 삭힘의 역할은 중요하다. 인식된 한에 대한 부정적, 퇴행적 표출은 소극적으로는 자살이나 자포자기, 적극적으로는 증오와 폭력으로 드러난다. 그러나 한의 경험이 한 삭힘의 과정을 통과하게 되면 새로운 것을 창조하는 긍정적인 힘으로 나타나는데 예술적 승화, 종교적 초월, 정치적-사회적 혁명으로 드러난다. 이것이 이야기가 가지고 있는 구원성이다.

---

109 George W. Stroup, *The Promise of Narrative Theology*, p. 258.

110 Terrence Tilley, op. cit., p. 211.

이것들이 진실성을 가리는 충분한 조건은 아닐지라도 필요한 조건이다. 확실히 민중윤리를 하기 위해서는 우리는 끊임없이 무엇이 이야기를 진실 되고 유용하게 만드는가에 대해 질문할 필요가 있다.

이상에서 나는 여기에서 이야기 윤리가 어떻게 민중윤리가 될 수 있는가를 민중신학과 이야기 신학과의 대화를 통하여 방법론적으로 살펴보았다. 이것이 민중윤리를 위한 하나의 작은 시도로서 자리 매김을 할 수 있기 바란다.

03

민중윤리를 위한 **두** 이야기의 **만남**[1]

한국에 사는 그리스도인들은 크게 두 가지 이야기를 공유하고 있다. 하나는 한국 민중의 전승으로부터 내려오는 이야기요, 다른 하나는 성서적 전통으로부터 오는 이야기이다. 문제는 이 두 이야기를 어떻게 연관시킬 것인가이다. 이것은 오랫동안 한국신학의 과제가 되어 왔다. 그 동안의 논의를 세 가지 분류로 단순화시킨다면 배타주의(exclusivism), 상대주의(relativism), 그리고 변혁주의(transformationism)라고 할 수 있다. 어떤 면에서 보면 이 세 입장은 상호 관련되어 있는데 그것은 두 개의 이야기가 서로 상대방의 이야기를 변화시키려고 한다는 것이다. 배타주의는 변혁주의보다 더 과격하게 복음의 수혜자를 자기편으로 편입시키려고 하고, 상대주의는 결국 하나의 참 종교에 도달하려는 점진적인 과정이다.[2] 배타주의는 자기 고유의 문화 속에 내재되어 있는 긍정

---

1 "The Encounter of the Two Narratives for Minjung Ethic" 서남동 교수는 그의 "성령-공시론적 해석"에서 "합류"(confluence)의 방법론을 발전시켰다. 그러나 이 방법론은 민중의 사회-문화적 운동을 하나님과 성령의 현현으로 간주함으로써 혼합주의나 상대주의로 흐를 위험이 있다. 나는 "만남"(encounter)이라는 말을 사용함으로 "합류"의 방법론과의 혼돈을 피하고자 한다. Suh Nam-dong, "Historical Reference for a Theology of Minjung," in *Minjung Theology*, ed. CTC-CCA (London and Maryknoll: Zed Press and Orbid Books, 1983), pp. 155-182.

적인 면을 보지 못하고 부정적인 방법으로 변화를 시도하는 반면에 상대주의는 모든 문화 속에 동일한 하나님이 나타나 있다고 너무 낙관적으로 말하는 경향이 있다. 초기 한국 선교사들의 신학, 전통 보수 신학, 신전통주의 신학은 배타주의적인 경향을 보이는 반면에 정도의 차이는 있지만 토착화 신학, 민중신학, 자유주의 신학, 포스트 모던 신학은 상대주의적인 경향을 보이고 있다.

이러한 경향은 예수 운동의 양면을 보여 주는 것과 같다. 즉 내려오는 운동인 성육신과 올라가는 운동인 승천이 그것이다. 나는 이 두 가지 중 어느 한편의 극단에 서지 않으면서 예수에게서처럼 양면을 동시에 수용하는 제 3의 길을 모색하고 싶다. 왜냐하면 양극단의 두 입장은 두 개의 이야기를 어느 쪽으로든 하나의 이야기로 흡수 통합하여 말하려고 하기 때문이다. 그렇게 되면 신학은 일방통행식 독백이 되거나, 양자택일식의 강요이기 쉽다. 나는 우리가 두 개의 서로 다른 이야기를 물려받았다는 인식의 전제 아래서, 성급하게 선교화하거나 신학화하지 말고 두 이야기를 먼저 잘 들어봐야 한다고 생각한다. 두 이야기를 듣다보면 공통적인 부분도 있지만 서로 다른 부분도 발견되기 때문에 어느 하나로 간단히 편입할 수 없다는 것이다. 나는 리차드 니버의 변혁주의에 기초하여 상호변혁주의의 모델을 제안하면서 두 이야기 간의 대화를 주선하고자 한다. 이것은 성서의 이야기와 민중의 이야기 간의 건설적인 만남을 주선해 줄 것이다. 이러한 과제를 수행하기 위해서 계시와 이야기, "그리스도와 문화" 그리고 교회와 민중의 관계를 차례로 논의하고, 마지막에 기독교 이야기 윤리를 위한 민중윤리를 제안하겠다.

---

2 Pong Bae Park, "The Encounter of Christianity with Traditional Culture and Ethics in Korea," Ph. D. dissertation Vanderbilt, (1970), p. 17.

1. 이야기 속에 드러나는 계시

리차드 니버는 계시의 의미를 이해하는데 있어서 기독교 절대주의를 넘어 서서 세속역사나 언어 그리고 문화의 역할을 중시하였다. 계시란 "우리를 위한 계시"로 그것은 보통 세상의 이야기나 "우리 자신의 이야기" 안에서 가장 잘 전달된다.[3] 이런 면에서 니버는 계시의 의미에서 이야기를 말하는 것에 관심을 기울였고, 역시 이야기에 나타나는 역할 가운데 문화적 차이, 종교적 경험, 도덕적 노력 등에 관심을 집중하였다. 그는 "모든 공동체는 자신만의 특별한 문화를 보유하고, 그 자신의 과거의 산물인 독특한 것을 가지고 있다"라고 주장했다.[4] 이러한 주장이 사실이라면 어떠한 두 개의 문화나 역사나 공동체도 결코 동일할 수 없다는 결론에 도달한다. 그리고 우리가 무엇이 옳고 그르다는 식으로 가치를 판단하는 것은 단지 우리의 관점이 다르다는 것을 보여 줄 뿐이다. "종교적인 경험이나 도덕적 감각은 여러 다른 환경에서 발견되어지며 여러 다른 관점에서 해석되어질 수 있다."[5] 니버에게는 "내재적인 종교적인 힘"(트뢰얼치)도, "초월적인 하나님의 자기 계시"(칼 바르트)도 구체적인 역사적 사건과 동떨어져서는 알 수 없는 것이다. 니버는 자아와 역사의 근본적인 통일성 안에서 두 개의 설명을 연관시키기 원했던 것이다. 즉, 내적인 역사와 외적인 역사의 관계를 이해함으로 니버는 어떻게 주권자로서의 하나님의 주권에 대한 종교적 지식이 경제적, 사회적, 문

---

3 H. Richard Niebuhr, *The Meaning of Revelation* (New York: Macmillan Publishing Company, 1941), p. 34.

4 Ibid., p. 11. 니버에게 있어서 역사적 문화적 상대주의적인 경향은 트뢰얼치의 영향을 받은 것이다.

5 Ibid., p. 39.

화적으로 구체적인 정황에 처해 있는 자아에게 가능한지 이해할 수 있는 토대를 마련해 주었다. 우리의 역사적인 상태와 역사의 의미와의 연관성을 이해하기 위하여 니버는 개인이 역사 속에서 의미와 가치를 통찰함으로 자신의 상태를 초월하는 경험을 상징화할 수 있는 인간의 능력에 관심을 갖는다. 계시의 영역은 우리에게 일어난 이야기나 공동체가 생생하게 기억하고 있는 내적인 역사이다.[6] 계시는 초이성적이거나 비이성적인 것이 아니라 모든 다른 사건들을 잘 이해할 수 있게 하는, 인지할 수 있는 사건이다.[7] 외적인 역사를 위해서는 우리의 상상력을 동원하고, 내적인 역사를 위해서는 이성을 통하여 하나의 역사적 사건은 생명의 능력과 특성을 드러낸다. 이런 면에서 보면 급진적인 유일신 신앙과 구체적인 역사적, 문화적 상황 사이에 건널 수 없는 간격이 존재하는 것은 아니다. "계시의 순간은 우리의 과거를 이해할 수 있게 한다."[8] 자신의 공동체에 의해서 연유되었든 아니든 간에 과거의 고통을 기억하므로 다른 사람의 고통을 받아들이는 것이 진정한 연대의 한 방법이며 하나님의 계시에 대한 적합한 응답이다. 계시는 그리스도인들에게 그들이 억누르고 있었던 고통의 기억을 상기시켜 준다. 그러므로 두 개의 이야기가 만날 때 우리는 계시적인 순간을 경험할 수 있다. 그리고 계시를 이해하기 위해선 전체의 이야기를 알 필요가 있다.

이러한 방식으로 성서의 이야기를 들을 때 민중은 히브리인들을 자신들의 조상으로 경험할 수 있다. "우리는 예수를 통하여 하나님 나라의 이민자가 된다. 그리고 세계의 지평이 확대되어 모든 시대의 모든 나

---

6 Ibid., p. 66.

7 Ibid., p. 69.

8 Ibid., p. 81.

라의 역사를 기억함으로써 배우고 그것을 우리 자신의 역사로 삼는다."[9] 계시는 하나님에 대한 진리를 일방적으로 전달하기 보다는 이야기 속에 내재되어 있는 하나님의 자기 노출이다.[10] 하나님은 히브리인들, 교회, 오클로스, 민중들의 이야기를 통하여 자신을 드러내신다. 계시는 우리의 종교에 대한 생각을 발전시켜 체계화하는 것이 아니라 살아서 계속되는 변화이다.[11]

로날드 티이만은 그의 책 「계시와 신학」에서 계시론을 재론하고 있다.[12] 그의 계시에 대한 이해에서 계시를 이해하기 위해서는 널리 통용되고 있는 약속된 사회-언어적 관습에 의존하고 있다. 그의 논의는 다른 이야기들과 관계성 속에 있는 기독교 이야기의 "비기초적인 절대성"(nonfoundational absoluteness)을 확신하게 한다.[13] 다른 이야기에 대한 성서 이야기의 우선권은 이야기 속에 내재되어 있는 하나님의 주도권에 의해 주어지기 때문이다. 티이만은 성서를 기독교인들에게 권위가 있는 실제적인 이야기로 읽는다. 그러나 성서를 이해할 수 있기 위해서는 비기독교적인 상황이 먼저 있어야 된다고 가정하는 점에 있어서 티이만은 공통된 사회-언어적 활동으로서의 "약속"과 이스라엘과 교회를 부르시는 하나님의 약속 사이를 분명하게 구분하지 않는다.[14] 계시는 그의 백성 가운데 계시는 하나님의 활발한 현존이다.[15] 그러므로 "실재적인 이

---

9 Ibid., p. 85.

10 Ibid., p. 132.

11 Ibid., p. 133.

12 Ronald F. Thiemann, *Revelation and Theology: The Gospel as Narrated Promise* (Notre Dame, Idiana: University of Notre Dame Press, 1985).

13 John Sykes, "Narrative Accounts of Biblical Authority: The Need for a Doctrine of Revelation," *Modern Theology* 5/4 (July 1989), p. 336.

14 Ibid., p. 339.

15 Thiemann, op. cit., p. 80.

야기"는 하나님이 자신을 알리기 위해 선택한 수단 중의 하나가 되기 때문에 매우 중요하다. 티이만은 소위 기초적인("혼합된") 이야기론자들과 비기초적인("순수한") 이야기론자들의 이야기에 대한 두 가지 다른 입장을 논하였다: "이야기는 우선적으로 의식의 우주적 형태인 경험의 초월적인 특성을 지니는가? 아니면 이야기는 바르게 읽히기 위해 적합한 해석학적 접근을 요구하는 단순한 문학 양식인가?"[16]

이야기에 대한 전자의 개념 안에서 "하나의 문학 양식으로서의 이야기는 신학을 위해 중요하다. 왜냐하면 이야기는 본질적으로 임시적인 자아를 위한 가장 적합한 표현의 양식이기 때문이다."[17] 그러나 티이만 자신은 이야기에 대한 후자의 개념을 선호한다. "신학은 기독교 신앙의 논리를 나열하는 일관된 언어로써 성서적인 이야기를 서술하거나 재서술하는 것" 믿기 때문이다.[18]

이야기는 하나님의 선재를 확언하는 비기초적인 신학을 위해 유용하다. 왜냐하면, 첫째, 그것은 철학적 인류학에 관심을 집중하고 있는 신학에 대한 하나의 일관된 신학적 대안을 제공한다. 둘째, 그것은 성서의 일차적인 언어와 신학의 이차적인 재서술을 전체적으로 통합하여 정경을 세우는 방법을 제공한다. 셋째, 그것은 성서적 이야기와 기독교 공동체 안에 있는 하나님의 대행자에게 관심을 집중시킨다.[19]

티이만의 계시의 교리는 하나님의 은사가 인간이 응답하기 전에 있

---

16 Ibid., p. 83.
17 Ibid.
18 Ibid.
19 Ibid., p. 84.

어서 응답을 할 수 있는 능력을 준다는 것을 함축한다.[20] 성서적인 약속은 우리가 이전에 경험했던 의미와는 아무런 관계도 없는 외적인 말씀으로 우리에게 들려 올 수 있다.[21]

그 때 독자는 자신의 경험을 성서의 축적된 이야기에 맞추므로 성서 본문의 인물이 될 수 있다. "기독교인의 실재, 기독교인의 삶의 형성은 성서 이야기의 해명에 따라 되어지고 규정된다."[22] 이런 면에서 만일 민중의 이야기가 성서의 이야기와 연관이 된다면 민중의 삶을 설명하고, 성서와 민중의 관계를 중재하고, 성서를 민중의 삶에 적용하는 긴밀한 관계를 가질 수 있다. 티이만은 인간 지식에 있어서 구체적인 전통의 중요한 역할을 무시한다. 만일 티이만이 옳다면 조오지 린드백의 종교에 대한 "문화—언어적" 접근방법과 마찬가지로 이는 반쪽짜리 진리이다.[23] 니버와 이들을 비교해 보면 티이만과 린드백은 바르트에게는 많이 배웠지만 트뤼얼치는 모르고 있는 것이다. 두 전통 사이의 진정한 의사소통을 위해서는 다른 전통들이 가지고 있는 구체적인 실제에서 공통된 경험을 찾는데 관심을 기울여야 한다. 그런데 그들은 전통과 경험 사이의 변증법적 관계를 정당하게 다루는 데 실패했다. 나는 성서의 이야기의 독창성을 인정하면서도 우리의 경험적 이야기를 같이 사용하고 싶다. 민중의 이야기는 신학을 위한 모판만이 아니라 기독교 신학을 위한 파트너이다.

---

20 Robert Gascoigne, "The Relation between Text Experience in Narrative Theology of Revelation," *Pacifica* (Feb. 1992), p. 48.

21 Ibid., p. 51.

22 Thiemann, op. cit., p. 85.

23 나는 다음 항목에서 "그리스도와 문화"를 언급하고자 한다. "기초주의"(foundationalism)에 대한 티이만의 비판은 "경험-표현적"(experiential-expressive) 접근에 대한 린드백의 논의와 본질적으로 비슷하다.

최근에 구약성서 신학자들은 지금까지 성서 신학에서 중심적인 카테고리로 간주되던 역사보다 이야기라는 범주를 더 선호하여 사용한다. 제임스 바는 역사를 통한 계시의 개념에 비판을 가하고 성서적 자료를 이해하기 위해 더 적합한 것으로 이야기를 제안한다.[24] "역사 안에서의 계시"는 일련의 역사에서의 의미와 장소는 제공하지만 현재 공동체의 사회전기나 이야기로부터는 분리시킨다. 역사적 견지에서 성서적 이야기는 히브리인들의 삶이나 경험을 이해할 수 있게 한다.[25] 히브리인들의 고통, 고난과 해방은 히브리인들의 전기이며 역시 하나님의 계시이다. 계시는 그들의 이야기와 긴밀하게 연관되어 있다. 하나님의 해방하는 행위에 대한 계시는 히브리인들과 오클로스의 역사와 민중의 사회전기와 같이 이야기 형식으로 전해진다. 하나님은 특별히 억압받는 히브리인들, 오클로스, 민중에게서와 같이 인간의 현실적인 경험에 생생하게 현존하시는 분으로 드러난다. 민중 이야기는 계시의 내용의 진정한 일부이다.[26] 성서의 이야기는 민중의 이야기를 위해서 비유와 같은 중요성을 지닌다. 역시 민중의 이야기도 성서에 나오는 하나님 나라의 비유들처럼 쓰여질 수 있다. 예수께서는 당시 농부들의 이야기나 일반 민중들의 이야기를 통하여 하나님 나라의 진리를 설명하고, 민중들의 현실적인 문제들을 드러낸 것과 같다. 기독교인을 위한 성서의 이야기는 우리가 과거에 누구였으며, 현재는 누구이며, 앞으로는 어떻게 될 것인지, 그리고 어떻게 행동해야 되는지를 알려 준다. 민중의 이야기도 그들이 누구였으며, 지금은 누구이며, 앞으로 어떻게 될 것인지 그리고 어떻

---

24 James Barr, "Story and History in Biblical Theology," *Journal of Religion* 56 (1976), pp. 1-17.
25 D. Preman Niles, "Story and Theology - A Proposal," *The East Asia Journal of Theology* 3/1 (1985), p. 123.
26 Cyris Hee-Suk Moon, "Culture in the Bible and the Culture of the Minjung," *The Ecumenical Review* 39 (April 1987), p. 182.

게 행동해야 되는지를 알려 준다. 성서의 이야기에서 하나님의 계시는 억눌린 것으로 자유케 하는 행위이다. 민중의 이야기는 한국의 상황에서 해방하는 문화적 방편이다. 하나님은 민중의 문화 안에서 그의 뜻을 행하시고 드러내신다. 이렇게 민중 문화는 신적 계시의 수단이 될 수 있고 따라서 신학의 자료가 될 수 있다. 민중의 고유한 종교나 문화적 전통은 한국 민중을 위한 기독교 신학의 중요한 요소이다. 나는 문화에 대한 다양한 견해를 받아들이지만 그것이 종교를 상대화시키는 것은 아니다. 성서의 이야기와 민중의 이야기는 어떤 공통된 신념이나 공동 선을 추구하는 데 있어서 공유하는 면도 있지만 역시 다른 점들도 많이 있다. 윤리적인 측면에서는 공유하는 점들이 많은 반면 신앙적인 측면에서는 각각이 독특한 면들을 가지고 있다. 두 이야기의 상이점에 대한 신학적인 고려 없이 민중문화를 민중신학에 서둘러서 통합하려고 하는 신학적 시도들은 분명 문제가 있다. 역사 안에서 그리스도를 통한 신적 계시의 우주적인 원칙보다 컨텍스트의 경험을 절대화하려는 노력은 사실상 민중신학을 포괄적으로 만들기 보다는 오히려 배타적으로 만든다.[27] 그것은 비기독교적인 요소들을 무비판적으로 받아들여 새로운 종교를 만들 위험이 있다. 민중신학은 모든 종교를 섞어 보려는 혼합주의나, 모든 종교를 각자의 취향의 문제로만 보는 순수 주관주의로 흐를 위험이 있다. 그러므로 민중 신학은 한쪽으로 치우친 신학이다. 어떻게 민중 신학자들이 성서로부터 경험으로 교차되는 말씀을 가져오는 것 없이 민중의 문화적 경험에 대한 신학적 해석을 말할 수 있는가?[28] 민중은 신학을

---

27 Jung Young Lee, ed. *An Emerging Theology in World Perspective* (Mystic: Twenty-third, 1988), p. 21.

28 Kosuke Koyama, "Building the House by Righteousness: The Ecumenical Horizons of Minjung Theology," in *An Emerging Theology in World Perspective*, p. 151.

하는 데 있어서 비기독교적인 자료를 어떻게 사용할 것인가에 대한 보다 신중한 방법론이 필요하다. 티이만과 민중 신학자들 사이에서 나는 "이것이냐, 저것이냐"는 양자택일의 방법보다는 "이것도, 저것도"의 보완적인 방법을 사용하고 싶다. 코야마는 계시의 내용을 훼손시키지 않고 두 개의 역동적인 계시와 문화를 섞어 짜는 좋은 모델을 성서에서 들고 있다. "계시와 문화를 섞어 짜는데 있어서 a) 계시는 문화와 별도로 우리에게 오지 않는다는 것을 알기 때문에 우리는 문화의 연구가 얼마나 중요한가를 알 수 있다. b) 그리고 해방하는 과정에서 긍정적이든 부정적이든 문화의 역할을 알게 된다."[29] 이런 과제를 위해 민중 이야기 윤리에서 해방 중심의 대화를 하면서 상호변혁이론(mutual transformation theory)을 세워보고자 한다.

2. 상호 변혁하는 그리스도와 문화

프랑스의 도미니칸 신부인 엠 디 체누(M.D. Chenu)는 다음과 같이 피력하였다. "지난 3세기 동안 신학에 있어서 가장 큰 비극은 신학자들이 과거로부터 단절되고, 춤꾼들과 음악가들과 화가들과 연극인들과 배우들과 영화 만드는 자들과 단절된 것이다."[30] 종교와 예술은 원시적인 표현에 있어서부터 불가분의 관계였을 뿐 아니라 서로의 온전한 발전을 위해서도 실제적으로 서로가 서로를 필요로 했다. 틸리히는 종교와 문화(예술을 포함해서)가 서로 잘 짜여져 있어서 그것들은 분리시킬 수 없다고 하였다. "종교는 문화의 재료요, 문화는 종교의 형태이다."[31] 피어

---

29 Ibid., p. 151.

30 Matthew Fox, *Original Blessing* (Santa Fe, New Mexico: Bear & Company, Inc. 1983), p. 180.

리스도 "문화는 종교의 다양한 표현"[32]이라고 했다. 문화는 본질적인 의미를 간접적인 내용과 형태로 표현하는 반면 종교는 문화적인 형태와 내용 속에 내재되어 있는 본질적인 의미를 표현하는 것이다. 종교와 문화는 서로를 보충해 주고 있는데, 종교는 의미에 있어서 문화는 형태와 내용에 있어서 더욱 그렇다. 신학은 문화에 있는 종교의 중요성과 가치를 반영한다. 즉, 신학은 이야기, 신화, 의식, 상징들이 복잡하게 섞여 있는 문화를 반영하는데, 그것은 특정한 문화 안에서의 종교생활을 위해서 본질적인 것이다.

그러므로 한국신학을 위해서는 기독교와 한국문화와의 관계가 중요한 이슈가 된다. 새로운 믿음체계를 가지고 있는 기독교가 고유의 문화패턴과 어떻게 관계를 맺을 수 있을까? 다른 한편으로 기독교는 모든 기존의 문화적 체계와 패턴을 대치해야 되는 새로운 믿음의 체계이고 행동의 패턴이다. 초기 선교사들은 모든 기존의 문화를 이교적인 것으로 간주하고 기독교는 토착 문화를 완전히 변화시켜야 한다고 믿었다. 그러나 정반대로 기독교는 기존의 문화적 체계와 행동의 패턴을 그대로 인정해야 한다는 신학자들도 있다. 니버의 유형론에 의하면 전자의 경우는 "문화에 대항하는 그리스도"와 관련되고, 후자의 경우는 "문화의 그리스도"와 관련되어 있다.[33] 니버의 "그리스도와 문화"는 상호 다른

---

31 Paul Tillich, *On Art and Architecture*, eds. John Dillenberger and Jane Dillenberger (New York: The Crossroad Company, 1989), p. xii; Theology of Culture (Oxford: Oxford University Press, 1968), p. 42.

32 Aloysius Pieris, *An Asian Theology of Liberation* (Maryknoll, New York: Orbis Books, 1988), p. 97.

33 H. Richard Niebuhr, *Christ and Culture* (New York: Harper & Row, 1951). 니버는 2차 세계대전 후 기독자의 책임과 비기독교 문화의 요구 사이의 관계에서 윤리적 혼란을 겪고 있는 많은 그리스도인들에 대한 목회적 필요 때문에 이 책을 집필하였다.

문화간의 신학이다. "문화에 대항하는 그리스도"는 유효한 통찰의 자료로서 그리스도 안에 있는 계시만을 고집하고, 문화는 왜곡된 자료라고 치부하면서 배타적인 태도를 취하는 것이다. 반면에 "문화의 그리스도"에서 계시는 문화적 추론과 조화를 이룬다. 이 두 가지 입장은 양극단의 것으로 문화를 전적으로 반대하거나 또는 온전히 수용한다. 이 양극단 사이에 거부와 조화의 정도의 차이에 따라 "문화 위에 있는 그리스도"(종합론자), "문화와 역설적인 관계에 있는 그리스도"(이원론자), 그리고 "문화를 변혁하는 그리스도"(개변론자)가 있다. 니버 자신은 "문화의 변혁자로서의 그리스도"를 제안하고 있다.

조오지 린드백은 교리의 본성: 후기 자유주의 시대에 있어서 종교와 신학에서 "후기 자유주의 신학"을 위한 대안으로 "경험적-표현적 (experiential-expressive) 접근방법"보다는 "문화-언어적(cultural-linguistic) 접근방법"을 제시한다.[34] 이 두 가지 접근 방법의 큰 차이는 "내적인 것과 외적인 것 사이의 관계"에 있다.[35] 경험-표현적 접근방법은 하나님, 자아, 세계에 대한 개념화 이전의 경험으로 종교의 내적인 감정을 표현하고, 문화-언어적 접근 방법은 외적인 종교적 매체에 의해 경험이 형성되거나 주어진다고 주장한다. 즉 경험-표현적 접근방법에 있어서는 경험이 표현에 선행하며, 표현은 경험으로부터 비롯된다. 그러나 문화-언어적 접근 방법에서는 표현이 경험에 선행하며, 경험은 표현으로부터 연유된다. "이 양자의 모델은 종교적 경험이 문화를 형성시키는 힘을 다같이 인식하고 있으면서도, 하나는 경험이 '근원적이다' 라

---

34 린드백은 "경험-표현적 접근방법"이 현대 자유주의 신학과 종교 연구의 지배적인 경향이라고 본다. George A. Lindbeck, *The Nature of Doctrine: Religion and Theology in a Postliberal Age* (Philadelphia: The Westminster Press, 1984).

35 Ibid., pp. 33-36.

말하고 다른 하나는 '이차적이다' 라고 주장한다."[36] 린드백에게 종교는 하나님에 대한 내적 경험의 외적인 표현이라기보다는 외적으로 관찰할 수 있는 복합적으로 상관되어 있는 현상인 언어이다.[37] 언어는 경험에 대한 이차적인 표현이 아니라 경험을 유발하는 일차적인 근원이다. 하나의 종교를 종교 되게 하는 것은 그 종교의 언어가 보편적인 종교 경험에 뿌리를 내리고 있기 때문이 아니라 종교 언어를 가지고 있다는 사실 자체에 기인한다.

린드백에 의하면 쉴라이에르마허, 루돌프 오토, 마르시아 엘리아데, 베르나르드 로너간, 칼 라너, 폴 틸리히 모두 신학을 위해서 "경험적 표현" 모델을 사용했다. 그들은 "기초적인"(foundational) 것으로서의 내적 경험을 이해하고 모든 문화와 언어는 단지 기초적으로 확실한 경험의 "표현"으로 간주했다. 폴 리꾀르와 데비드 트레시도 이러한 자유주의 전통에 속한다.[38] 이런 경험-표현주의자들은 어떤 보편적인 종교적 경험이 다양한 종교적 텍스트에 다양하게 표현되어 있다고 생각한다. 그들은 성서의 이야기가 기독교 정체성의 지평을 보여 주며 신학을 위한 시발점이라는 것을 믿는다. 그러나 또 다른 출발점이 있는데 세속적인 이야기에 의한 것으로 성서 이야기에 필적할 만한 것이다. 그들은 기독교의 정체성을 위해서 성서적인 이야기와 마찬가지로 세속적인 지식이나 과학적인 전통도 중요시한다.[39] 그러므로 신학자는 성서적인 이야기와 세속 학문의 주장들을 "상호연관"시켜야만 한다고 데비드 트레시는

---

36 Ibid., p. 35.

37 Robert Gascoigne, op. cit., p. 52.

38 컴스톡에 의하면 이런 부류는 "혼합된"(impure) 이야기 신학자들에 해당한다. Gary Comstock, "Two Types of Narrative Theology," *Journal of the American Academy of Religion* 55/4 (1987), p. 688. 필자는 민중신학도 이 부류에 속한다고 본다.

39 Ibid., p. 696.

말했다.[40]

그러나 린드백은 분명히 우리의 경험의 세계로부터 시작하는 것을 원하지 않는다. 그는 한스 프라이와 같이 우리 삶의 이야기는 그런 이야기들로 이미 체계가 잡혀 진 틀에 맞추어 질 때만 의미와 실체를 갖는다고 했다.[41] "해석은 세상을 성서의 이야기에 편입시키기보다는 성서의 이야기를 다른 이야기를 가지고 있는 다른 세상에 맞추는 문제이다."[42] 린드백에게 신앙인들은 성서에서 자신들의 이야기를 발견하는 것이 아니라, 성서의 이야기를 자신들의 이야기로 만든다.[43] 기독교는 우리에게 성서적 이야기에 의해 만들어진 언어의 세계에서 살도록 우리를 초대하고, 우리는 우리의 이야기를 성서적인 이야기에 연관시킨다. 세상이 성서를 흡수하는 것이 아니라 성서가 세상을 흡수한다. 린드백은 성서 외적인 자료들이 성서의 세계에 끼어 들어가 그것들 자체가 해석의 기본적인 틀이 될 위험성을 알고 있었던 것이다.[44] 그는 종교와 경험의 관계에 대하여 종교들은 같은 기본적인 경험을 다양하게 대상화한 것이라는 경험—표현적 접근방법을 반박하였다. 오히려 린드백은 "다른 종교들은 많은 경우에 인간이 된다는 것이 무엇인가에 대한 근본적으로 다양하고 깊은 경험들을 만들어 낸다"고 하였다.[45] 그러므로 그는 경험—표현적 모델에 있는 종교적 상대주의의 위험을 잘 알고 있었다. 그는 다른 공동체들은 각기 "근본적으로 다른 경험과 자아, 이웃, 우주를

---

40 David Tracy, *Blessed Rage for Order: The New Pluralism in Theology* (New York: Harper & Row, 1988), p. 52.

41 Hans W. Frei, *The Eclipse of Biblical Narrative* (New Haven: Yale University Press, 1974), p. 1.

42 Ibid., p. 130.

43 Lindbeck, op. cit., p. 118.

44 Ibid.

45 Ibid., p. 41.

향한 구별된 방법들을 가지고 있다"고 주장했다.[46]

만일 이런 린드백의 주장이 옳다고 하더라도 그와 프라이는 "계시된 말씀을 기록된 말씀으로만 축소시키고, 기록된 말씀은 그 이상의 어떤 것도 증거하고 있지 않다"고 주장한다는 비판을 면하기가 어렵다.[47] 트레시는 이런 린드백의 입장을 "바르티안 고백주의(Barthian confessionalism)가 방법론적으로 세련되게 변형된 것"이라고 라벨을 붙였다.[48] 더욱이 린드백의 신학은 고백하는 공동체 "안으로부터" 순수하게 되어져야 하고, 따라서 신학자는 "영미 경험론자"가 되어야 한다.[49] 그러므로 문화—언어적 모델은 고백신학을 위한 것이고, 그것은 그들 자신만을 위한 문화신학에 그칠 공산이 크다. 비록 내가 자유주의(민중신학을 포함한)에 대한 비판에 있어서는 린드백과 하워바스에 동조하지만, 그들에게 있는 이런 분파주의(sectarianism)적 경향은 받아들이기 어렵다.[50] 이들에 대한 거스탑슨의 비판이 전적으로 옳은 것은 아닐지라도 린드백과 하워바스를 비롯한 "순수한"(pure) 이야기론자들이 가지고 있는 잠재적인 위험성은 잘 지적하고 있다. 거스탑슨은 "문화—언어적" 모델이 사람에 대한 "주관적인 사실"을 기독교 문화와 언어 일반에 적용시킨다고 비판한다.[51] 이러한 경향은 분파주의자가 되게 하거나 호교

---

46 Ibid., p. 40.

47 William C. Placher, "Paul Ricoeur and Postliberal Theology: A Conflict of Interpretations?," *Modern Theology* 4/1 (1987), p. 48.

48 David Tracy, "Lindbeck' s New Program For Theology," *The Thomist* 49 (1985), p. 465.

49 Ibid., pp. 465-466.

50 하워바스는 기독교 신학자가 기독교 윤리를 세상에 대한 진정한 대안윤리로서 선포하는 대신에 세속 문화와 조화시키려고 하는 노력은 중지해야 한다고 한다.

51 James M. Gustafson, "The Sectarian Temptation: Reflections of Theology, the Church and the University," *CTSA Proceeding* 40 (1985), p. 86.

론자가 되게 한다는 것이다.[52] 이런 분파주의자는 기독교 공동체가 문화의 게토 안에 살지 않는 것처럼 여기고 있다.[53] 거스탑슨은 분파주의가 기독교의 정체성을 지키는 대신에 대학과 정치와 문화생활에 대한 이해와 참여에 있어서 큰 희생을 치른다고 결론을 맺고 있다.[54] 존 요더도 거스탑슨에 동조하여 린드백이 "확실성과 인식성"(authenticity and intelligibility) 사이에서 잘못된 선택을 했다고 한다.[55] 다시 말해 린드백은 "확실성"을 지키기 위해 "인식성"을 저버렸다는 것이다. 요더는 합리성, 인식성, 확실성 모두는 상호 보완적인 조건이라고 했다.[56]

그러면 필자가 서두에 제기한 문제로 돌아와서 "어떻게 기독교의 정체성과 동시에 민중의 문화적 유산을 창의적으로 함께 가질 수 있겠는가?" 어떻게 분파주의와 상대주의의 위험을 동시에 극복할 수 있겠는가? 니버는 이 문제를 해결하는 데 있어서 단초를 제공하고 있다. 니버에게 있어서 성서의 이야기는 인간 삶의 의미를 이해하게 하고 세상에 대한 해석을 제공해 준다. 니버는 내적 역사의 사건을 경험할 수 있기 위해서는 어떤 특정한 공동체의 일원이어야만 된다고 한다. 그러나 내적 역사의 사건이 진정한 가치를 지니려면 외적 역사에 나타난 모습이 어떤 가치 있는 평가를 지녀야 한다. 그러므로 기독교인은 두 가지 이야기를 해야 한다. 하나는 그리스도를 경험한 우리의 내적 이야기요, 다른 하나는 본성, 역사 그리고 과학을 경험한 우리의 외적 이야기이다.[57] 내

---

52 Ibid.

53 Ibid., p. 91.

54 Ibid., p. 94.

55 John Howard Yoder, "On Not Being Ashamed of the Gospel: Particularity, Pluralism, and Validation," *Faith and Philosophy* 9/3 (July 1992), p. 288.

56 Ibid., p. 289.

적 이야기와 외적 이야기는 자아의 신앙적인 결단과 회개의 경험을 통하여 서로 관계성을 맺는다. 외적 역사와 내적 역사는 서로 연결되어 있는 고리이다. 만일 외적 역사가 변화하면 내적 역사도 변해야만 한다. 앞에서도 언급했듯이 니버는 바르트의 고백주의(내적 역사)와 트뢰얼치의 상대주의(외적 역사)를 이렇게 창의적으로 연관시켰다. 이렇게 니버는 바르트의 유일신론과 트뢰얼치의 역사 상대주의의 영향을 받으면서도 창의적으로 종합하고 있다.[58]

기독교는 그 자체가 그리스도와 문화 양극을 오가면서 형성된다. 민중신학이나 윤리의 과제는 이 두 가지 권위를 어떻게 연관시킬 것인가에 있다. 유혹은 어느 한편에만 서고자 하는 것이다. 그래서 창조적인 대화 대신에 배타적인 신학적 입장을 가지는 것이다. 한국 교회사를 살펴보면 초기 서구 선교사들은 우리에게 전통적인 문화와 단절하도록 가르쳤다. 좋은 신자가 되는 것은 하루 속히 자신이 속한 문화적 전통에서 벗어나는 것이었다. 왜냐하면 전통문화는 이교적인 것이라고 간주했기 때문이다. 현재도 많은 보수적인 한국 기독교인들은 이런 전통적인 가르침을 따르고 있다. 이것은 "문화를 대항하는 그리스도" 유형에 속한다. 이와는 대조적으로 1960년대의 토착화 신학(종교–문화신학)이나 1970년대의 민중신학(사회–정치적 신학)은 정도의 차이는 있지만 "문화의 그리스도" 유형에 속한다. 토착화 신학에서의 문화 토착화(inculturation)는 주어진 문화를 위해서 받아들여진 본문의 해석과 번역

---

57 Gary Comstock, "Telling the Whole Story? American Narrative Theology after H. Richard Niebuhr," in *Religion and Philosophy in the United States of America* ed. Peter Freese (Essen: Verlag Die Blaue Eule, 1987), p. 131.

58 니버의 "외적역사"(external history)와 "내적 역사"(internal history)에 대한 자세한 논의는 필자의 졸고를 참고하라. 한기채, "민중 이야기 윤리를 위한 방법론적 논의" *신학사상* 93 (1996 여름), pp. 203-205.

에 초점을 둔 호교론적인 방법이나 민중신학에서의 상황화(contextualization)는 본문과 상황과의 상호의존적인 관계에서의 변증법적인 과정으로 해석과 번역을 다룬다. 토착화 신학은 문화와 전통에 강조점을 두는 경향이 있는 반면 민중신학은 현대 사회 문제에 집중한다. 민중신학의 강점은 가난한 자들이나 억눌림을 받는 사람들의 사회−정치적 전기를 그들의 전통적인 종교와 문화적 요소와의 관련 속에서 이끌어 낸다는 것이다.[59] 그러나 과거의 역사와 밀접하게 관계되어 있는 현대의 문제들로부터 개인과 사회를 해방하는 신학을 형성하기 위해서는 모두를 함께해야 한다. 그리고 과거의 전근대적인 가치관은 현대의 새로운 가치관에 의해서 변혁 내지는 재조명되어어야 한다.

〈문화에 대항하는 그리스도〉[60]

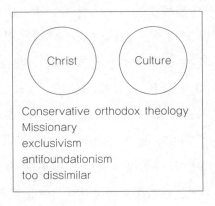

59 Jung Young Lee, op. cit., p. 19. 변선환은 민중신학과 토착화 신학에 대해 "종교를 무시하는 경향이 있는 민중신학과 대조적으로 토착화 신학은 정치를 무시하는 경향이 있다"고 평했다. 민중신학은 종교 경험 자체보다는 종교의 정치적 또는 사회적 기능에 강조점을 둔다고 했다. Sun Hwan Pyun, "Other Religions and Theology," *EAJT* 3/2 (1985), p. 332.

60 아래의 유형론적인 도식은 "그리스도와 문화"의 관계를 너무 단순화하고 있다고 비판받을 수 있으나 논의의 전개를 위하여 각 유형의 강조점이나 일반적인 경향성을 대별하여 보았다고 이해해 주기 바란다.

〈문화의 그리스도〉

Christ
Culture

Indegenization theology
Minjung theology
relativism/syncretism
foundationism
too similar

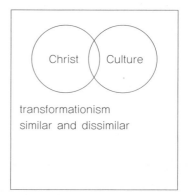
〈문화를 변혁시키는 그리스도〉

Christ   Culture

transformationism
similar and dissimilar

　니버의 변혁주의는 기독교의 정체성을 잃지 않으면서 전통적인 문화의 중요한 유산을 거부하지 않고, 기독교와 전통문화 사이의 유사성과 상이성의 변증법적인 관계를 유지할 수 있는 방법을 모색한다. 그러나 나는 문화에 대한 니버의 종교-문화적 이해에 사회-정치적 관점을 더 부가하고 싶다. 니버의 "그리스도와 문화"에는 정치가 빠져 있으므로 우리는 정치적인 문제를 추가할 필요가 있다. 왜냐하면 민중의 이야기는 종교-문화적 전기뿐 아니라 사회-정치적 전기가 포함되어 있고, 민중문화는 다름 아닌 정치문제, 노동문제, 사회문제, 사회운동이 원재료가 되기 때문이다. 건강하고 생동감 있는 문화는 민중의 구체적인 삶으로부터 나오며, 그것이 문화를 생산하는 원동력이다. 문화운동 자체는 노동운동과 민중운동을 포함한다. 무슨 형태든지 억압의 경험 없이는 어떤 민중문화도 가능하지 않기 때문이다.

　기독교 이야기는 민중 이야기와 유사성과 상이성을 동시에 지닌다. 두 이야기가 만날 때 유사성과 상이성이 혼합되어 나타난다. 두 이야기는 긴밀하게 연관이 되어 있고, 얼마간의 데이터를 공유한다. 즉, 두 이야기 모두 구속론(soteriology)을 가지고 있다. 두 이야기 모두에는 민중의 고난과 해방의 경험인 박탈(죄, 한)과 기대(구원, 한풀이)가 표현되어 있다. 가장 유사한 것은 그것들 안에 있는 의미와 영향력이다. 모든 종교나 문화는 배타적인 요소를 지니므로 대화를 하려면 이런 공통적인 윤리를 찾아야 한다. 그러나 동시에 그들은 많은 상이점도 지닌다. 왜냐하면 문화마다 다른 가치 체계를 지니고 있기 때문이다.[61] 그러므로 가치체계간의 충돌을 다루는 것은 불가피한 일이다. 충돌을 다루는 방법에 있어서 두 가지를 생각할 수 있다. 하나는 충돌을 급진적으로 다루는 것인데 그것이 초기 선교사들의 신학이었다. 그러나 다른 하나는 충돌을 최소화하는 것으로 그것이 토착화 신학이나 민중신학이다. 선교사의 신학은 민중의 문화를 이교적인 것으로 무시하거나 거부하는 것이다. 토착화 신학이나 민중신학의 충돌을 최소화하려는 노력은 기독교를 변형시키는 종교적 상대주의에 이를 수 있다. 그러나 이 양극단의 입장은 신학을 세우는데 있어서 민중 이야기를 거부하고 기독교 이야기만을 고집하거나, 민중 이야기를 무리하게 기독교 이야기와 일치시키려는 것으로 결국 하나의 이야기만을 만들려는 것이다. 그러나 신학은 민중의 이야기나 기독교 이야기 어느 하나만으로도 되어 질 수 없다. 애칠리(Aichele)가 주장하는 대로 기독교의 이야기는 그들의 한계를 뛰어 넘기 위하여 "말씀의 부활"(the resurrection of the word)이 요구된다.[62] 이러한 신학을 위해서는 그들 문화 속에 감추어진 본질적인 것들을 밝혀내는 "구체적"(concrete)이고 "실질적인"(materialistic) 신학이어야 한다.[63] 그러므로 두 개의 이야기는 서로 만나야 하고, 서로 창의적인 대화를 이

---

61 기독교 이야기 자체도 사건의 배경을 이루고 있는 문화적, 시대적 특성을 반영한다.

62 George Aichele, *The Limits of Story* (Philadelphia: Fortress Press, 1986), p. 134.

63 Ibid., p. 139.

끌어 가야 한다. "대화란 서로 다른 것을 존경하면서 시작되어 완전함과 상호 변형을 향해 나아가는 것이다. 대화는 다른 것들 사이에서 다름을 통하여 대화하는 방법이다."[64] 만남을 통하여 그들은 상호 보완하고 상호 변혁하는 데 협력한다. 이런 면에서 나는 배타주의나 상대주의를 지양하고 "상호변혁모델"(Mutual-transformation model)을 대안으로 제시한다. 이것은 리차드 니버가 말한 "문화를 변혁시키는 그리스도" (Christ the transformer of culture)에다 "문화도 그리스도의 이미지를 변혁"(culture transforms the image of Christ)시킨다는 주장을 추가한 이론이다.[65]

기독교 이야기는 신적 계시에 대한 인류 문화의 관계, 문화와 사회해방의 관계를 이해하는데 아주 유용하다. 기독교 이야기는 민중의 이야기와 경험을 변혁한다. 성서적 이야기의 계시적인 힘은 민중의 생활과 세계를 드러낸다. 기독교 이야기는 민중의 문화를 변혁하는 힘을 가지며 역시 사회 변화를 위한 능력을 제공해 준다. 우리는 니버가 왜 그의 입장을 "변혁"(transformation)보다는 "개변"(conversionism)이라고 했는지 알아야 하는데, 이는 다른 문화 가운데에서 주권자 하나님에게 응답하면서 변혁되고, 개변되고, 변화되어야 하는 것은 바로 교회나 기독교

---

64 Peter Hodgson, *Winds of the Spirit: A Constructive Christian Theology* (Louisville, Kentucky: Westminster John Knox Press, 1994), p. 100.

65 존 캅이 "상호 변형"이란 말을 불교와의 대화에서 사용하고 있지만, 필자는 기독교 이야기와 전통 이야기 사이의 대화에서 상호 변혁이란 말을 사용하고자 한다. (왜냐하면 한국 사람에게는 불교조차도 외래종교이다.) 필자는 역시 대화의 목표에 있어서도 캅과 다르다. 캅은 대화를 창의적인 변형을 통한 우주적인 신앙을 만드는 과정으로 보는 반면, 필자는 민중의 해방을 목적으로 공통의 윤리를 만드는 과정으로 본다. 나는 기독교 이야기와 민중의 문화를 해방을 중심한 대화에 있어서 상호 변혁 모델을 도입한다. 이런 면에서 나는 캅을 혼합주의자라고 본다. John B. Cobb, Jr., *Beyond Dialogue: Toward a Mutual Transformation of Christianity and Buddhism* (Philadelphia: Fortress Press, 1982).

나 신학 자체라는 것을 강조하기 위해서였다. 그러므로 민중의 문화는 기독교가 문화에 적합하게 하기 위해서, 그리고 민중의 해방을 위한 사회의 구조적 변화를 위해서 그리스도의 이미지를 변혁하는 경향이 있다.[66] 민중 이야기는 성서 해석의 지평을 확장하며 기독교인들의 세계를 넓혀 준다. 민중 이야기는 과거의 경험이나 민담에 뿌리를 두고 있지만 우리의 현재 상황을 진지하게 다루고 있다. 그것은 완전히 통합된 가운데 성서 이야기를 읽는 방법을 제공해 준다. 민중 이야기는 대부분의 서구의 주석서들에서 누락되어 있는 성서 해석의 한 단면을 더해 준다. 다시 말해 민중 이야기는 우리에게 해석학적 유익을 준다. 예를 들면 적출이 아닌 출생에 초점을 둔 홍길동 이야기는 이스마엘과 입다의 이야기를 들을 때 해석학적 상상력을 더 해 줄 수 있다. 민중 이야기인 판소리는 표면적 주제와 이면적 주제로 이중적 주제를 보이면서도 결국 이면적 중심주제가 표면적 주제를 궁극적으로 부정하는 방식을 취하는데,[67] 이것을 예수의 비유를 읽는 데 활용한다면 "전복하는 말씀"으로 예수의 비유를 이해하는 데 도움이 된다.[68] 기독교인과 민중 사이에서 기독교 이야기는 민중 이야기와의 연대성을 볼 수 있도록 변혁된다. 민중 이야기는 그리스도의 이미지를 변혁시켜 예수를 민중의 그리스도가 되게 한다. 그리고 그리스도는 역사 안에서 하나님의 해방의 계시로서

---

66 Jung Young Lee, op. cit., p. 18.

67 판소리의 이중적 주제에서 표면적 주제는 당대의 지도 이념인 유교 윤리의 덕을 표방하지만 이면적 주제는 모순 되는 민중적 현실을 고발하고 민중적 염원을 내세운다. 천이두, [한의 구조 연구] (서울; 문학과 지성사, 1993), p. 182. 참고

68 윌리암 허족(William Herzog)이 쓴 *Parables as Subversive Speech: Jesus as Pedagogue of the Oppressed* (Louisville, Kentucky: Westminster/ John Knox Press, 1994)에는 예수께서 비유를 하나님의 왕국을 선포하기보다는 억눌림 받은 자들을 교육하는 정치적인 도구로 사용했다는 것이다. 비유에 있어서 하나님의 왕국은 표면적인 주제였지만, 중심주제는 억눌림 받는 자를 위한 교육이라는 것이다.

민중 문화를 자유롭게 한다.[69] 민중 역시 그리스도를 세상의 억눌린 자와 가난한 자를 위한 예수로 소개한다. 이렇게 한국 민중의 이야기는 하나님 나라를 위한 새로운 비유이다.[70]

기독교인은 그리스도의 현존의 현재 경험을 가지고 그들이 있는 곳에서 시작한다. 그리고 하나의 이야기는 다른 이야기들을 불러일으킨다. 기독교인의 이야기를 들을 때 우리는 "그것은 내 이야기인데" 하고 반응한다.[71] 우리의 내적 이야기는 외적인 이야기로 움직이고 역사적으로 제시된 우리의 현재의 전통으로 돌아간다. 이러한 과정에서 이야기를 하는 것은 해방의 표현 수단이다. 우리는 "표준적인"(normative) 것으로써 성서 이야기를 보고, "해명하는"(illuminatory) 것으로써의 민중 이야기를 본다. 모두다 하나님의 해방시키시는 역사의 의미를 이해하는 것이다. 성서 이야기와 민중의 이야기는 서로 섞여 있다. 민중 이야기는 가공되지 않은 원료나 내용을 제공해 주고 성서 이야기는 통찰력을 제공해 준다. 서로는 더욱 자신들의 형태를 발전시키고 온전케 하는 데 도움이 된다. 예를 들면 민중 이야기는 한이라는 개념을 들어 기독교의 죄에 대한 전통적인 이해를 변혁시키면서 보완한다. 다른 한편 성서 이야기는 긍정적인 한풀이를 보여 줌으로 민중이 해방에 대한 새로운 이해에 도달하도록 돕는다. 민중 이야기는 억눌림 받고 가난한 사람들의 눈을 통하여 성서 이야기를 읽는 안목을 제공해 주는 한편 성서 이야기는 구조적인 악이 개인적인 죄에 대한 관심을 대체할 수 없다는 사실을 보

---

69 Rebecca S. Chopp, *The Praxis of Suffering* (Maryknoll, New York: Orbis Books, 1986), p. 130.

70 예수의 비유를 살펴보면 당시 민중들의 지극히 세속적인 이야기를 들어 하나님의 나라를 설명하는 데 사용한 것들이다.

71 Robert McAfee Brown, "My story and 'The story,'" *Theology Today* 32/2 (July 1975), p. 166.

여 준다. 민중도 그들 자신의 죄로부터 구원받아야 될 존재인 것을 일깨워 준다. 민중 이야기는 샤머니즘의 영적인 전통에서 예수를 한의 사제로 소개하고, 성서 이야기는 저 세상이 아니라 현재 이곳에서의 샤먼의 역사성을 요청한다. 그러므로 나의 상호변혁모델은 "말씀이 육신이 되심"(성육신: 내려오심)과 "육신이 말씀이 되심"(승천: 올라가심)을 변증법적으로 종합한다.

3. 도덕적 행위자로서의 교회 공동체

기독교인이 그리스도의 권위를 받아들임에 있어서 문화 다원주의와 깊이 관련되어 있다. 두 가지 주요한 질문이 제기 되는데, 그리스도의 권위와 문화의 권위와의 관계에 대한 물음과 교회와 세상과의 관계에 대한 물음이다. 세상과의 상호관계에 있어서 교회는 "대안 사회" 또는 "변혁된 실례"이다. 교회는 자신의 세계나 문화에 대한 책임성을 지닌다. 니버는 문화 변혁의 대행자로서 교회를 언급한다.

한국 교회는 성서의 이야기와 한국 민중의 이야기가 만나는 곳이다. 한국 기독교인들은 한국인으로서 민중의 이야기와 기독교인으로서 성서의 이야기를 동시에 지니고 있다. 거스탑슨은 "현대 세계에 사는 대부분의 기독교인은 자연적으로 또는 과학적으로 해명되는 세상에 참여하는 자신과 예수 그리스도에 나타난 하나님 안에서 신자로서의 자신 사이에 살고 있다"[72]고 했다. 말하자면 거스탑슨의 교회에 대한 사회

---

72 James M. Gustafson, *Treasure in Earthen Vessels: The Church as a Human Community* (New York: Harper & Row, 1961), x. 이 책에서 거스탑슨은 처음 세 장에 걸쳐서 인간의 공동체, 자연의 공동체, 그리고 정치적인 공동체로서 교회를 묘사하고, 다음 네 장은 믿음과 행위의 공동체로서의 교회를 논했다.

적, 신학적 해석은 우리가 두 이야기 사이에 살고 있다는 것을 제시한다. 교회는 다른 공동체들과 마찬가지로 자연적, 정치적 성격을 공유하고 있다.[73] 그러면서 역시 교회는 다른 공동체와는 다른 특징들도 가지고 있다.[74] 교회의 사회적 연속성과 정체성은 자신의 언어의 소재가 되고 있는 성서를 어떻게 사용하느냐에 달려 있다.[75] 거스탑슨에게 기독교 윤리는 독특성을 가지며, 공동체 구성원들에게 윤리가 요구하는 것과 약속하는 것들을 이해시키는데 도움을 준다.[76] 예언적인 교회는 변혁과 해방에 관심을 두고 사역한다.

모든 종교와 윤리적 전통은 특정한 역사적 공동체와 그들의 이야기에 뿌리를 내리고 있다. 그러므로 교회는 따르는 자들의 요구에 부응하는 동반자로서의 역할을 해야 한다. 윤리는 보편성을 추구하지만 그 이전에 특정한 공동체와 생활에 관심을 기울여야 한다. 이야기를 말하는 것은 공동의 이야기 공간을 나누는 것이다. 우리 개인의 이야기는 자신의 이야기를 의미 있게 해 주는 수단으로서 공동체의 이야기를 찾으려고 노력한다. 이러한 과정을 통해 기독교 윤리는 우리가 공동체의 일원이라는 의식을 가져다준다.

"모든 이야기들은 자체가 더 큰 이야기를 갈망한다. 그렇게 하므로 자기기만을 극복하고, 우리의 공동의 생활을 회복시키고, 다른 사람의 이야기나 삶의 중요성을 손상시키지 않으면서 그들과 더불어 사는 방법을 가르쳐 준다."[77] 무엇보다도 성서 이야기의 우선성은 이야기에 구체

---

73 Ibid., p. 13.

73 Ibid., p. 13.

74 Ibid., p. 100.

75 Ibid., p. 52.

76 James M. Gustafson, *Can Ethics Be Christian?* (Chicago: The University of Chicago Press, 1975).

77 James Wm. McClendon, Jr. *Ethics* (Nashville: Abingdon Press, 1986), p. 356.

화되어 있는 하나님의 선재에 기인한다. 하나님은 이야기들을 통해서 교회를 만드신다. 그리고 그 교회는 이야기를 전달하면서 새로운 이야기를 덧붙여 간다. 맷츠는 교회가 "위험한 기억"을 매개하는 역할을 한다고 했다. 사실 민중 신학은 이런 위험한 이야기들에 기초하고 있다. 즉 민중의 고통과 희망의 역사를 회상하는 것이다. 그러나 민중 신학은 민중들을 위한 교회에 대한 이해를 효과적으로 전달하지 못했다는 비판을 받는다. 왜냐하면 민중신학은 민중 자체를 교회나 출애굽 공동체로 간주하는 데 이유가 있다. 민중 자체가 기독교인이 아니며 민중들의 모임과 교회는 구별돼야 한다. 기독교 정체성의 위기는 "무엇을 믿느냐?"라는 신앙의 내용에 대한 위기에서 뿐 아니라 더 크게는 "기독교인은 누구이며, 교회는 무엇이냐?"라는 주체성의 위기에서 온다.[78] 기독교는 해석과 논의에 관여하고 있는 공동체일 뿐 아니라 기억과 이야기의 실용적인 목적을 가지고 있는 공동체이다.[79] 교회는 민중의 현실을 변화시킬 수 있는 힘을 효과적으로 결집시킬 수 있다. 민중의 고난을 나눔으로써 교회는 진실로 민중을 위한 교회가 될 수 있다. 교회는 억압받는 사람들의 어려운 상황 속에서 중립적인 위치에 머무를 수 없다. 교회는 민중을 방어해 주고, 정부에 대하여 기본 인권을 보장하도록 촉구하는 역할도 해야 한다. 하나의 공동체로서 교회는 기독교 신자들만을 배타적으로 위하는 것이 아니라 기독교인이 아닌 이웃들 편에 서서도 발언해야 한다. 만일 한국 교회가 압제자와 눌림을 받는 자의 한으로부터 그들을 자유롭게 하는 하나님의 증인이 되기 위해서는 한풀이가 교회 안에서 되어져야 한다.[80] 기독교의 코이노니아는 우리가 민중의 고난에

---

78 Johann Baptist Metz, *Faith in History and Society: Toward a Practical Fundamental Theology* (New York: The Seabury Press, 1980), p. 165.

79 Ibid.

참여함으로써 나누는 고통을 포함해야 한다. 변혁하는 코이노니아를 통하여 교회는 단절된 관계를 개선시키는 여러 가지 창의적인 형태의 길을 제시할 수 있다. 이렇게 함으로써 교회는 민중의 한을 예방하거나 치유하며, 한이 악순환 되는 것을 막을 수 있다.

4. 기독교 이야기 윤리로서 민중 윤리

한국의 종교-문화적 컨텍스트에 기반을 둔 토착화 신학은 문화윤리를 요청하지만, 한국의 사회-정치적 컨텍스트에 기반을 둔 민중신학은 정치윤리를 추구한다. 그러나 한국인의 마음은 근본적으로 종교와 철학, 종교와 정치, 성과 속을 구별하지 않는다. 그 모든 것이 함께 할 수 있는 윤리를 형성해야만 과거와 밀접하게 연관되어 있는 현재의 문제들로부터 전체 인간과 전체 사회를 해방할 수 있다. 이런 면에서 민중 이야기 윤리는 이원론적인 문제를 극복할 수 있다. 이야기 윤리는 정치윤리와 문화윤리를 종합할 수 있다. 이야기 윤리는 문화적 소외, 사회적 부정의, 경제적 착취, 정치적 압제의 상황에서 민중에게 효과적으로 응답할 수 있는 윤리이다. 이런 민중 이야기 윤리는 "위험한" 윤리이며 "전복하는" 윤리이다. 이것은 억압적인 사회 질서를 당연시 여기는 사람들에게는 괘씸하게 여겨지겠지만, 역사를 위로부터가 아니라 아래로부터 만들어 가고자 하는데 있어서는 효과적이다.

다른 종교와 문화와의 관계에 대해 논의하는 신학에 있어서 가장 큰

---

80 Young Ae Kim, "Han: From Brokenness to Wholeness," Ph.D. dissertation, School of Theology at Claremont (1991), p. 263.

난점은 배타주의와 혼합주의의 양극단이다. 어떻게 우리는 다른 종교를 미신시하거나 정죄하는 배타주의를 극복할 수 있을 것인가? 그리고 어떻게 우리는 보편적인 종교를 주창하지 않으면서도 다른 종교의 정체성을 지켜줄 수 있겠는가? 이것은 어떤 신학에 있어서도 거의 불가능하다. 왜냐하면 종교와 문화의 상호대화는 그들 자신의 정체성 없이는 되어질 수 없기 때문이다. 그러나 신학의 제일가는 목적은 문화나 종교적 전통이나 사회문제나 이론이 아니라 사람을 위한 것이다. 특별히 기독교 윤리가 인간다운 삶과 인간화를 목적으로 한다면, 다시 말해 민중의 해방을 위한 것이라면, 이러한 과제는 초월에 대한 종교적 논의를 보류하고 민중 이야기 윤리만으로도 충분히 되어 질 수 있다. 민중 이야기 윤리는 우리의 문화나 역사뿐 아니라 기독교 전통에도 공통적인 뿌리를 두고 있다. 나는 한국의 종교와 문화가 줄기차게 추구하여 온 해방하는 방식들을 알고 있다. 기독교와 한국 종교나 문화는 해방에 대한 관심과 행위를 공유하고 있다. 실천 중심 그리고 해방 중심의 대화가 민중윤리에서 가능하다. 특별히 두 이야기는 윤리적인 실천을 공유하고 있다. 그러므로 민중윤리는 "기독교의 정체성"을 잃지 않고도 다른 종교와 공통된 가치들을 공유할 수 있다. 어떤 신학보다도 민중윤리는 다른 종교와 문화로 더불어 민중의 해방을 위하여 같이 일할 수 있는 더욱 편안한 길을 약속해 주고 있다. 민중윤리의 실천적인 과정 안에서 종교 상호간, 문화 상호간의 대화와 협조가 가능하다. 왜냐하면 진행과정에서 서로는 이야기와 행위자와 목표를 공유하고 있기 때문이다. 이렇게 주어진 서로의 공통된 기반 위에 서서 민중의 정의와 자유를 위하여 함께 일할 수 있다. 그러나 이런 윤리적 목표가 항상 종교적, 신학적 목표와 일치해야 하는 것은 아니다. 신학보다 윤리는 더 실용적이고, 현실에서의 해방과 인간화에 관심을 가지는 것이므로 언제나 윤리가 종교적 구원을 약속해 주는 것은 아니다.

〈민중윤리〉

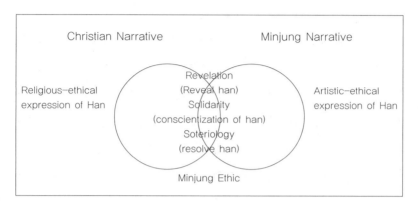

민중 윤리를 위해서 우리는 기독교 이야기와 민중 이야기 이 두 가지를 변증법적으로 읽어야 한다. 성서 이야기는 온전한 인간이 되기 위한 종교적–윤리적 고투를 강조하는 반면 민중 이야기는 온전한 인간이 되기 위한 예술적–윤리적 고투에 초점을 두고 있다. 그러므로 민중 윤리는 두 이야기 각각의 특징을 손상시키지 않으면서 그들의 공통적인 윤리적 데이터에 관심을 집중하는 것이다. 그들 모두는 억눌림과 저항의 공통된 경험에 대한 "위험한 기억"들을 공유하고 있다. 성서 이야기가 민중 이야기를 만날 때 민중은 "해방하는 만남"을 경험한다. 그러므로 민중윤리는 성서 이야기와 민중 이야기 사이에 "다리를 만드는" 윤리이다. 민중 문화의 긍정적인 역할은 한을 드러내고, 한을 변혁하거나 순화시키고(한 삭힘), 희망을 예감한다(한풀이). 이것이 해방에 대한 민중의 문화적 경험이다. 성서 이야기는 인간의 고통의 경험(한)을 신학화 하고, 자유와 해방을 위한 고투를 역사 속에서의 하나님의 중심 활동으로 제시한다. 그러므로 두 이야기 모두 역사 안에서 민중의 해방을 위한 고투에 초점을 두고 있다.

이상의 논의를 결론적으로 정리하면, 첫째, 두 이야기 모두 상실(죄 또는 한)의 상태를 드러낸다. 한은 비단 한국의 이야기에서뿐 아니라 다른 문화나 종교에서도 발견할 수 있다. 민중 문화의 중요한 에토스인 한은 민중의 삶의 모든 면에 얼기설기 얽혀 있다. 민중 이야기는 인간 고통의 심연을 독특한 방식으로 적나라하게 잘 드러낸다. 성서 이야기 역시 성서적 민중인 합비루와 오클로스의 고난을 역동적인 노래, 춤, 종교의식, 그리고 운동을 통해서 표현한다. 성서 이야기와 민중 이야기는 그들 자신의 역사 속에서 한의 경험에 공통적인 기반을 가지고 있다. 고난 속에서 민중은 그들과 고난을 함께 하시며 그들을 해방시키시는 그리스도의 모습으로 하나님이나 그리스도의 이미지를 변혁한다. 역사에서 지배자는 눌린 자를 압제하므로 죄를 짓고 눌린 자에게 한을 가져다준다. 전통적인 신학은 지배자의 죄를 해결하시는 그리스도의 대속주의 이미지를 강조하는 반면 눌린 자의 한은 신학의 관심에서조차 소외되어 있었다. 이런 신학은 지배자를 위한 신학이란 비판을 면치 못한다. 이제 성서의 이야기와 민중의 이야기가 만날 때 눌린 자들의 한의 문제가 신학적인 관심사가 되고 그리스도의 이미지는 한의 사제로 부각된다. 민중의 이야기 속에서 지배자들의 죄를 살펴 볼 때에 눌린 자의 한이 드러나고, 사변적인 신학에서 감추어졌던 눌린 자들의 한의 문제가 입체적으로 이야기 윤리에서 윤곽이 드러난다. 그러나 고난을 받았다고 해서 민중이 저절로 역사에서 새로운 메시아의 주체가 되는 것은 아니다. 고난 자체가 민중을 하나님의 백성이 되는 것을 보증하지 않는다. 민중이 그들의 한의 경험을 매개하여 하나님과 관계를 가질 때에 비로소 의식화된 민중이 된다. 이것이 민중 이야기가 성서 이야기와 만나야 할 이유이다. 민중 이야기의 이런 "해방하는 만남"을 통하여 민중은 우리의 이야기 속에서 감추어져 있던 그리스도나 하나님의 보이지 않는 손길의 변혁하는 힘을 체험하게 된다. 이런 이유에서 한국 민중 윤리는 이야기 윤리가 되어야만 한다.

둘째, 두 이야기는 한을 의식화함으로서 연대성을 가진다. 의식화의 과정은 모순된 것들을 밝혀내고, 해결책을 제안하는 것이다. 이렇게 "문제화하는 것"은 문제의 실체를 끊임없이 밝혀내는 계시의 경험이다. 이런 과정을 통하여 민중은 지배 계층의 신화를 비신화화 하여 실체를 밝히 본다.[81] 고난 속에서의 연대성은 해방을 목적하고 있다. 민중은 해방을 의식화하는 형태로서 자신들의 문화의 상징, 믿음체계, 예술에 의해 영감을 받는다. 성서에 나오는 희생자들의 현대적 대상은 가난한 자나 억눌림을 받는 민중이다.

> 결과적으로 고대 세계의 억눌림 받는 자에게 희망과 해방을 제시하는 성서적 이야기를 들을 때 그들은 현재 세상에서 억눌림을 받는 자신들에게 제공되는 희망과 해방의 이야기로 듣는다. 만일 그 때 하나님이 억눌림을 받는 자들 편에 섰다면 지금 여기에서 억눌림을 받는 자신들 편에 계속 함께 하심을 믿는다.[82]

성서 이야기뿐 아니라 우리가 흑인 노예의 이야기나 라틴 아메리카의 가난한 자들의 이야기를 들을 때에도 우리는 시공을 넘어 정의와 해방을 위한 투쟁의 연대성을 느낄 수 있다. 그러므로 민중 윤리는 연대성

---

81 William Herzog, op. cit., pp. 21-22.

82 Robert McAfee Brown, *Unexpected News: Reading the Bible with Third World Eyes* (Philadelphia: The Westminster Press, 1984), p. 14.

의 윤리이다. 이 연대의 윤리는 민중에게서 여성, 아동, 장애자 그리고 자연 생태계에 까지 확장될 수 있다.

셋째, 두 이야기 모두 인간의 고통을 극복하기 위한 노력에 있어서 연합되어 있다. 그들 모두는 고통에 대하여 저항한다. 해방은 단지 죄뿐 아니라 민중의 고난과 고통(한)으로부터 벗어나는 것을 의미한다. 한이 진정으로 해결되기 위해서는 미움과 보복의 악순환의 고리를 끊어(단) 버려야 한다. 예수도 민중의 한에 대해 알고 있었을 뿐 아니라 그 한을 사랑으로 변혁시켰다. 민중 이야기가 성서 이야기와 만날 때 민중의 한은 긍정적으로 변혁된다. 민중 윤리의 과제는 어떻게 성서 이야기와 민중 이야기가 민중 해방의 이야기를 위하여 협력하는 가를 보이는 것이다. 위험하고 전복하는 이야기들은 해방 윤리를 위한 가장 효과적인 자산이다. 소외된 계층의 사람들은 실재하는 사회적 불평등과 불의를 고발하고, 변혁하고, 해방하려는 의도로 위험하고 전복하는 이야기들을 사용할 수 있다. 소테리올로지(구속론)에서 윤리학자는 성서 이야기가 민중의 삶과 세계에 어떤 특별한 관계를 가지는가를 보여 줄 수 있다. 구원론은 민중의 상황에서 기독교의 이야기의 변혁을 내포하고 있다. 민중 윤리는 민중의 문화 속에 표현되어 있는 영적이고 사회적인 해방을 위한 민중의 투쟁을 느끼고 실행하는 것이다. 그러므로 민중 윤리는 해방하는 윤리이다.

한국적 이야기 윤리의 정립을 위한 기초

최근에 구미의 신학자들을 중심으로 이야기 신학에 대한 논의가 활발하게 진행되고 있다. 그런데 구미 신학에 있어서 이런 새로운 시도는 우리에게는 이미 오래 전부터 익숙했던 것이다. 우리의 학문적인 방법론은 서구의 철학적이고 이론적인 방법론 보다는 신화와 이야기를 통한 체험적인 것이었기 때문이다. 이제 이야기 신학을 통하여 동서의 신학이 함께 만나고 서로 공감할 수 있는 대화의 장을 마련해 나갈 수 있을 것이다. 필자는 박사학위 논문에서 이야기 신학을 중심으로 서구의 신학과 민중신학 간의 대화를 주선한 적이 있니다.[1] 그리고 이야기 윤리의 방법론에 대한 논문도 여러 차례 발표한 적이 있다.[2] 앞으로는 좀 더 구체적으로 이야기를 활용하여 신학과 목회를 전개하고 있는 개별 학자들을 집중 탐구하여 한국적 이야기 신학이 나가야 할 방향을 가름해 보는

---

[1] Kee Chae Han, "Toward a Christian Narrative Ethic in Korea: A Methodological Discourse" Ph. D. dissertation (Vanderbilt, 1995).

[2] 한기채, "민중 이야기 윤리를 위한 방법론적 논의"「신학사상」93집 (1996 여름); Kee Chae Han, "Narrative Ethics in a Minjung Context" *Asia Journal of Theology* 11/2 (Oct. 1997); 한기채, "민중윤리를 위한 두 이야기의 만남"「신학사상」105집 (1999 여름).

것이 과제로 남아 있다. 한국적 이야기 윤리의 정립을 위한 작업의 일환으로 이번 장에서는 김중기 교수의 이야기 윤리의 특징을 살펴보고자 한다. 그는 서구의 이야기 신학에 영향을 받지 않고 독자적으로 이야기 신학을 전개하고 있다는 점과 그의 신학을 현장에서 실험하고 있다는 점에서 주목할 만 한다. 신학과 목회를 동시에 수행하고 있는 김중기 교수의 이야기 신학 사상의 일면을 정리해 보는 것은 한국적인 이야기 신학의 발전을 위해서 필요한 일이라 사료된다. 필자는 그가 신학이나 목회에서 일관해 온 것이 하나님 나라의 이야기꾼 역할이었다는 것에 주목하고, 그의 이야기 신학이 동의보다는 감동창출을, 이론보다는 사건 일으키기를, 사실보도보다는 진리 깨우치기를, 인용보다는 적용을 목적하였다는 사실을 추적해 보겠다. 이야기 신학의 주요한 특징은 이야기체로 쉽게 풀어 말한다는 것이기 때문에 이번 장은 각주를 가능한 한 줄이고 이야기를 하듯 쉽게 써 보겠다.

1. 하나님 나라의 이야기꾼

김중기 교수는 "목회 현장과 대학 강단"《새사람 제416호》이라는 자전적인 글에서 신학 하는 것과 복음을 전하는 것이 분리될 수 없는 상호보완적인 일임을 밝히면서 그의 필생의 작업이 신학과 목회를 잇는 것이었다고 회고하고 있다. 특별히 그가 학위 과정을 공부할 때는 "논문을 쓰다가 성경 읽고, 성경 읽다가 논문 쓰는 습관이 생겼고, 나중에 후학들을 가르칠 때는 "강의하다가 증언하고, 증언하다가 강의하는 습관"으로 발전하게 되었는데, 이런 과정을 통하여 "이야기 신학"을 스스로 터득하였다고 한다. 말하자면 그가 신학과 목회의 가교 역할을 무리

없이 수행할 수 있었던 것은 "이야기"라는 수단을 통해서다. 그러므로 그는 이야기로 신학하고, 이야기로 목회하고 있다. 그는 신학자나 설교가보다는 하나님의 진정한 이야기꾼이 되기를 꿈꾸고 있는지도 모른다. 같은 이야기라도 하는 사람에 따라 이야기의 감동이 달라지는데, 그는 사람들을 몰입하게 만드는 데 탁월한 능력을 갖춘 진정한 이야기꾼이다.

아서 고든(Arthur Gordon)은 "이야기꾼이 하는 일은 자신의 상상의 창을 통해 사물을 좀더 정확히 보려는 것이요, 동시에 다른 사람들을 돕고 깨우쳐 즐겁게 하려는 것이다"라고 했는데, 김 교수의 이야기를 듣노라면 은연중에 세상을 볼 수 있는 새로운 창이 열리는 기분이다. 그는 활동사진을 보며 구성지게 읊조리는 변사처럼 책 속에 담겨 있는 기사들을 마치 오늘의 현장에서 눈으로 보고 귀로 듣는 듯 생동감 있고 신선하게 입체화시켜서 들려준다. 김 교수가 독자적으로 개발하여 사용하고 있는 이야기 방법론은 구미의 이야기 신학자들인 H. Richard Niebuhr, Hans W. Frei, Stephen Crites, Bruce C. Birch, Michael L. Goldberg, Stephen E. Fowl, William C. Spohn, James McClendon, George Lindbeck, Paul Nelson, Stanley Hauerwas, Sallie McFague와 유사한 점이 많다. 그러면서도 결정적인 차이점이 있다. 구미의 학자들은 이야기 방법론에 대하여 이론적인 작업에 치중하며, 간헐적으로 이야기를 사용하는 데, 그 때도 사실에 대한 보도에 그치는 경향이 있다. 이것은 이론신학에서 이야기 신학으로 나왔다가 다시 이론신학으로 돌아간 느낌이다. 그런데 김 교수는 실제로 신학을 시종일관 이야기로 하고 있다. 성서의 이야기를 할 때도 단순히 반복하여 말하는 것이 아니라, 새로운 시각에서 성서의 이야기를 재해석하면서, 막 구워낸 이야기로 재창조하여 전해 주고 있다. 이렇게 하는 데 있어서 그의 상상력은 아주 중요한 역할을 한다. 그는 인쇄된 성서의 이야기에 생기를 불어넣고 있는 것이다. 그의 이야기를 듣노라면 성서의 사건들이 오랜 잠에서 깨어 일어나 걸어 나오는 기분이다. 그는 과거의 사건을 이야기하고 있는 것이 아니라, 과거의 이야기를 빌려 오늘의 사건을 일으키는 데에 초점을 두고 있는 것이다.

이야기를 세분화하면 내러티브(narrative)와 스토리(story)로 나누어 볼 수 있는데, 내러티브는 "이야기 형식"을 띤 것을 말하고, 스토리는 "특정한 이야기"를 의미한다. 여기에서 김 교수의 이야기는 내러티브에 가깝다고 말할 수 있다. 왜냐하면 그는 진리를 설명하기 위한 수단으로 단편적인 이야기를 사용하고 있는 것이 아니라, 그가 말하는 모든 것이 이야기식의 구성을 사용하고 있기 때문이다. 그의 이야기에는 전체적으로 연극이나 소설에 가까운 플롯(plot)이 있다.

그는 도입부에 우리가 당연시 여기던 기존의 세계관에 문제를 제기하거나, 평소에 잊고 지내던 부분에 대한 관심을 불러일으킨다. 그는 이 부분에 시간을 많이 할애하는데, 청중들이 이야기를 공감하고 동참하도록 유도하기 위해서다. 식탁을 차리는 것에 비유하면 그는 식욕을 돋우는 애피타이저에 신경을 많이 쓴다고 말할 수 있겠다. 그리고 일단 청중들과의 유대가 확인되면 그는 문제를 예리하게 분석하며 새로운 시각에서 문제를 다시 보게 한다. 그의 이야기는 실제의 시간(real time)과 실제의 장소(real space)에서 일어나는 사건이다. 그는 자신이 준비한 것 가운데 못다 한 이야기를 모으면 수십 권의 책이 될 것이라고 말한 적이 있는데, 항상 준비한 대로 가는 것이 아니다. 그는 골방에서 준비한 것을 가지고 와서 일방적으로 이야기를 전하는 것이 아니라 현장에서 청중들과 함께 이야기를 만들어 가는 것이다. 물론 그는 어디로 갈지를 알고 있다. 그러나 세세한 부분까지를 알고 있다는 것이 아니라 전체적인 방향을 잡고 있다고 말해야 옳겠다. 이야기에 있어서 현장감은 그의 상상력과 함께 아주 중요한 요소이다. 그는 종종 이야기 도중에 "여기 좀 보세요. 제가 여러분을 보면 말씀이 여러분에게서 튀어나오는 것이 보입니다. 저는 그것을 받아 다시 여러분에게 보내는 것뿐입니다"라고 말한다. 그러니까 그의 이야기는 일방통행식의 아날로그 방식이 아니라 쌍방통행식의 디지털 방식이다. 청중들이 그의 이야기에 참여하여 함께 이야기를 만들어 가는 것이다. 그의 이야기에서 청중들은 단순히 듣는 자가 아니라 이야기에 참여하고 있는 자들이다. 김 교수는 자기 이야기에 청중이나 성령께서 관여하기를 기대하며 이야기를 한다. 이것을 달리 말하면 자기 이야기에 개입하시는 성령의 역사에 민감하게 반응하면서 말하고 있다고 할 수 있다. 그는 엠마오 길의 두 제자에 대한 이야기를 하면서 예수님에 대한 이야기를 하니 예수님이 궁금해서 가까이 다가와 들으시고 결국에는 이야기에 직접 개입하여 자신에 대한 말씀을 풀어 주셨다고 한다.[3] 이렇게 그는 하나님에 대한 이야기를 할 때는 하나님의 임재를 기정사실화하면서 언제든지 하나님이 자신의 이야기에 개입할 여지를 만들어 드리는 것이다.

다시 플롯에 대한 이야기로 돌아가서, 문제제기와 분석을 하는 데 있어서 자신의 경험에서 나온 자료를 도입하고 감각을 사용하면서, 주관적인 데에서 객관적인 것으로, 특별한 것에서 일반적인 것으로 전개를 해 간다. 때로는 의도적으로 모호함을 가중시키는 발언도 한다. 그러면서 이야기가 모호함과 긴장이 고조에 달하는 순간인 일종의 클라이맥스에 해결의 실마리를 드러낸다. 이 때에 기존의 상식적인 가정을 역전시키면서 저절로 "아하! 그랬었구나" 하는 탄성이 나오게 한다. 그는 이러

---

3 김중기, 「생동하는 신앙」(서울: 도서출판 예능, 1993), p. 144.

한 상황을 만들기 위해 청중들이 의식하지 못하는 사이에 양탄자를 먼저 깔았고, 이제 그것을 한꺼번에 빼내는 것이다. 이것은 "뒤집음의 원리"다.[4] 이를테면 "세상이 변하여 당신이 살기 좋게 되리라는 환상을 버리십시오. 어느 천년에 세상이 변해서 새로워집니까? 당신이 변해야죠. 당신이 변하는 것이 훨씬 쉽습니다. 아니 당신이 먼저 변하여 새로워지면 세상이 단지 세상만이 아니라 이 세상에 하나님의 나라가 임하고 있다는 것을 깨닫게 됩니다"《새사람 제416호》라고 말한다. 이 단계에서는 청중은 충격과 해방과 치유를 경험하며 창조적 해법을 찾는 길에 접어들게 된다.

최근에 성경을 이야기 식으로 풀어내는 작업이 외국에서 진행되고 있다. 그 중에 대표적인 것이 미국에서는 1990년도부터 아빙돈 출판사 (Abingdon Press)에서 계속 출간되고 있는 *The Storyteller's Companion to the Bible*이 있다. 대표편집자는 Michael E. Williams 로 신학자들과 목회자들이 함께 참여하고 있다. 내용은 성서의 원래 이야기를 성서의 기록대로 나열한 다음, 성서의 이야기에 대한 간단한 설명을 덧붙인다. 그리고 오늘의 상황에서 성서 이야기를 재구성하여 다시 이야기하는(retelling the story) 방법의 예를 하나씩 보여 준다. 일본에서는 이누까이 미찌코의 「성서 이야기」(한길사 역간)가 5권까지 나와 있다. 문학 작가가 쓴 것이기 때문에 작가의 상상력과 구성력을 잘 발휘하여 흥미 있게 읽을 수 있도록 되어 있다. 이 책들은 성서의 순서대로 본문에 최대한 충실하게 다시 풀어쓰고 있는 것이 특징이다. 한국에서는 이러한 시도가 전무하지만, 김 교수가 여기에 필적할 수 있는 작업을 미리부터 진행시켰다고 볼 수 있다. 그는 성경 이야기를 주제를 정하여

---

4 유진 로우리, 「이야기식 설교구성」 이연길 옮김(서울: 한국장로교출판사,1999), p. 66.

파노라마식으로 정리하면서 이미 4권을 내 놓았다. 물론 그는 성경 이야기를 다시 풀어 이야기하는 데 그치지 않고 현장 이야기와의 구체적인 만남을 시도하고 있다는 데 독특한 점이 있다. 다시 말해 성경 이야기만 말하지 않고 우리의 이야기를 같이 말하고 있다. 그는 우리의 이야기와 하나님의 이야기를 끊임없이 연결시킨다. 우리의 상처와 하나님의 상처가 연관이 되어 있고, 우리의 삶과 하나님의 삶이 서로 연결되어 있음을 보이는 것이다. 그러면서 성경 이야기가 나의 이야기로 들려오는 체험을 하게 만들어 준다.

현재까지 출간된 "김중기 교수의 성경 이야기"는 1권 「생동하는 신앙」, 2권 「이대로 주저앉을 수는 없다」, 3권 「약자에게 일어난 신앙사건」, 4권 「변화와 도전」으로, 각각 주제를 설정하여 독립성을 유지하면서도 이야기의 틀 안에서 통일성을 이루고 있다. 그리고 최근에 출간된 「바울은 이렇게 말한다」라는 2권의 책에도 바울 신학의 이야기적 구조를 정확하게 지적하고 있다. 이것은 종전의 바울의 윤리를 연구하던 사람들과는 전혀 다른 방식으로, 이야기 신학으로 볼 때에만 가능한 시각으로 독특한 것이다. 김 교수는 바울의 이야기를 들려주며 그 이야기로부터 바울 윤리의 틀을 찾아냈다는 점에서 독보적인 작업을 하였다.[5] 이것은 바울이 예수의 이야기를 그의 편지를 통해 공동체에 기억시키고 그 이야기에 일치된 삶을 살아가라고 가르치는 것과 같은 방식이다.[6] 이런 작업을 통하여 신학과 윤리를 평신도들의 손에 들려주었고, 신학과 윤리를 신앙의 현장에서 실천적으로 배우고 실행할 수 있도록 만들었다. 2000년대에 들어 새사람선교회 성경공부를 통해 계속되고 있는

---

5 김중기, 「바울은 이렇게 말한다: 바울의 윤리적 비전」(서울: 연세대학교 출판부, 2003), p. 37. 김중기, 「바울은 이렇게 말한다」(서울: 연세대학교, 2004).
6 한기채, 「성서이야기 윤리」(서울: 대한기독교서회, 2003), p. 288.

"성서 꿰뚫어 읽기"가 「김중기의 구약 성경 이야기 1, 2권」으로 출판되었다. 그가 엮은 「예수: 그의 삶과 가르침」도 신약성서를 꿰뚫어 연속적인 이야기로 읽어보려는 노력의 결실이다. 그리고 이러한 작업의 근간이 되는 방법론은 「참가치의 발견」에서 피력하고 있다.

린드백은 "신앙인들은 성서에서 자신들의 이야기를 발견하는 것이 아니라, 성서의 이야기를 자신들의 이야기로 만든다."[7]고 하였는데, 김 교수는 성서 이야기에 의해 만들어진 세계에 살도록 우리를 초대하고, 우리의 이야기를 성서의 이야기와 연관시킨다. 그의 성서 이야기를 듣노라면 "그것은 내 이야기인데" 하고 반응하게 된다. 그는 우리의 이야기와 성서의 이야기를 중매하는 역할을 한다. 그의 성서 이야기에는 유난히 내 이야기와의 접촉점이 많이 있습니다. 우리의 작은 이야기가 성서의 거대한 이야기와 만날 때 하나님의 계시가 드러난다. 두 이야기의 만남을 통하여 새로운 깨달음이 온다. 우리의 이야기가 고립상태에 혼자 머물러서는 우리 자신에 대해 잘 알 수 없다. 통상 큰 이야기가 나의 이야기를 해석해 주는 것이다. 우리 개인의 이야기는 큰 이야기의 일부를 이루고 있기 때문이다. 우리는 성서를 읽으면서 우리가 성서를 해석하는 것으로 알고 있다. 그러나 성서를 읽을 때 사실은 성서가 우리의 삶을 해석한다. 성서에서 나의 이야기를 본다는 것은 나의 삶을 더욱 명백하고 두드러지게 본다는 것이다. 내가 나 자신에 대해 아는 것보다 하나님은 우리를 훨씬 잘 알고 계신다. 성서는 인간의 역사와 경험을 망라한, 인간과 자연 만물의 시작과 끝을 담고 있는 거대한 이야기다. 우리 개인의 이야기는 성서의 거대한 이야기와 만날 때 비로소 의미를 드러

---

7 George A. Lindbeck, *The Nature of Doctrine: Religion and Theology in a Postliberal Age* (Philadelphia: Westminster Press, 1984), p. 118.

낸다. 김 교수가 전해 주는 이야기 속에서 나의 이야기를 보며 공감하다 빠져나올 때 큰 감동을 체험하기도 한다. 그의 이야기를 듣노라면 우리에게 잡힐 듯 하면서도 잡히지 않았던 인생, 우리 손에서 반쯤 빠져 달아나던 인생을 다시 움켜쥘 수 있도록 거들어 주는 것을 느낄 수 있다. 우리가 어떤 존재였는지, 지금은 누구이며, 어떤 존재가 되어야 마땅한지를 알게 된다. 그러면서 우리는 자신의 이야기를 만들어 간다. 그러나 우리는 우리 이야기를 집필하는 유일한 작가는 아니다. 우리 자신의 이야기를 쓰는 데 있어서 하나님과 자연과 다른 사람들과 함께 하는 공동 집필자다. 우리는 다른 사람들의 이야기를 들으면서 우리의 이야기를 쓴다.

이야기는 새로운 패러다임을 가져다준다. 그래서 새로운 관점에서 문제를 보고 해결할 수 있는 안목을 제공해 준다. 이야기는 상상력을 자극할 뿐 아니라 개념적인 형태로는 쉽게 전달할 수 없는 실체를 잘 지적해 준다. 그리고 한 사람의 이야기는 다른 사람으로 하여금 그들 자신의 이야기를 할 수 있도록 고무시킨다. 우리가 남의 이야기를 들으면 들을수록 우리는 또한 자신의 이야기를 더욱 자세하고 구체적으로 인식하게 된다.

이야기를 말하는 것은 공동의 이야기 공간을 나누는 것이다. 교회 공동체는 기독교 이야기에 의해 형성된다. "이야기들은 공동체를 만드는 것이다."[8] 기독교 이야기는 공동체의 구성원들이 거룩한 영역에서 자신들의 내면으로 공동체의 공유된 삶을 연관시킨다. 이렇게 같은 이야기들, 같은 사상들 그리고 같은 음정으로 개인들이 공동체에 연합한다. 공

---

8 Stephen Crites, "The Spatial Dimensions of Narrative Truthtelling," in *Scriptural Authority and Narrative Interpretation* (Philadelphia: Fortress Press, 1987), p. 101.

동체는 공동의 과거와 공동의 소망, 그리고 공동의 이야기를 공유하고 있는 그룹의 사람들이다. 개인의 이야기는 자신의 이야기를 의미 있게 해주는 수단으로 공동체의 이야기를 찾으려고 노력한다. 이러한 과정을 통하여 기독교 윤리는 우리가 공동체의 일원이라는 의식을 가져다준다. 기독교인들은 그들의 공통된 확신에 의해 형성된 사람들이다. 공통된 이야기의 참여자로서 기독교 윤리는 공유하고 있는 기독교인의 이야기의 구조를 밝혀야 한다. 이런 면에서 기독교 이야기는 개인의 이야기를 볼 수 있는 렌즈를 제공한다. 그것은 과거를 해석하고, 현재에 행동을 촉구하며, 미래를 예측할 수 있게 한다. 축적된 기억을 가지고 있는 공동체는 전통에 대한 개개의 해석과 사용에 대한 기준을 제공한다. 김 교수가 꿈꾸는 새사람 공동체는 새로운 이야기를 말하는 증언 공동체다. 이야기는 또 다른 이야기를 부르고 결국 교회는 이야기 마당을 제공하는 것이다.

"모든 이야기들은 자체가 더 큰 이야기를 갈망합니다. 그렇게 함으로써 자기기만을 극복하고, 우리의 공동의 생활을 회복시키고, 다른 사람의 이야기나 삶의 중요성을 손상시키지 않으면서 그들과 더불어 사는 방법을 가르쳐 줍니다."[9] 하나님은 이야기를 통하여 교회를 만드신다. 그리고 교회는 이야기를 전달하면서 새로운 이야기를 덧붙여 간다. 교회는 이야기를 기억함으로써 전통을 계승하고, 이야기로 현실을 변혁시킴으로써 창조적인 작업을 할 수 있다.

김 교수의 이야기 신학은 우리가 일상생활에서도 초월을 발견할 수 있는 기회를 제공해 주므로 하나님과 신학에 우리가 과거에 생각했던 것보다 훨씬 쉽게 접근할 수 있도록 해 준다. 그의 이야기 신학은 모든

---

9 James Wm. McClendon Jr. *Ethics* (Nashville: Abingdon Press, 1986), p. 356.

사람들이 신학을 할 수 있는 가능성을 열어 주는 것으로, 신학을 평신도들의 손에 되돌려 주는 시도이면서 신학을 생활화하고 있다고 말할 수 있다. 그의 이야기 신학이야말로 진정한 민초신학(People-rooted Theology)이다.

2. 동의보다는 감동창출

마이클 노박은 실재의 경험에서 이야기로, 이야기에서 상징으로, 상징에서 원리로 이어지는 일련의 순서를 말하였다.[10] 말하자면 이야기가 경험에 가장 가깝고 원리나 이론이 경험에서 가장 멀다는 것이다. 이야기는 경험을 매개할 수 있는 가장 근원적인 자료다. 이야기는 화자의 경험으로부터 출발하여 "중요한 경험"으로 넘어 간다. 가장 좋은 청중은 자기 개인의 경험으로부터 그 듣는 이야기를 통하여 역시 "중요한 경험"으로 옮겨가는 것이다. 그래서 화자와 청중이 이야기를 매개로 하여 경험을 공유한다. 이런 과정을 통하여 이야기를 말하는 사람과 듣는 사람의 의식은 이야기에서 합류하게 된다.

김 교수는 이것을 다음과 같이 피력하고 있다. "성경이 하나님 이야기가 아닙니까? 성서는 어떤 사람이 하나님을 체험하고 그것을 이야기로 증언했던 것을 후에 기록해 놓았고 다시 편집해 놓았던 것 아닙니까? 그러니까 그것들을 오늘날 누군가가 다시금 이야기로 재현하면 그때의 하나님 체험의 감동을 재창출해 낼 수 있는 것입니다."(새사람 제

---

10 Michael Novak, "Story" in *Politics* (New York: Council on Religion and International Affairs, 1970), p. 16.

416호) 이런 이유 때문에 그는 설교보다는 증언의 필요성을 강조한다. 설교가 "하나님에 관해서 말하는 것"이라면 증언은 "내가 만난 하나님"을 체험적으로 전하는 것이다. 사실 이렇게 되면 신학 훈련을 받은 목회자뿐 아니라 평신도들도 그들의 하나님 체험을 증언할 수 있다. 그가 목표로 하고 있는 것은 목회자뿐 아니라 모든 교우들이 같이 증언하는 것이다. 그는 신앙은 지식이 아니라 깨달음이며, 정보가 아니라 영감이며, 동의가 아니라 감동이라는 신앙의 체험적 구조를 정확하게 직시하고 있는 것이다. 그의 이야기 신학은 체험적 신앙을 바탕으로 하고 그것을 증언하는 데 있다.

그의 신학은 현실세계에서 체험된 신앙을 서로 이야기해 보겠다는 뜻에서의 신앙학(信仰學)이지, 관념의 세계에서 논술된 신앙을 개념화하겠다는 의미에서의 신학(神學)이 아니라고 말한다.[11] 그는 "사랑이란 내용을 개념화하거나 관념화해서 정의할 수 있는 것이 아니라, 맥락에서 체험적으로 알아지는 것"[12]이라고 말했는데, 이 말은 믿음에도 그대로 적용된다.

결국 그의 증언은 "리포트 토크"(report talk)가 아니라 "래포 토크"(rapport talk)다. 머리로 전해 주는 것이 아니라 가슴으로 전해 주는 것이다. 일방적으로 정보를 제공해 주는 것이 아니라 같이 공감할 수 있는 실제의 체험을 나누는 것이다. 그의 이야기를 들으면서 청중들은 그의 경험에 간접적으로 참여하면서 울거나 웃으며 이야기 속에서 서로가 하나 되는 체험을 하게 된다.

그는 인간은 감동을 먹고 사는 존재라고 말한다. 감동은 공감하면서

---

11 김중기, 「참 가치의 발견」(서울: 도서출판 예능, 1995), p. 143.

12 김중기 외, 「너, 세상에서 무슨 일 하다 왔느냐」(서울: 도서출판 예능, 1996), p. 124.

이야기에 몰입하다가 빠져 나오면서 느끼는 체험이다. 감동은 일종의 도취상태인데, 우리 자신의 본성의 상실인 동시에 자아의 확장에서 오게 된다. 그리고 감동은 남이 가져다주는 것이 아니라 자가 발동 하는 것이라고 강조한다. 그러므로 그는 스스로 감동을 찾는다. 그의 이야기에는 언제나 자신의 감동체험이 담겨 있다. 스스로 감동받은 체험을 이야기함으로써 이번에는 듣는 이들을 감동시킨다. 이렇게 내가 감동하고, 다른 사람이 감동할 때, 하나님조차도 감동하신다는 "3중의 감동" 원리를 그는 피력한다《새사람 제524호》.

도덕 심리학에서는 우리가 경험적으로 감동이 되어야만 행동으로 옮겨진다고 말한다. 다시 말해 감정이 행동을 유발한다는 것이다. 김 교수는 하나님의 사랑을 체험함으로 감동을 받을 때, 하나님과 이웃에 대한 사랑의 감정이 일어난다고 보고 있다. 감동을 받아야 응답으로 행동이 도출된다는 것이다. 이는 그의 감정적 도덕 심리학의 일면을 보여 주고 있는 것이다. 이런 면에서 그는 감동의 윤리를 제창하고 있는 것이다.

3. 이론보다는 사건

이야기는 근본적인 것이지 이차적인 것이 아니다. 일어난 사건에 대한 증언은 아직 "가공되지 않은 원료"다.[13] 체험에서 나온 이야기는 여러 단계를 거쳐 이론으로 발전하는 것이다. 그러므로 이론에서는 체험이나 감동을 끌어낸다는 것은 참으로 어렵다. 마찬가지로 이론에서 행동을 도출하는 것도 어렵다.

---

13 George W. Stroup, The Promise of Narrative Theology (Atlanta: John Knox Press, 1981), 86.

김 교수는 윤리에 있어서 규범이나 윤리 방법론보다는 인간의 의지의 문제로부터 시작하고 있다. 다시 말하면 도덕적 규범보다 도덕적 행위자에 우선적인 관심을 두는 것이다. 특정한 행위보다는 우리가 어떤 사람이 되어야 마땅한가를 먼저 고려한다. 기독교 윤리는 "그리스도인 됨"과 "그리스도인의 삶"이 함께 나오는 것이어야 하는데, 신앙사건만큼 이 두 가지를 잘 설명해 주는 것이 없다. 예를 들어 출애굽 사건은 신앙사건인데, 여기에서 십계명이 도출되어 나오므로 "됨과 삶"이 하나로 이어지고 있다.[14] 하나님이 십계명을 주는 상황을 보면 일련의 명령법을 주기 전에 그들 앞에 행하였던 구원의 드라마를 상기시켜 준다. "나는 너를 애굽 땅, 종 되었던 집에서 인도하여 낸 너의 하나님 여호와로라"(출20:2). 이 이야기는 "됨"과 "함"을 동시에 내포하고 있는 신앙적인 경험의 의미를 분명하게 보여 주고 있다. 마태복음의 산상수훈도 그 앞에 변하여 새사람 된 변화의 체험을 가정해야 가능한 요구다.[15] 인간은 가치를 추구하며 살아가며, 가치를 따라 행동하는데, 신앙사건을 통하여 가치관이 변하는 체험을 한다는 것이다. 김 교수는 이러한 실례를 성서에서 들면서 가치체계의 구조가 가짐의 가치에서 됨의 가치로, 그리고 나눔의 가치와 섬김의 가치로 변화되어 나가는 것을 분석하고 있다.[16] 여기에 신앙과 윤리는 긴밀한 관계를 맺고 신앙적인 체험이 참 가치를 발견하도록 돕는 역할을 한다.

김 교수는 성서의 이야기에서 "하나님이 누구냐"보다는 "인간이 누구냐"에, 좀더 구체적으로 말하면 "나는 누구인가"에 우선적인 관심을 두고 보아야 한다고 한다. 그렇게 읽어야 성서의 이야기가 도덕적인 주

---

14 김중기, 「참가치의 발견」, 18.

15 위의 책, 171.

16 위의 책, 155-167.

체가 되는 "나"의 구체적인 행동을 유발할 수 있다는 것이다.[17] 다시 말해 변하여 새사람이 되는 체험만이 기독교 윤리적인 삶을 가능하게 한다. 그러므로 신앙사건에서 윤리를 끌어내는 것이 그의 성서 윤리의 근간을 이루고 있다.

인간은 논리적으로 표현된 원칙이나 규범에 따라 행동하는 경우보다는 모델이나 은유, 이야기나 신화 등에 따라 행동하는 경우가 많다. 즉, 규범을 따라서 행하기보다는 모방하여 행한다.[18] "이야기는 삶을 모방하고 삶은 이야기를 모방합니다."[19] 이야기는 원칙이나 명령으로 안 되는 우리를 움직이는 힘이 있다. 이것은 외적인 힘이 아니라 내적인 힘이며, 율법이 아니라 은혜로 움직이는 것이다. 이야기는 양심을 일깨우고 마음을 휘저어 놓음으로써 우리를 움직인다. 사람의 변화체험이 이야기로 전달될 때, 다른 사람들에게 감동을 주고, 그 이야기를 들으면서 역시 가치관이 변하는 체험을 하게 되고, 또 이 변화체험을 이야기함으로써 또 다른 사람에게 감동을 끼치는 역사가 반복적으로 계속되는 것이 신앙사건이다. 신앙사건은 신앙공동체에서 반복하여 이야기로 들려짐으로써, 그 사건이 살아 움직이고, 그것이 사람들을 움직이고 일정한 방향으로 행동하게 하기 때문에, 결국 그것이 신학의 틀이 되고 윤리의 핵이 된다는 것이다.[20] 우리의 인격은 행동을 하는 데 있어서 방향설정을 하는 역할을 하는데, 신앙사건을 통하여 인격이 변화될 수 있고, 그 체험적인 이야기가 이러한 과정을 연속적으로 이어 준다는 것이다. 그러므로 그는 신앙의 공동체 안에서 개인들의 변화체험을 나누는 증언의

---

17 위의 책, p. 36.

18 Michael Novak, *The Experience of Nothingness* (New York: Harper & Row, 1971), p. 23.

19 Jerome Bruner, "Life as Narrative" *Social Research* 54 (1987), p. 13.

20 김중기, 「참가치의 발견」, p. 21.

중요성을 강조하고 있다. 신앙사건에 대한 증언은 또 다른 신앙사건을 불러오기 때문이다. 그는 이렇게 이론보다는 이야기를 말한다.

김 교수의 성서윤리는 규범과 원칙 중심의 연구에서 신앙사건들에 대한 연구로 집중하고 있으며, 신앙사건의 의미를 해석하고 적용하고 있다. 그는 "성경말씀은 어떤 사람이 변하여 새사람 되었다는 사건을 이야기로 풀어놓은 증언"이라고 말한다. 기독교 윤리는 철학적인 체계나 이론에서 나오는 것이 아니라, 신앙사건에서 끌어내야 한다고 말한다. 윤리 행위자가 변화체험을 할 때 새로운 가치에 대한 의지적인 결단이 가능하다는 것입니다. 그러므로 신앙과 윤리는 시작부터 긴밀하게 관계를 맺고 있다.

그런 의미에서 보면 신약성서의 예수 사건(Jesus-event)은 말씀 사건(word-event)과 함께 똑같이 중요하다. 윤리에 있어서 예수의 말씀 못지않게, 일어난 사건이 중요하다. 소위 예수의 탄생, 십자가, 부활을 중심으로 구성된 케리그마 신학은 신앙을 의식화하는 데는 도움이 되지만, 신앙의 생활화에는 구체적인 도움이 되지 못했다. 지금까지 우리의 신앙생활은 케리그마 신학에 영향을 받아 교리화 되어 있었다. 이제는 갈릴리에서 걸어 다니시면서 활동하시던 땀내 나는 역사적 예수의 생활을 살펴보아야 한다. 예수 사건에서 나타난 살아 있는 말씀을 들어야만 진정 실천적인 믿음생활을 할 수 있다.

4. 사실보다는 진리

진리라는 것은 하나의 이야기가 역사의 사건이냐 아니냐에 의해 늘 판명되는 것은 아니다.[21] 어떤 이야기는 잘 입증된 사실을 말하고 있음에도 불구하고 거짓일 수 있고, 그렇지 않음에도 불구하고 진실일 수 있다. 사실이라고 해서 다 진리가 아니다. 진리는 해석을 통하여 드러난다. 성서의 예를 들어보면 모세가 가나안 땅을 정탐하기 위하여 각 지파의 대표 열두 명을 보냈을 때, 그들은 똑같은 사실을 보았지만 해석이 달랐다. 열두 정탐꾼 모두 같은 사실을 보았지만, 열 명은 부정적인 결론에 도달하고 있다. 그러나 여호수아와 갈렙, 이 두 사람은 같은 사실을 하나님의 축복으로 해석하면서 긍정적인 결론에 도달하고 있다. 이렇게 같은 사실을 보도하면서도 해석에 따라 다른 결론에 도달할 수 있는 것이다.

김 교수는 "진리는 성서의 기록된 사실에 있는 것이 아니라 해석에 있다"라는 파격적인 발언을 한다. 성서 기록 자체도 자세히 살펴보면 사건에 대한 단순한 모음이 아니라 자체의 해석을 담고 있다. 성서는 사건과 해석의 복합체다. 이야기는 항상 누가 이야기하느냐가 중요하다. 왜냐하면 화자의 해석이 들어가기 때문이다. 이스라엘에게 있었던 같은 사실이라도 성서의 기록과 역사책의 기록은 다를 것이다. 사건을 보는 해석의 틀이 다르기 때문이다. 이런 면에서 보면 성서는 사실보다는 진리다. 그런데 이 성서가 오늘의 우리 상황에서 다시 해석되지 못하면 우리가 진리로 경험할 수 없다. 여기에 해석과 해석자의 중요성이 있다. 때에 따라서는 역시 성서의 오용 가능성(spiritual abuse: 영적 남용)도 있는 것이다. 거듭 말하지만 성서는 이야기하는 화자가 어떤 해석학적인 틀을 가지느냐가 중요한 것이다. 물론 해석학적인 틀을 제공해 주는 것이 신학이요, 성서적인 신앙이다. 여기에 건전한 신학의 필요성이 제기

21 Kee Chae Han "Toward A Christian Narrative Ethic in Korea" Ph.D. dissertation, Vanderbilt University (1995), p. 57.

된다. 그러면 바른 해석은 무엇인가? 바른 해석은 신앙 공동체의 체험과 일치해야 한다. 김 교수에게는 "변하여 새사람 되는 것"이 성서를 해석하는 틀이 되고 있다. 성서는 신앙사건을 보도하고 있는 것이다. 그러므로 말씀은 들려질 때 또 다른 신앙사건인 변화체험을 목적하고 있다. 진리는 기록된 문자보다는 실증적인 변화체험의 현장에서 드러난다. 그래서 그는 말씀으로 "도전"하고, 말씀을 전하는 가운데 "변화"를 이끌어 낸다.

불트만은 성서에서 신화적인 요소를 배제하는 비신화화(demythologize) 작업을 해야 한다고 하였지만, 이렇게 보면 역으로 재신화화(remythologize) 작업이 필요한 것이다. 역사적 사실의 뼈대만 가지고는 진리를 드러낼 수 없다. 진리는 사실에 살을 덧 부치는 이야기를 통하여 드러나기 때문이다.

물론 무엇이 진실한 이야기인가에 대해서는 많은 논의가 필요하다.[22] 바른 이야기 신학을 하기 위해서는 우리는 끊임없이 무엇이 이야기를 진실 되고 유용하게 만드는가에 대해 질문을 해야 한다. 왜냐하면 사람들은 거짓된 이야기를 말 하려는 경향이 있기 때문이다. 진리를 말한다는 것이 언제나 쉽거나 명확한 것은 아니다. 우리는 어떤 요구 사항도 없고, 되돌아 올 불이익이 없는 안전한 이야기를 선택하는 경향이 있기 때문이다. 그리고 그 이야기들은 우리가 이미 선택한 것을 편안하게 잘 맞추어 준다. 구약의 예언서에 보면 참 선지자들은 다가올 심판에 대해 선언하지만 거짓 예언자들은 평화와 번영을 예언한다. 그래서 거짓 예언자들은 사람들에게 환영을 받고, 참 선지자는 배척을 받았다. 참 선지자는 사람들이 듣기를 원하는 말씀이 아니라, 그들이 반드시 들어야만

22 한기채, "민중이야기 윤리를 위한 방법론적 논의" 「신학사상」(1996 여름) p. 215-222 참조.

할 경고의 말씀을 전했기 때문이다. 미가, 이사야, 예레미야, 에스겔 모두는 거짓 예언자들이 사람들이 듣기를 좋아하는 말만을 전한다고 비판했다. 스탠리 하우워스는 진실된 이야기는 사람을 "계속해서 거북하게" 만드는 특성이 있다고 했는데, 옳은 지적이다.[23] 잘 먹고, 잘 입고, 잘 사는 번영의 이야기는 쉽게 우리들의 과거를 잘못 인식시키고 현재의 실상을 제대로 보지 못하게 하는 아편이 될 수 있다. 그러나 요한 멧츠의 말대로 "위험한 기억들"(dangerous memories)은 우리 삶의 복판에서 현재를 위한 새롭고 위험스런 통찰력을 드러낸다.[24] 멧츠는 "고통에 대항한 모든 혁명은 고통을 기억함으로써 생기는 전복하는 힘에 의해 이룩된다"고 말했다.[25] 그러므로 진실한 이야기는 우리가 가지고 있는 문제나 사회구조의 잘못됨을 폭로하는 것이어야 한다. 이것이 이야기가 가지고 있는 계시성이다. 그리고 진실한 이야기는 우리의 경험과 긴밀하게 연관된 것으로써 공감하고 동참할 수 있어야 한다. 이것은 이야기가 가지고 있는 연대성이다. 마지막으로 진실한 이야기는 이러한 문제들을 어떻게 긍정적으로 극복하고 풀어나갈 것인가를 보여 줄 수 있어야 한다. 진실한 이야기는 그 자체로 변혁할 수 있는 힘을 공급해 준다. 이것이 이야기가 가지고 있는 구원성이다.

　김 교수의 이야기에는 진실한 이야기가 갖추어야 할 이런 요소들을 잘 구비하고 있다. 우리가 가지고 있는 문제를 드러내고(이야기의 계시성), 그 문제를 공감하게 하고(이야기의 연대성), 문제를 해결할 수 있는

23　Stanley Hauerwas, *Truthfulness and Tragedy* (Notre Dame: University of Notre Dame Press, 1977), p. 95.

24　Johann Baptist Metz, Faith in History and Society (New York: The Seabury Press, 1980), p. 109.

25　위의 책, p. 110.

길을 모색한다(이야기의 구원성).

5. 인용보다는 적용

김 교수는 "신앙의 의식화"(신학)와 "신앙의 생활화"(윤리)를 다 같이 말하면서도 생활화에 더 많은 역점을 둔다. 의식화가 우리를 위해서 하나님이 행하신 일에 대한 깨달음이라면, 생활화는 우리가 행할 일에 대한 관심이기 때문이다.

성육신은 거룩하신 신성이 일상을 입고 오는 것이다. 이렇게 보면 하나님이 세속화 신학을 가장 먼저 시작하신 분이다. 성육신은 현세의 삶의 중요성을 하나님이 입증하시는 것이다. 우리는 말씀을 읽거나 들을 때 곧바로 개념화하거나 영적인 의미를 주로 탐구하였다. 그러다 보니 가장 기초적인 말씀조차도 간과하고 지나가는 경우가 비일비재하였다. 이제는 말씀의 개념화보다는 구체화가 절실히 요구된다. 이런 의미에서 몸 신학(Body theology), 몸 윤리(Body ethics)가 필요하다. 우리가 성서의 이야기를 들을 때, 그 말씀이 우리의 몸을 입고 나타나야 살아 있는 말씀이 된다. 성서는 마치 진흙 서판에 새겨진 글들이 해독될 때에 의미를 가지는 것과 같다. 살지 않은 말씀은 존재가 멈추어진 상태다. 성서 이야기는 듣는 사람들의 결단에 크게 의존하고 있다. 실천적으로 말씀을 듣는 순간 그 이야기는 왕성한 생명력을 얻어 활동하게 되는 것이다. 이야기 안에서 존재가 튀어나오는 것이다. 이야기를 말하는 것을 아골 골짜기에 생기를 불어넣는 행위로 이해할 수 있다. 이야기를 하는 것은 생명을 불어넣는 행위다. 그러므로 몸으로 듣는 것을 강조해야 한다. 김 교수는 반복적으로 같은 사실을 말하는 경우가 많은데, 행하지 않은 것은 듣지 않은 것으로 간주하기 때문이다. 이야기가 몸에 배어 사상이 되고, 언어가 되고, 행동이 되어 드러날 때에야 비로소 이야기가 종결되는 것이다. 성육신이 예수님에게서 발생한 유일한 사건이라 할지라도, 말씀이 육신을 입는 역사는 예수님에게서 일회적으로 끝난 것은 아니다. 김 교수의 "예수의 변화체험과 자아정립"이라는 파격적인 논문에서 암시하는 바는 예수 사건은 특수성으로보다는 따라야 될 모델로 보아야 한다는 것이다. 그러므로 예수님의 성육신처럼 우리도 말씀의 육화(embodiment)가 일어나야 한다.

김 교수가 이야기를 할 때 성서에 기록된 이야기만 말하는 것은 아니다. 그의 이야기는 일상의 일들을 소재로 하고 있지만 신앙적인 안목으로 통찰한 것들이다. 성육신이 거룩한 하나님의 신성이 일상을 입고 온 것이라면, 역으로 성찬은 일상적이고 구체적인 물질을 통하여 하나님의 신령한 은혜를 매개해 주는 것이다. 예수님의 비유들은 하나님 나라의 일을 말씀하시기 위해 청중들이 경험하고 있는 일상생활을 사용한 것들이다. 농사짓는 이야기, 양을 치는 이야기, 장사하는 이야기, 품을 파는 이야기, 잔치하는 이야기, 혼인식 이야기, 금전 거래하는 이야기, 구걸하는 이야기…. 이 모든 일상적인 이야기들이 하나님의 진리를 드러내는 도구가 되고 있다. 하나님 나라는 이런 일상생활에서 체험할 수 있는 것들이다. 예수님도 이야기꾼이었다. 그의 이야기에는 엄밀하게 말하면 성과 속의 구별이 없다. 하나님 나라의 일과 세상 일의 구별이 없다. 실재로 모든 일상에는 하나님의 지문이 묻어 있다. 예수님은 하나님 나라를 말씀하실 때, 당시의 성서인 구약을 인용하기보다는 청중들이 익히 알고 있는 일상을 사용하신 것이다. 그것이 이해하기 쉬울 뿐 아니라, 실생활에 더 실제적으로 적용되기 때문이다. 심지어 예수님은 빌라도가 갈릴리 사람들의 피를 흘리게 한 일과 실로암에서 망대가 무너져 열여

덟 사람들이 죽은 당시에 꽤 유명했던 시사사건도 동원하여 하나님 나라를 예비하기 위한 회개를 역설하고 있다(눅 13:11~5).

김 교수는 신문을 스크랩하여 가지고 나오거나, 그림이나 사진을 가지고 나와 '쇼 앤 텔'(show & tell)을 할 때가 많다. 그가 사건을 다루거나 분석하는 시각은 독특하다. 마치 연금술사가 구리, 납, 주석, 철 같은 비금속을 금이나 은 따위의 귀금속으로 만드는 것처럼, 일상을 통하여 하나님의 진리를 전해 준다. 그의 손에 닿는 이야기 재료들마다 성찬에 쓰여 지는 원료가 되는 것이다. 그가 이렇게 하는 이유는 그가 적용을 강조하기 때문이다. 그는 성서 인용을 '무슨 책, 몇 장 몇 절' 식으로 하지 않는다. 오히려 말씀이 적용된 실제를 일상을 들어 설명함으로 보여 준다. 그는 심지어 성경공부를 인도하면서도 성서 본문에 대한 설명보다는 적용을 더 많이 다룬다. 그래서 그가 인도하는 성경공부에는 성경 이야기보다는 소위 '딴 이야기'가 더 많고 그 이야기를 통해 성서가 말하려고 하는 바를 전한다. 이것이 그가 말하는 소위 "스리 쿠션" 방법이다. 그는 어려운 진리를 쉽게 말하는 법을 알고 있다. 그는 자기가 할 수 없는 것은 말하지 않는다고 한다. 실제 적용 가능한 것만 말한다는 것이다. 그는 말만 하고 행하지 않는 바리새인의 가르침이 아니라 자신이 실천할 수 있는 것만 가르치는 진실한 교사다.

예수님의 비유는 일상적인 이야기이지만 기존의 가치관을 위협하는 위험한 이야기다. 청중들이 당연시하던 세계관을 전복하는 이야기이다. 하나님의 계시는 비유의 세계관과 청중들의 세계관이 충돌하는 지평에서 발생한다. 비유는 새로운 상황과 새로운 세계를 향한 창조적인 응답의 가능성을 열어 준다. 비유를 들으면서 청중들은 패러다임이 바뀌는 것을 경험한다. 선한 사마리아인의 비유(눅 10:30~37)에는 결례의 준수보다는 곤경에 빠진 사람을 돕는 사랑의 행위가 더 우선적이라는 것을 보여 준다. 잔치에서의 자리 선택의 비유(눅 14:7~11)는 하나님 나라에 서의 대반전을 예고하고 있다. 바리새인과 세리의 비유(눅 18:10~14)도 죄인이라고 여기는 사람이 그 나라에서 열납 되는 반면 의롭다고 여겨 지던 사람이 거절을 당하게 되는, 당시의 통념을 깨는 하나님 나라의 윤 리가 이야기 형식으로 제시되고 있다. 비유는 이렇게 기존의 세계관을 변혁시키는 위험한 이야기들을 담고 있다. 그 이야기를 통하여 자신의 이야기를 보게 하고, 말미에는 열린 결말(open-ended) 상태로 남겨 두 면서 하나님 나라에 동참하도록 권고하고 있다. 청중들이 자신의 결단 으로 이야기의 매듭을 짓도록 결단을 요구하는 것이다. 김 교수의 이야 기도 이러한 특성을 그대로 간직하고 있다. 그는 헌신을 강요하지 않으 면서도 청중들 스스로가 이야기의 결말을 쓰도록 여운을 두고 이야기를 끝낸다.

이 땅에서 하나님 나라를 경험하고 산다는 것은 새로운 가치관을 받 아들여 이 세상이 전부라고 살았던 기존의 가치관을 바꾸는 것이다. 이 렇게, 하나님 나라는 기존의 가치 구조와 가치 체계에 대해서 대안적 가 치를 제시한다. 김 교수는 이 세상을 살면서 이 세상만 있다고 살지 않 고 하나님 나라를 미리 앞당겨 살아가는 생활이 신앙생활이라고 한 다.[26] 그가 말하는 하나님 나라의 윤리는 하나님 나라를 앞당겨 이 세상 과 하나님 나라를 동시에 사는 삶이다. 신자들은 시시때때로 하나님 나 라와 세상 나라 둘 사이를 오고 간다. 이 세상에서 살면서 하나님 나라 를 경험한 사람만이 죽어서도 하나님 나라에서 살 수 있는 것이다. 하나 님 나라의 힘은 미래에만 머물러 있는 것이 아니라 현재에 변화를 가져 오는 역동적인 힘이다. 예수의 하나님 나라 운동은 당시 유대에 성행하

---

26 김중기, 「참 가치의 발견」, p. 177.

던 "정치적 메시아 운동"과 "묵시문학적 메시아 운동"을 변증법적으로 통합한 운동입니다. 정치적 메시아 운동이 현실적 이스라엘의 구원과 해방을 목표로 하고, 묵시문학적 메시아 운동이 초월적 미래 이스라엘의 구원을 꿈꾼다면 예수의 하나님 나라 운동은 양자를 통합하면서 제3의 길을 보이는 것이었다.[27] 하나님 나라는 종말 이후에나 가능한 것이 아니라 현재도 경험 가능한 나라다. 예수님의 이야기에서 하나님 나라의 도래는 사람들의 현재의 행동을 결정해 준다. 예수님의 이야기에는 일상생활에서 하나님 나라를 경험하는 이야기로 가득 차 있다. 이렇게 예수님의 비유는 종말론과 윤리의 긴밀한 관계를 예시해 주고 있고, 김 교수의 이야기도 이러한 특성을 그대로 가지고 있다고 볼 수 있습니다.

이상으로 김 교수의 이야기 신학의 특징의 단면을 몇 가지로 나누어 살펴보았다. 그의 가치 체계론이나 사례분석 방법론 그리고 민초신학이 이야기 신학의 큰 틀 안에서 구체화되고 있는 것이 최근 김 교수 신학의 경향이다. 지금까지의 그의 독창적이면서도 실용적인 이야기 신학의 궤적을 살펴보면서 새로운 한국 신학의 건설 가능성을 전망할 수 있게 되었다. 그의 신학은 책상에서 되어진 것이 아니라 목회 현장에서 되어진 것이다. 신학은 목회를 돕고, 현장에서 실천 가능한 실제적인 것이 되어야 한다. 신학은 학자들의 전유물이 되어서는 안 되며 누구나 쉽게 참여할 수 있는 것이어야 한다. 김 교수가 "2000년대는 신학 하는 목회자인 동시에 목회하는 신학자를 요청하고 있다"고 언급한 데로 그는 지금까지 신학과 목회를 부단히 연결시키는 일을 해 왔다고 볼 수 있다. 이제

---

27 한기채, "하나님 나라와 예수의 윤리" 「성결과 하나님 나라」(서울: 한들출판사, 2000), pp. 457-458.

침체된 한국교회의 새로운 부흥을 위해서는 이야기 신학이 21세기의 한국 신학으로 굳게 자리매김 할 수 있도록 더욱 확산시키고 발전시키는 노력이 필요하다고 본다.

제2부 **영성과 윤리**

제1부 이야기 응용

제2부 인간과 윤리

제3부 사회와 윤리

공(公)의 윤리

1. 들어가는 이야기

우리는 주변에서 다음과 같은 이야기들을 많이 듣는다. 교통경찰이 돈을 받고 범칙자를 보내 준다든지, 세관원이 관세 대신 뇌물을 받고 물품을 통관시킨다든지, 세무원이 빌딩 임대업자에게 재산세를 감해서 신고해 주는 조건으로 돈을 받는다는 것이다. 농약을 뿌려 키운 콩나물이 백화점 식료품 코너에 대량으로 유통되거나, 공장 폐수를 무단으로 하천에 방류하거나, 미성년자를 단란주점 접대부로 고용하는 일들이 비일비재하게 일어난다. 신문에는 숙명여대 미대 ○○○ 교수가 편입시험 수험생을 부정으로 합격시켜 주고 1천 3백만 원을 받았다느니(동아 97년 4월 19일자), ○○○ 구청장이 스포츠 센터를 건립하도록 공원 조성 계획을 변경시켜 주고 대가로 2천만 원을 받아 챙겼다느니(같은 날 신문), ○○ 대학교 ○○○ 총장이 학생 등록금 400억을 횡령한 혐의로 구속되었다는 기사가 나와 있다(조선 97년 5월 2일자). 최근 연일 신문의 1면에는 정경유착 비리의 전형적인 모습인 한보사태와 친인척 비리의 전형인 ○○○ 사건을 보도하고 있다.

이러한 이야기는 우리 사회가 총체적으로 공(公)을 사유화(私有化)하는 악의 고리를 끊지 못하고 있다는 것을 여실히 보여 주고 있는 실례다. 이것은 성수대교 붕괴 사고나 삼풍백화점 붕괴 사고로 나타나고 있으며, 건물의 붕괴뿐 아니라 일반 국민의 도덕성의 붕괴를 의미하는 것이다. 언제나 사회구조와 의식구조는 불가분의 관계에 놓여 있다. 비리가 가득한 사회구조 속에 적응하며 살다보면 자연히 국민 의식 구조에 문제가 생기게 되고, 의식구조가 불건전한 사람들이 대세를 이루는 사회는 구조적으로 병이 들게 된다. 그래서 건물의 붕괴보다도 더욱 심각한 것은 건전한 의식구조의 붕괴다. 양심적으로 살려는 사람은 드물고, 잘못하다 법망에 걸린 사람도 반성하기는커녕 재수 없어 자기만 당한다고 억울해 한다. 그러므로 부패한 사회구조의 개선은 바른 의식구조의 확립에서 비롯되며, 이렇게 이루어진 건전한 사회구조는 올바른 의식구조를 낳게 되는 것이다.

2. 문제는 공公의 사私유화에 있다.[1]

우리나라의 재벌들은 해방 후 일제의 "적산"(敵産)을 차지하거나, 매판, 독점, 관료 자본의 주도 아래 되어졌고, 근대에 와서는 차관, 특혜금융지원, 국책사업 등 국가의 지원으로 되어진 것들이 대부분이다. 그러므로 사실 우리 풍토 속에서 재벌기업들은 국민의 기업이며, 기업의 이윤은 사회에 환원하는 것이 마땅한 것이다. 그런데 기업주들은 기업의

---

1 안병무는 공의 사유화를 죄의 뿌리로 보고 있다. 안병무, 「민중신학 이야기」(서울: 한국신학연구소, 1990), p. 202.

이윤을 사유화하고 더 나아가 그 재화로 부동산 투기를 일삼고 경쟁력이 약한 중소기업이나 일반 국민을 효과적으로 재압하여 "부익부 빈익빈" 현상을 가중시키고 있다. 한보 ○○○ 총회장의 "머슴론"에서 볼 수 있듯이 기업주는 봉건영주적인 생각을 가지고 "머슴들이 무엇을 아느냐. 주인이 시키는 대로 할 뿐이지……" 하며 천문학적인 액수의 비자금을 조성하고 더 많은 이권을 위하여 정경유착을 시도하면서 정치권에 수천억을 뿌렸다. 국회의원과 정부 고위 관리들은 국민이 부여한 공권력을 사리사욕을 채우기 위해 사용하였다. 은행장들도 사욕을 위하여 국민들이 믿고 맡긴 예금을 자기들의 돈이나 되는 것처럼 뇌물을 받고 ○○○ 에게 인심을 썼다. ○○○ 리스트에 들지 못한 정치인은 깨끗한 사람이기 때문이 아니라 사실은 실세가 아니기 때문에 안 주어서 못 받은 사람들이란 말이 있을 정도로 정치 불신이 대단하다. 한보 청문회를 보면서 "너희 가운데 돈 안 먹은 놈이 먼저 돌을 던지라"는 말을 할 정도로 누가 누구를 정죄할 수 없는 우리 사회의 총체적인 비리의 사슬을 목격하고 있다. "똥 묻은 개냐, 겨 묻은 개냐"는 정도의 차이는 있지만 많은 정치인과 개인들이 이 문제에 간여되어 있다. 이 과정은 모두 공(公)을 사유화하는 과정에서 생겨난 것이다.

우리는 ○○○ 씨를 부통령으로 뽑은 적이 없다. 다만 그의 아버지 김○○ 씨를 대통령으로 뽑았는데 대통령 군주제(?)인지 ○○○ 씨가 권력을 가지고 이권, 인사, 국정에 개입하여 막강한 세력을 발휘하고 있었다. 학생의 신분으로 매달 6000만 원 이상의 활동비를 쓰며 많은 정치자금과 뇌물을 받아 수십억원을 챙겼다. 제 5 공화국 하에서의 ○○○, ○○○ 형제를 떠올리게 되는데 이것도 공과 사를 구별하지 못한 병폐이고 공을 사유화한 잘못이다. 헤겔은 "우리가 역사 속에서 배우는 것은 우리가 역사에서 아무것도 배우지 않는다는 사실이다"라는 말을 했는데 이전의 불행한 역사에서 배우지 못하고 똑같은 잘못을 반복하는 우리를 두고 하는 말이다. 이제라도 역사의 불행을 반복하지 않기 위하여 "공"의 윤리의 확립이 시급하다.

12.12 군사반란, 5.18 내란도 군의 사조직을 통하여 국민의 군대가 특정인을 위해서 사사로이 운용되었을 때의 비극이었다. 서두에 언급한 것 외에도 군인을 사병화하여 대대장이나 연대장 집에서 개인적인 용무(식사당번, 개인지도)로 부리거나, 말단 회사 직원도 회사 물건을 자기 것처럼 가져다가 집에서 쓰는 행위도 마찬가지다. 그리고 심지어 목회자들 가운데도 신자들을 교회 부흥의 수단으로 보거나, 후계자를 자기 뜻에 맞는 사람을 무리하게 세우거나, 교회의 재산(신자의 수까지 교회재산 평가에 넣습니다)과 교회에서 부여한 권한을 사사롭게 사용하는 것들도 모두 같은 경우다.

우리 민족과 사회가 안고 있는 후진적 불행의 원인은 이러한 "이기주의"다. 개인들은 이기적 발상을 넘지 못하고 그런 개인들이 모인 사회 조직은 집단 이기주의를 벗어나지 못하고 있다. 지금 사회에 난무하고 있는 것은 개인의 이기주의와 집단의 이기주의다. 세 김씨에 의해 독점되고 있는 정치는 좁은 나라를 지역적 이기주의로 나누어 놓고, 자기가 대통령이 되기 위해 정당을 만들고, 정치인을 능력보다는 보스나 계파에 대한 충성도에 의해 기용하며, 보스들은 "자기 사람" 만들기에 공을 들이는 "패거리 정치"를 양산하고 있다. 그래서 이해 타산적이고, 현실 야합적 정치인들이 판을 치고 획일적인 정치구조를 만들었다. 이러한 풍조는 관료, 기업, 학교, 군대, 종교계까지 학연, 지연, 혈연의 인맥 위주의 사회를 형성해 가고 있다. 건전한 공동체 의식을 발전시키지 못하고 붕당, 도당 수준의 왜곡된 집단의식을 소위 지도자들이 조장하고 있는 것이다.

본래 자본주의적 경제관은 인간의 이기심에 기초한 것으로 재물이 인간의 주인이 되어 황금만능적 사고와 가치관이 자리 잡기 쉬운 제도다. 강한 자에겐 너무 많은 몫이 주어지는데 약자의 몫은 너무 적은 폐단이 있고, 부나 권력의 집중으로 인간의 공동선이 파괴되기 쉬운 면이 많이 있다. 자본주의의 폐단을 극복하기 위해선 분배정의에 관심을 가지고 사회보장 제도나 복지제도 등으로 보완을 해야 하며 소유의 획득뿐 아니라 사용에 있어서도 "공"의 윤리를 확립해야 한다. 모두가 공동선을 추구하는 가운데 기업과 국민은 순환적인 협력과 기여체계를 만들어 가야 한다. 기업은 국민들을 위해 봉사하고 국민은 기업을 육성하는 상호 협력체계 말이다. 그런데 기업이 국민을 도외시하고 사유체제를 고수하면 문제가 발생하게 된다. 사유재산이라는 관점에서 본다면 최근 한국의 경제적 번영과 성장은 민중의 빈곤과 연관이 되어 있다. 배고픈 자와 가난한 자가 범람하는 것은 물질의 결핍이나 모자람 때문이 아니라 기득권자가 독점해서는 안 될 것들을 사유화하기 때문이다. 오늘 우리 사회의 병폐는 배타적 경쟁심이 강한 소유욕과 사치심, 향락 풍조 그리고 타인과 공동체에 대한 배려 없이 이기적으로 행동하는 것이다. 경제는 몇몇 재벌에 의해서, 정치는 3김씨에 의해 독점된 것이 우리의 비극이다. 공적인 것을 사유화해서는 안 된다. 공이 사유화되어 가는 과정이 타락이요, 독점되어 가는 것이 죄의 역사다.

3. 성서 이야기 엿보기

인류의 죄의 기원을 이루는 선악과 사건은 "공"을 사유화하려는 시도로 볼 수 있다. 아담의 이기심은 선악과를 독점하려는 것으로 나타났는데 이것은 하나님의 소유를 내 개인의 것으로 찬탈하고 반역하는 행위다. 가인이 아벨을 죽이는 사건도 하나님을 독점하려는 가인의 이기심에서 비롯된 것을 볼 수 있다.[2] 하나님을 사유화하려는 것은 개인의 수호신이나 부족의 신으로 하나님을 전락시키는 것으로 역사 속에서 수많은 이단들이 시도하였던 것이다. 그러나 언제든지 하나님은 공("公")으로 누구도 독점할 수 없는 분이다.

사무엘하 11장 2절부터 17절까지는 다윗이 우리아의 아내를 취하고, 자기의 죄를 은폐하기 위해 우리아를 죽인 기사가 기록되어 있다. 이것은 다윗왕의 직권남용이요, 공권력을 이용하여 사욕을 채운 범죄 행위다. 하나님께서는 나단 선지자를 다윗에게 보내어 부자와 가난한 사람의 비유를 들어 부자의 이기심과 힘의 남용을 고발하게 하였다. 다윗은 이 부자의 잘못을 죽을죄에 해당하다고 정죄하며 그가 누구인지를 물었다. 그 때 나단은 "당신이 그 사람이라!" 하면서 선량한 백성을 배반하고 죽인 공권력을 무섭게 책망하였다. 오늘 이 땅에 국민을 섬기라고 준 공권력으로 자기 사리사욕을 위해 남용하는 공직자들에게 주는 준엄한 심판의 말씀이기도 하다.

나봇의 포도원 사건(왕상 21장)에 보면 나봇은 땅이 하나님으로부터 자기의 가족들에게 주어진 선물로서 자신은 땅을 잘 관리하고 유지하는 책임과 권리가 있음을 밝히는 토지의 공개념을 피력하고 있다. 나봇은 재산의 소유주가 아니라 선물의 상속자임을 밝히는 것이다. 그런데 나봇의 토지에 대한 이런 공개념은 아합 왕의 사적 소유개념과 충돌하게 된다. 초기 이스라엘의 경제체제가 이세벨의 가나안 봉건 경제체제(땅을 개인이 소유하고 상품으로 거래하는 방식)에 의해 위협을 받게 되는 것이

---

2 앞의 책, pp. 202-203.

다.[3] 이세벨은 아합에게 나약한 왕이라고 충동질을 하여 급기야 사악한 아합은 왕조의 권력으로 나봇에게 "신성모독죄"를 뒤집어 씌워 돌로 쳐죽이고 땅을 압류하는 불의를 저지른다.[4] 결국 아합과 이세벨은 국민이 위임한 공권력을 자신의 사욕을 위하여 국민을 죽이는데 사용한다. 하나님은 아합에게 엘리야를 보내 이러한 불의한 공권력에 대해 심판을 선언하셨다.

구약의 거짓 선지자들은 공을 사유화하는 자들과 결탁하여 그들이 백성을 착취하여 얻은 재산을 하나님의 복이라고 정당화해 주고 평화를 빌어주는 잘못된 신학을 만들어 주고 왜곡된 신앙을 조장하였다. 그러나 하나님의 참 선지자들은 공을 사유화하고 과도하게 재산을 축척하는 자들을 비판하였다.

구약에는 땅이나 물질이 하나님의 것이며, 하나님이 가족과 지파와 민족에게 부여하신 선물로서 서로 공유하며 바르게 활용하라는 공개념이 나타나 있다. 그리고 희년의 법은 소수의 사람들이 땅을 독점하지 못하도록 고안된 법이었다. 십일조에 대한 말씀에서도 하나님이 모든 것의 주인이라는 신앙적인 고백으로부터 맡은 자의 책임과 가난한 자들에 대한 나눔의 정신이 들어 있다.

십계명 중 제8 계명인 "도적질하지 말라"도 공공의 소유를 사적인 소유로 만들지 말라는 요구를 담고 있는 계명이다. 제8, 9, 10 계명은 공동체와 관계된 계명으로 당시 고대 이스라엘의 경제는 가족이나 공동체

---

3 Robert Gnuse, *You Shall Not Steal: Community and Property in the Biblical Tradition* (Maryknoll, New York: Orbis Books, 1985), p. 74.

4 불의한 권력은 자신들의 사욕을 이루기 위해서 또는 정적을 제거하기 위하여 많은 죄목을 만든다. 당시 이스라엘의 "신성모독죄"는 우리로 말하면 국시인 "반공법"을 위반한 것에 해당하는 국가의 존립을 흔드는 큰 죄목으로 간주되었다. 그런데 사실은 신성을 모독한 사람은 나봇이 아니라 아합 자신이다.

또는 부족 중심이었던 것을 생각하면 이해 할 수 있다. 고대 이스라엘에는 절대적 사유재산이라는 사상이 없었고 재산은 공동체의 권리와 가족의 삶의 연장이었다.[5] 이스라엘이 가나안에 정착할 때 땅이나 가축들은 공동체나 부족에 의해 소유되었고 땅은 가족단위로 나누고 대부분의 땅은 공동의 소유로 남겨졌다. 그리고 제비를 뽑아 일정기간 땅을 배분받기도 하였다. 이런 제도 속에서 개인의 소유는 제한되었다. 그러므로 "도둑질하지 말라"는 계명이 개인의 재산권 침해를 막아주는 규정으로 이해되는 것은 후기 서양문화의 영향이지 계명의 본 뜻은 아니다. 이 계명은 사유재산을 보호하기보다는 오히려 사유재산권의 형성을 저지하는 말씀이다. 넓은 안목에서 보면 부의 축척은 사회로부터 도둑질을 하는 것이다. 이러한 행위는 사회구성원들의 경제적 정치적 평등을 파괴하는 행위로 궁극적으로는 사회를 헤친다. 이것은 아간의 범죄(수 7:1~26)에서 볼 수 있는 대로 개인이 사욕을 위하여 물건을 유용하므로 공동체를 파괴하는 것이다. 땅, 이자, 안식년 등에 대한 구약의 율법은 재산권의 보호보다는 인간의 권리의 보호에 더 관심이 있었다. 하나님은 모든 것의 진정한 주인이며 수여자라는 신학적인 전제 아래 땅과 재산은 하나님의 영광과 공동체 모두를 위해서 사용하도록 주어진 선물이라는 것이다. 이렇게 도둑질하지 말라는 계명은 부의 축척을 정당화한 것이 아니라 가난한 사람을 보호하고 가난한 사람에 대한 관심을 나타내라는 뜻으로 공동의 소유를 개인적인 사욕을 위해 쓰지 말라는 말씀이었다. 소유를 하나님의 선물로 알고 필요한 사람들과 나누라는 것이다. 이 계명을 현대적으로 이해하면 수단방법을 가리지 않고 부를 과도

---

5 Walter Harrelson, *The Ten Commandments and Human Rights* (Philadelphia: Fortress Press, 1988), p. 135.

하게 축척하는 행위나 정치적 권력을 위하여 뇌물을 주고받는 행위 그 밖에 탈세, 사기, 착취, 횡령, 표절, 불법상품 유통, 사치, 이권개입, 미래의 자원을 고갈시키거나 환경을 훼손하는 행위 등을 금지하는 것이다.[6] 부의 집중이나 지배자들의 횡포를 "가옥에 가옥을 연하며 전토에 전토를 더하여 빈틈이 없도록 하고 이 땅 가운데서 홀로 거하려 하는 그들은 화 있을찐저"(사 5:8)라고 이사야는 고발했고, 미가는 "근래에 내 백성이 대적같이 일어나서… 내 백성의 부녀들을 너희가 그 즐거운 집에서 쫓아내고 그 어린 자녀에게서 나의 영광을 영영히 빼앗는도다"(미 2:8, 9)라고 비난했다. 미가는 이스라엘의 총체적인 타락상을 지도층 인사들이 자기의 직책과 권한으로 사욕을 위해 쓰는 것에서 보았다. 그래서 미가는 "그 두령은 뇌물을 위하여 재판하며 그 제사장은 삯을 위하여 교훈하며 그 선지자는 돈을 위하여 점 치면서……"(미 3:11)라고 폭로다.

신약성서에 기록되어 있는 많은 비유들도 공의 사유화 문제를 다루고 있다. 악한 농부의 비유는 멀리 떠나 있는 주인을 두려워하지 않는 소작인, 청지기로서 관리하는 자세가 아니라 자기의 것으로 사유화하려 했던 악한 농부들에 대해 말하고 있다(마 21:33~41). 어리석은 부자의 비유(눅 12:16~21)나 부자와 나사로의 비유(눅 16:19~31)에서 부자가 지옥에 가는 것은 그들이 가난한 자들에 대한 책임을 망각하고 부를 독점하였기 때문이다. 특별히 예수의 비유 가운데는 우리가 하나님의 것을 맡은 청지기라는 의식이 많이 나타나는데 주인의 뜻에 합당하게 잘 관리하고 선용하는 책임을 말하고 있다. 이것도 역시 재산의 사유권보다는 공적인 차원을 잘 드러내고 있다.

---

6 앞의 책, p. 138.

성서의 이야기들을 살펴보면 악은 언제나 공을 사유화하는 데서 발생하였다. 그러나 역으로 하나님의 역사는 사를 공유화하는 방향으로 나타난다. 아브라함이 이삭을 하나님께 바친 창세기 22장의 이야기는 어렵게 얻은 자신의 자녀를 하나님의 자녀와 민족의 자녀로 드리는 신앙적인 결단으로 사를 공유화하는 과정으로 나타나고 있다. 모세가 왕궁에서의 영화를 버리고 자기 백성들과 함께 고난 받는 것을 택한 것도, 에스더의 "죽으면 죽으리라"(에 4:16)는 의로운 결단도 사를 공을 위하여 내어놓는 모습이다. 이런 맥락에서 신약의 난해 구절인 "누가 내 모친이며 내 동생들이냐 아버지의 뜻대로 하는 자가 내 형제요 자매요 모친이니라"(마 12:48~50)하는 예수의 말씀을 이해할 수 있다. 이 말씀은 예수의 보편주의, 즉 우주 한 가족 사상을 내포한 것으로 부모나 형제를 부인한 것이 아니라 이기적인 가족 이해를 넘어 확대된 가족 개념을 피력하고 있는 것이다. "무릇 내게 오는 자가 자기 부모와 처자와 형제와 자매와 및 자기 목숨까지 미워하지 아니하면 능히 나의 제자가 되지 못하고 누구든지 자기 십자가를 지고 나를 좇지 않는 자도 능히 나의 제자가 되지 못하리라"(눅 14:26, 27)는 말씀도 예수 제자의 요건으로 이기심의 극복과 공의 개념의 확립을 요구하고 있는 것이다. 예수님의 공생애는 마리아의 아들 예수의 사생활이 아니라 하나님의 아들 그리고 민중들의 형제로서의 공적 삶으로 확장된 것이다. 이것이 이삭과 예수에게 있어서의 공통점이다. 이제 물질의 공개념을 넘어 서서 하나님으로부터 주어진 삶을 살아감에 있어서 공적인 삶(公人)으로 한 차원 높여 주고 있다.

아담이 에덴에서 공을 사유화함으로써 죄를 가져왔는데, 둘째 아담인 예수는 공생애를 시작하기 전에 광야에서 비슷한 유형의 시험(마 4장)을 받게 된다. 삼중으로 계속된 시험의 요체는 예수 자신의 능력을 이기적인 목적을 위해서 사용하라는 것이었다. 이적을 행할 능력이 없는 우리에게는 이러한 시험이 유혹이 되지 못하지만 행할 능력을 갖춘 예수에게는 커다란 유혹이 아닐 수 없다. 개인의 사사로운 이익을 위하여 하나님이 주신 공적인 힘을 사용하라는 것이다. 즉, 공의 사유화에 대한 유혹이다. 그러나 예수는 단호하게 이 유혹을 물리치시므로 시험에서 승리하시고 공적인 삶을 개시하는 것이다. 물론 그 후 예수는 공생애 동안 오병이어 이적을 비롯해서, 물로 포도주를 만들고, 병자들을 고치는 이적들을 행하지만 모두 다 공을 위한 봉사였지 사욕을 위한 것이 아니었다. 그는 자신을 위해서는 십자가를 거절하거나, 십자가에서 뛰어 내릴 수 있는 능력조차도 사용하지 않았다. 결국 예수의 십자가는 자신을 모든 사람들에게 내어 주는, 즉 사를 공유화하는 공적 삶의 결정판이다. 십자가 정신은 멸사봉공(滅私奉公)의 정신이다. 이런 면에서 "이기심"(私)에 기반을 두고 있는 자본주의의 에토스는 "이타심"(公)에 근거한 기독교 윤리의 구원을 받아야 하는 것이다.

4. "공"의 윤리를 향하여

민주주의 실현에 있어서 "나의 자유" "나의 권익"의 권리의식만 내세우면 부정과 부패와 약육강식의 탐욕스러운 사회로 전락하게 된다. 타인의 자유와 타인의 권익에 대한 의무의식이 있어야 더불어 사는 사회를 만들어 갈 수 있다. 이제 세상에서의 가장 큰 비극은 흑백차별도 아니고, 남녀차별도 아니라 빈부 격차의 심화다. 자본주의가 안고 있는 빈익빈 부익부의 구조적인 폐단은 공의 윤리를 확립할 때 문제 해결을 위한 실마리를 찾을 수 있다. 공의 윤리를 구체화하기 위해서 필요한 의식은 연대(Solidarity)의식, 나눔(Sharing)의식, 청지기(Stewardship)의식이다. 이 세 가지 의식은 예수의 비유에 잘 드러나 있는 덕목들이다.

첫째, 공의 윤리는 연대의식이다.

예수의 성육신(Incarnation) 사건은 하나님께서 인간을 구제하시기 위하여 인간과의 연대의식을 보여 주는 것이다. 역사 속에 나타난 하나님은 가난한 자를 해방할 뿐 이니라 가난한 자와 자신을 동일시하셨다. 잠언 14장 31절에 "가난한 자를 학대하는 자는 그를 지으신 이를 멸시하는 자요 궁핍한 사람을 불쌍히 여기는 자는 주를 존경하는 자니라" 하였고, 19장 17절에는 "가난한 자를 불쌍히 여기는 것은 여호와께 꾸이는 것이니 그 선행을 갚아 주시리라" 하였다. 여기에 하나님과 가난한 자의 연대가 잘 나타나 있다. 누가복음 10장의 선한 사마리아인의 비유를 보면 사마리아인은 세상에서 강도 만나 어려움을 당한 사람의 아픔을 공감하고 동참하는 마음으로 연대의식을 형성하고 있습니다. 이것이 진정한 공동체 의식인데 이것은 인종과 지역의 이기주의를 넘고 있다. 마가복음 2장에도 중풍병자를 지붕에서 달아 내리는 네 사람의 믿음의 행위를 소개하는데 아픈 사람과의 연대의식이 잘 나타나 있다. 예수는 "저희의 믿음을 보시고" 중풍병자를 고쳐 주시는데 "저희의 믿음"은 다름 아닌 그들의 연대의식이다. 다른 사람의 믿음을 통해 환자가 치유를 받게 되는 치유의 이적은 연대의식을 통한 것이다.[7] 마태복음 25장 양과 염소의 비유에서 최후심판의 기준으로 이 연대의식의 유무를 제시하고 있다.

---

7 이러한 경우는 백부장의 믿음을 보시고 그의 종을 치유하시는 이적에서도 볼 수 있다. 백부장의 믿음이 그의 종과의 연대의식을 통하여 치유의 이적을 가져오는 것이다.

내 아버지께 복 받을 자들이여 나아와 창세로부터 너희를 위하여 예비 된 나라를 상속하라 내가 주릴 때에 너희가 먹을 것을 주었고 목마를 때에 마시게 하였고 나그네 되었을 때에 영접하였고 벗었을 때에 옷을 입혔고 병들었을 때에 돌아 보았고 옥에 갇혔을 때에 와서 보았느니라 이에 의인들이 대답하여 가로되 주여 우리가 어느 때에 주의 주리신 것을 보고 공궤하였으며 목마르신 것을 보고 마시게 하였나이까 어느 때 에 나그네 되신 것을 보고 영접하였으며 벗으신 것을 보고 옷 입혔나이까 어느 때에 병드신 것이나 옥에 갇히신 것을 보고 가서 뵈었나이까 하리니 임금이 대답하여 가라사대 내가 진실로 너희에게 이르노니 너희가 여기 내 형제 중에 지극히 작은 자 하나에게 한 것이 곧 내 게 한 것이니라(마 25:34~40).

가난한 자, 목마른 자, 갇힌 자, 나그네, 병든 자, 도움을 필요로 하는 "작은 자"에 대한 연대가 예수와의 연대로 연결되는 것이다. 가난하고 억울한 자 안에 현존하시는 예수인데 만일 우리가 가난한 자 가운데 있는 예수를 발견하지 못한다면 예수 소외의 심각한 위험이 도사리고 있는 것이다. 바울은 예수에 대하여 "부요하신 자로서 너희를 위하여 가난하게 되심은 그의 가난함을 인하여 너희로 부요케 하려 하심이니라"(고후 8:9) 하였다. 이러한 연대의식은 사회사업과 사회보장제도로 발전시킬 수 있으며 특별히 장애자들을 위한 윤리로 나아 갈 수 있다. 그리고 우리의 연대를 "작은 자"에게서 자연에까지 확대해 나가면 우주와의 유기적인 연대 속에서 바른 환경윤리도 모색할 수 있을 것이다.

둘째, 공의 윤리는 나눔 의식이다.

부자와 나사로의 비유(눅 16:19~31)는 부자가 가난한 사람을 학대한 것도 아니고 단지 필요한 것을 나누어 주지 않았다는 것이 부자가 심판을 받게 되는 이유다. 에스겔 16장 49절에는 소돔의 멸망의 원인을 "소돔의 죄악은 이러하니 그와 그 딸들에게 교만함과 식물의 풍족함과 태평함이 있음이여 또 그가 가난하고 궁핍한 자를 도와주지 아니하며"라고 기록하고 있다. 예수는 부자 청년을 초대하실 때 "가서 네 소유를 팔아 가난한 자들을 주라 그리하면 하늘에서 보화가 네게 있으리라 그리고 와서 나를 좇으라"(마 19:21) 하시므로 예수가 세울 새로운 공동체는 나눔의 특징적인 모습을 가질 것을 보여 주고 있다. 그 후 오순절 성령 강림 사건은 새로운 공동체를 형성시켰는데 그 공동체의 특징은 공유와 나눔이었다. 성령의 역사는 물(物)의 私有를 公으로 환원하는 구체적인 운동으로 나타난다. 사도행전 2장 44, 45절의 "믿는 사람이 다 함께 있어 모든 물건을 서로 통용하고 또 재산과 소유를 팔아 각 사람의 필요를 따라 나눠주고"와 4장 32절의 "믿는 무리가 한 마음과 한 뜻이 되어 모든 물건을 서로 통용하고 제 재물을 조금이라도 제 것이라 하는 이가 하나도 없더라"는 초대교회가 자발적인 나눔의 공동체였음을 보여주고 있다. 사도행전과 누가복음의 기자인 누가는 회심의 문제에 있어서 물질관의 변화, 즉 사의 공유화에 관심을 두고 있는데 삭개오가 회개하였을 때 소유를 가난한 자에게 나누어주는 기사를 회심의 증거로 제시하며(눅 19:1~10), 바나바가 밭을 팔아 사도들의 발 앞에 두어 구제금으로 쓰게 한 행위도 중요하게 취급하고 있다(행 4:37).[8]

기독교인의 변화체험은 새로운 가치체계의 정립으로 이어지는데 "가짐"과 "됨"의 가치에 머무르지 않고 "나눔"과 "섬김"의 궁극적인 가치로 나아가는 것이다.[9] 김중기 교수는 가짐을 구체적인 가치로, 됨을 근

---

8 바나바는 부자 청년이 예수께 받은 말씀을(마 19:21) 대신 실천한 사람이다.
9 김중기, 「참가치의 발견」(서울: 예능, 1995), p. 154.

사치적 가치로 그리고 나눔을 궁극적인 가치로 보았다. 무엇을 가짐과 무엇이 됨은 더 높은 가치인 섬김과 나눔을 위해서다. 만일 "가짐"과 "됨"이 더 높은 가치인 나눔과 섬김을 위해서 있지 않고 더 많이 가짐을 위한 효과적인 수단이 된다면 이것은 가치의 전도요, 타락이다. 이는 재벌이나 국회의원이 더 많은 권력과 물질을 가지는데 목적을 두는 경우다. 성서가 가르쳐 주고, 우리 기독자들이 실천적으로 보여 주어야 할 삶은 더 높은 가치가 있다는 것을 알려 주는 것이다. 그것이 나눔의 가치다.

통일을 위한 윤리를 모색하는 데 있어서 우리에게 필요한 것은 이 나눔의 정신이다. 국제기구와 언론들의 보도에 의하면 북한 동포 10만명 이상이 식량난으로 지난 2년 동안 사망한 것으로 추정되며, 북한 어린이 일곱명 중 한명은 기아로 사망위기를 맞고 있다고 한다.[10] 그런데 북한은 성대한 김일성 부자의 생일잔치와 북한군 창설 65주년 기념 퍼레이드에 막대한 돈을 쓰면서도 인민들을 굶기고 있다. 남한은 한보 같은 부도덕한 재벌에게는 6조에 달하는 돈을 주면서도 북의 형제들에게 도움을 주지 않을 뿐 아니라 온갖 구실을 달아 도우려고 하는 민간단체들을 저지하고 언론에 군량미 운운하고 있다.[11] 모두 다 공보다는 사를 앞세우기 때문이다. 밥을 나누어 먹자는 일에는 어떤 조건이 있을 수 없다. 먹어야 살고, 살아야 일도 할 수 있기 때문이다.

시인 김지하는 이런 시를 썼다.

---

10 북한 동포돕기 비상대책본부 취지문 참조. 한국기독교교회협의회, "북한 동포에게 평화의 쌀" 「북한동포돕기 비상대책본부 자료집」, p. 24.

11 한국 돈 2700억이면(옥수수 약 150만 톤) 북한 주민 모두를 추수기까지 먹여 살릴 수 있다니 한보에 준 돈 6조면 북한의 식량난을 10년 이상 해결해 줄 수 있다.

밥이 하늘입니다.
하늘을 혼자 못가지듯이
밥은 서로 나눠 먹는 것
밥이 하늘입니다.
하늘의 별을 함께 보듯이 밥은 여럿이 같이 먹는 것
밥이 입으로 들어갈 때에
하늘을 몸 속에 모시는 것
밥이 하늘입니다.
아하 밥은
모두 서로 나눠 먹는 것[12]

식구(食口)는 밥을 같이 먹는 사람들을 의미한다. 음식은 사회적인 계층을 구분하는 주요한 것인데 예수는 그러한 구분을 철폐하셨다. 예수의 사역과 비유에 보면 그는 소외된 자들을 자신의 식탁에 초대하였다. 죄인과 의인, 유대인과 이방인을 구별하지 않고 식탁을 함께 하였으므로 세리와 죄인의 친구라는 비난도 받았지만 계층의 벽을 허무는 평등한 공동체의 이상을 실현하였다. 남한과 북한은 본래 한 식구, 즉 "밥상공동체"[13]였다. 그런데 밥상공동체를 깨트린 자들이 있었다. 내 밥, 네 밥 가리지 않고 같이 먹고 살았는데 내 밥 찾아 먹기에 급급한 자들이 자기들만 더 잘 먹고, 더 많이 먹으려고 밥상을 갈라버렸다. 학교에서도 도시락을 먹을 때 보면 반찬 없는 아이는 같이 먹자고 하는데 특별한 것 가지고 온 아이는 혼자 먹으려고 하는 법이다. 이것이 밥의 사유화다. 공을 사유화한 것이 남북 역대 정권 담당자들의 잘못이요, 이 민족의 원

---

12 안병무, 앞의 책, p. 324에서 재인용.

죄였다. 이번에 밥(禾)을 나누어 먹자(口)는 운동은 평화(和)운동이요, 사를 공으로 돌려놓는 회개운동이요, 깨진 상을 다시 맞붙여 밥상공동체를 회복하자는 통일운동이다. 밥상공동체가 회복되면 비록 밥 한 그릇으로도 여럿이 나누어 먹을 수 있는 것이다. 하나님의 주권을 인정하고 내 물질이 내 것이 아니며, 내 생명조차 내 것이 아니다는 의식에 도달하면 나의 신체를 나누어 주는 운동으로까지 발전될 수 있다. 지금 수혈해야 될 혈액이 절대 부족하고, 각막이나 골수 이식을 비롯한 장기이식을 기다리는 많은 환자들이 있고, 의료기술의 발전을 위한 실습용 시신도 너무 부족한 실정이다.[14] 신체를 공유하려는 의식이 없기 때문에 많은 생명들이 지금도 죽어가고 있다. "몬트리올 예수"라는 영화를 보면 주인공 다니엘 콜롬이 뇌사 상태에서 장기를 기증하므로 여러 사람의 생명을 구하는 것으로 현재적으로 체험할 수 있는 육신의 부활을 표현하고 있다. 장기기증 운동은 이 땅에서 경험할 수 있는 신체의 부활운동이다. 그리고 생명을 나누어주는 것은 공의 윤리의 극치다.

셋째, 공의 윤리는 청지기 의식이다.

성서는 부와 소유가 모두 하나님께로부터 온 것이라고 궁극적인 소유주를 분명히 밝히고 있다. "네가 마음에 이르기를 내 능과 내 손의 힘으로 내가 이 재물을 얻었다할까 하노라. 네 하나님 여호와를 기억하라 그가 네게 재물 얻을 능을 주셨음이라"(신 8:17~18). 내가 소유하고 있는 것은 하나님이 주신 선물이므로 자랑할 것이 없다는 것이다. 구약 전

---

13 김 지하, 「밥: 김지하 이야기 모음」(경북: 분도출판사, 1984), p. 73.
14 호주에서는 각막을 기증하는 사람들이 많아 필요로 하는 사람들에게 주고도 남아서 우리나라에 2주일에 두개씩 기증을 해 주기로 했다는 신문보도를 보고 한편 고맙기도 하지만 부끄럽기도 했다.

도서에는 이러한 사상이 가장 잘 나타나 있다(전 2:24~26, 5:18~20, 8:16).[15]

예수는 달란트의 비유(마 25:14~30), 불의한 청지기의 비유(눅 16:1~13)를 비롯해서 청지기직에 대한 많은 비유의 말씀을 했다. 인간은 자기가 획득했거나 상속받은 재산에 대한 절대 소유주가 아니며 하나님의 것을 맡은 청지기일 뿐이라는 사상이다. 사유재산권을 부정하지는 않으나 더 높은 하나님의 소유권을 말하며 하나님의 뜻에 합당한 재산권 행사가 중요하다. 소유의 개념은 청지기의 개념을 떠나서는 적절히 이해될 수 없다. 소유란 더 높은 목적을 위한 수단이며, 그 자체가 목적이 될 수 없다는 사상이다. 이는 기업 이윤의 사회 환원과 연관이 있다.[16] 요사이 한국 교계의 일각에서는 몇몇 뜻있는 분들이 "유산 안 물려주기 운동," "사랑의 장기 기증 운동," "환경보존 운동" 등을 전개하는데 무척 고무적인 일로 청지기 의식의 좋은 표본이다.

칼빈을 중심한 청교도주의는 소명의 의식을 신자들에게 부여하여 직업과 재화의 획득을 신성화 해주므로 자본의 조직적인 축척이 가능하게 되었다. 그런데 청교도주의가 강조하는 소명의식만 가지고는 부의 올바른 사용에 대한 충분한 이론적 기초를 제공하지 못한다. 시작부터 이윤추구의 신성화는 재화의 청지기적 바른 사용과 함께 강조되어야 한다. 웨슬리는 칼빈의 이론을 보완하고 안전장치를 마련하는 길을 그의 "돈의 사용에 관하여"란 설교에서 보이고 있다. 정당하게 벌 수 있는 데로

---

15 Walter C. Kaiser, *Toward Old Testament Ethics* (Grand Rapids, Michigan: Zondervan Publishing House, 1983), p. 209.

16 예를 들어 미국에서 코카콜라는 교육후원금으로 1억 달러를 내놓고, AT&T가 1억5천만 달러를 투입 11만개 공사립 초, 중등학교를 정보고속화도로에 연결시켜 주고, 맥도날드가 아동학대와 10대 자살방지를 위해 1억 달러를 기부하고, K마트가 마약퇴치 운동을 위해 5천만 달러를 기부하는 일들이 공의 윤리의 한 모델이다.

벌어 저축해야겠지만 그것을 하나님을 기쁘시게 하고 영광스럽게 하기 위해서 써야 한다. 그렇지 않다면 하나님의 것을 훔친 것이 된다. 하나님이 주인이요, 우리는 청지기이기 때문이다. 하나님의 뜻을 따라 "당신이 줄 수 있는 모든 것을 나누어주어야 합니다." 웨슬리는 이렇게 사유재산의 철저한 사회적 책임성을 강조한다.[17]

그런데 청지기 의식은 비단 재화에만 국한된 이야기가 아니라 직업윤리에 있어서도 필요한 정신이다. 세상 사람들은 권세를 가지게 되면 통치하고 다스리는 것으로 생각한다. "집권자들이 저희를 임의로(사사로) 주관하고 그 대인들이 저희에게 권세를 부리는 줄을 너희가 알거니와 너희 중에는 그렇지 아니하니 너희 중에 누구든지 크고자 하는 자는 너희를 섬기는 자가 되고…"(막 10:42~44)에서 예수는 다스리는 통치 대신 섬기는 권위(지도력)를 말씀하는데 이는 힘의 질적인 변화다. 사사로이 다스리는 공권력이 섬기는 공권력으로의 질적 변화다. 세례 요한은 세리들과 군병들에게 "정한 세외에는 늑징치 말라" "사람에게 강포하지 말며 무소하지 말고 받는 요를 족한 줄로 알라" 했습니다(눅 3:12~14). 이러한 직업윤리는 공직뿐 아니라 성직인 목회윤리에도 마찬가지로 적용된다. 당회장이 되면 무슨 그룹의 회장이나 된 것처럼 교회를 사사로이 운영하는 것은 청지기의 자세가 아니다. 맡은 자로서 주인의 뜻에 따라 섬기는 공의 윤리가 필요합니다.

공의 윤리는 이렇게 경제윤리나 직업윤리에서 뿐 아니라 환경윤리나 의료윤리 그리고 통일윤리를 위해서도 필수적인 것이다. 경제윤리에 적용되면 나눔이라는 정신으로 나타날 수 있고, 직업윤리에 적용되면 섬

---

[17] Manfred Marquardt, *John Wesley's Social Ethics* (Nashville: Abingdon Press, 1992), p. 41.

김이라는 정신으로 나타날 수 있다. 땅의 윤리를 위해서는 토지 공개념으로 적용된다. 환경윤리에는 생명의 유기적인 연결이라는 연대의식의 기초가 된다. 특별히 장기기증, 시신기증, 헌혈과 연관된 의료문제에 있어서 신체를 공유한다는 고도의 윤리를 가능케 한다. 그리고 특별히 통일을 대비하기 위해서도 공과 사를 구별하는 의식을 일깨워 준다. 통일은 민족의 대의명분 아래 논의돼야지 몇몇 사람들의 정치적 사리판단이 앞서면 통일의 열망을 그르치게 된다. 지금까지의 통일논의가 공보다는 사를 내세우는 자들에 의해 진행되어 온 것이 사실이다. 통일 후의 무한 혼란과 남북의 격차를 해소하기 위해서 지금부터 같은 민족이라는 큰 명제에 입각하여 무조건적인 나눔의 운동이 일어나야 한다.

이렇게 우리 사회가 겪고 있는 총체적인 어려움을 극복하고 새 생명의 공동체 운동을 일으키기 위하여 성서에서 제시하는 공의 윤리를 확립하는 것이 시급한 과제다.

일의 영성 06

"태초에 행동이 있었다(Am Anfang war die Tat)"

−괴테 「파우스트」

1. 아직도 끝나지 않은 개혁

지금 한국교회는 전반적으로 위기를 맞고 있다. 교회는 침체 상태에 빠져 수평이동은 있어도 양적 증가는 중단된 상태다. 이런 이유를 무엇이라고 생각하는가? 필자는 한국 경제가 외환위기를 맞았던 것과 같은 이치라고 생각한다. 대외신인도를 잃었기 때문이다. 그동안 한국경제는 구조조정을 통하여 점차 신뢰를 회복하게 되면서 경제가 호전되고 있다는 전망을 내 놓고 있다. 그런데 한국교회는 아직도 이렇다할 해결의 실마리가 보이지 않는다. 한국교회의 실추된 대외공신력은 회복될 줄을 모른다. 대외공신력을 회복하기 위해서는 무엇을 해야 하겠는가? 신앙의 생활화가 급선무다. 물론 이것은 하루아침에 되는 것은 아니다. 그러나 이제부터라도 뼈를 깎는 자세로 교회와 신앙생활의 개혁을 위하여 가일층 노력을 해야 하겠다.

신앙생활에는 두 가지 차원이 있다. 하나는 신앙의 의식화이고, 다른 하나는 신앙의 생활화다.[1] 그 동안 우리는 믿는 바에 대한 확신이 중요했기 때문에 신앙의 의식화 작업을 주로 해 왔다. 그래서 내가 구원받은 하나님의 자녀라는 확신을 가지게 되었다. 영성도 하나님과 개인의 관계를 중심으로 수직적인 차원에 치중했다. 이제는 믿는 바대로 살아가는 신앙의 생활화 작업을 강조해야 되겠다. 이것은 예수님의 제자가 되는 생활이다. 영성도 역사와 자연과 이웃을 향한 수평적인 차원이 고려되어야 한다.

영적체험과 영성생활도 구분되어야 한다. 지금까지 한국교회가 영적체험을 추구하여 양적인 성장을 가져오기는 했지만 신앙을 생활화하는데는 소홀하였다. 세계에 내 놓을 만한 큰 교회는 많이 있지만 영적인 거장은 많이 배출하지 못하였다. 이제 21세기는 영성생활을 강조하여 균형을 이루어야 한다. 우리는 믿음, 영성, 윤리에 대하여 새로운 안목에서의 조명이 필요한 시점에 와 있다.

앞에서 언급한 바와 같이 우리의 문제는 신앙의 생활화가 잘 안 된다는 것이다. 그 이유는 무엇인가? 필자는 성(聖)과 속(俗)을 분리하는 우리의 이원론적인 의식구조에 문제가 있다고 본다. 주일과 평일, 교회와 세상, 목회자와 평신도, 신비한 체험과 일상적인 경험, 하나님의 일과 세상의 일 사이에 보이지 않는 담을 만든 것이다. 교회 안에서 고백하는 믿음과 세상에서 하는 일 사이에 간격이 존재하는 것이다. 그러므로 우리의 과제는 주일과 주중에 하는 일을 조화시키며, 신앙과 생활을 통합하는 일이다.

이런 상황에서 종교개혁의 중요한 의의는 성직자와 평신도를 계층적으로 나누던 계급주의, 수도원과 세속 직업을 구분하던 중세의 이중적인 윤리를 타파했다는 데에 있다. 루터와 칼빈을 비롯한 종교개혁자들은 참된 신앙과 참된 교회의 회복을 이루기 위하여 중세 교회에 분연히

---

1 김중기, 「참가치의 발견」(예능: 서울, 1995), p. 16.

대항하여 싸웠다. 그리고 그들의 구호인 "오직 은총으로만"(sola gratia), "오직 믿음으로만"(sola fide), 그리고 "오직 성서로만"(sola scriptura)의 원칙은 개신교 교회에서 어느 정도 실현되고 있다. 그런데 똑같이 중요한 "만인제사장직"에 대한 원칙은 현대교회에서조차 실현되지 않고 있다. 만인제사장직은 다른 것에 비해 상대적으로 덜 강조되었으며, 선언적 의미 외에는 구체적으로 실천되지 못한 아쉬움이 있다. 시릴 이스트우드는 만인제사장직 교리가 함축하고 있는 풍부한 의미를 예배와 사역 그리고 복음증거 활동에 완벽하게 표현해 낸 교회는 역사상 단 하나도 발견되지 않았다고 단언하고 있다.[2]

종교개혁적인 전통을 받았다고 자부하는 오늘날의 개신교 교회가 목사와 평신도를 구분하고, 교인들에게 사회에서 그리스도인으로 살라고 격려하는 대신 교회 내부의 일에만 몰두하도록 함으로써 신앙의 생활화에 큰 장애물이 되고 있다. 우리는 암암리에 이원론적인 사고에 사로잡혀 성(聖)과 속(俗)을 구별하여 놓고, 교회의 일은 거룩하고 세상의 일은 속된 일이라 경시하였다. 소명을 목회자가 되는 일에만 한정시켜 놓고 일반 직장의 일은 소명에서 제외하는 잘못을 범하고 있다. 교회에서 하는 봉사는 중시하면서 사회에서 하는 봉사는 인정하지 않았다. 주일 교회에 모여 예배하는 일만 강조하고 평일에 일터에서 하는 일은 하나님을 섬기는 일에서 제외하였다. 이러한 이원론적인 신앙생활은 신자들로 하여금 일상생활에서의 영성이 불가능하게 만들어 놓았다. 이것이 우리의 중대한 잘못이다. 우리 교회의 지도자나 일반 그리스도인들의 생각이 중세 교회의 사상에서 크게 벗어나지 못했다는 반증이다. 우리 교회는 종교개혁자들의 전통에 서지 못하고 중세 교권주의자들의 잘못을 아

---

2 C. Eastwood, *The Priesthood of All Believers* (London: Epworth, 1960), p. 238.

직도 반복하고 있는 것이다. 그 결과는 아주 심각하게 나타나고 있다. 아직도 중세교회처럼 성직의 계급화와 이중의 윤리가 우리를 지배하고 있는 것이다. 이것은 비단 교회 안에서 뿐 아니라 신자들의 일상생활에도 깊이 영향을 미치고 있다.

왜 하나님이 다스리시는 영역이 교회나 주일로 한정되어야 하는가? 왜 하나님의 부르심이 목회자에게만 있는가? 왜 강단에서 실제 생활에 구체적으로 적용할 말씀을 전하지 않는가? 목회자는 특별한 계급의 사람인가? 세상에 결정적인 역할을 할 수 있는 사람은 목회자인가, 아니면 평신도들인가? 오늘의 평신도들은 정말 깨여서 자신들의 권리를 알고 책임과 의무를 행사하고 있는가? 필자는 개혁자들의 구호는 요란한 소리일 뿐 아직도 우리들의 교회는 중세 교회의 모습에서 헤어나지 못하고 있다고 감히 생각한다. 어떤 면에서 보면 우리는 개혁자들의 후예가 아니다.

오히려 로마 가톨릭 교회는 개혁자들의 사상에 자극을 받아 어느 때보다도 평신도의 역할이 교회나 사회에서 두드러지게 나타나고 있다. 현대 로마 가톨릭은 교황회칙 *Rerum Novarum*(1891)과 교황 요한 바오로 2세의 *Laborum Exercens*(1981)에 개혁자들의 소명사상과 일의 존엄성에 대한 생각들을 실질적으로 반영하고 있다.[3] 평신도에 관한 것도 로마 가톨릭 "교회법"(1917)에 반영한 것을 보면 평신도를 교회의 본질적인 부분으로 생각하며 그들의 중요성을 다각도로 강조하고 있다. 평신도의 사도적 운동인 "활동하는 가톨릭 운동"(Action Catholique)이나 교황 비오 12세의 "평신도는 곧 교회이다. 그들이 교회를 만드는 것이다."라는 말속에서 누가 과연 개혁자들의 후예인가를 의심케 한다.[4]

---

3 Lee Hardy, *Fabric of This World* (Grand Rapids, Mich.: Eerdmans, 1990), pp. 67-68.

교회에서 선포되는 메시지는 일상생활과 연관된 것을 찾아보기가 힘들다. 헬무트 틸리케는 "설교의 참 위기는 도세티즘(Docetism)의 현대판 변형이다"라고 하면서 설교가 청중들의 실제 상황에 일어나는 문제들과는 전혀 관계가 없다고 말했다.[5] 종교사회학자인 로버트 우스노(Robert Wuthnow)는 종교의 쇠퇴의 과정을 상업화(commercialization), 사사화(privatization), 의식화(ritualization), 고립화(isolation)로 보았다.[6]

그는 현대교회가 공적인 영역에서 벗어나 개인의 영역(사사화)에 머무르고 의식화됨으로 현실생활에 대한 적극적인 참여가 부족하다고 지적하였다. 이렇게 교회가 일상에서 부딪히는 문제에 크게 관심을 두지 않았기 때문에 일상생활에 대한 우리의 태도는 사회의 지배적인 가치관에 따라 영향을 받게 된다. 그래서 그리스도인과 그렇지 않은 사람 사이에 기본 목표와 가치관에서 크게 다르지 않다. 한국 사회에 살고 있는 우리는 유교적 전통 사회의 질서와 가치관을 따르고 있다. 일에 대한 사상을 예로 들면 일을 천시하고 불로소득을 추구하며, 일하지 않고 생계를 유지하는 것을 부러워하기까지 한다. 그리고 일을 계층의 특권과 신분상의 위계질서를 가르는 것으로 착각하여 직업의 우열과 신분화를 꾀한다. 물론 서양의 고대와 중세 사회에서도 직업에 대한 차별과 일에 대한 부정적인 생각은 있었다. 계급적인 교회의 형성은 "세속의 일"에 대한 "교회의 일"의 우월성에 기초하고 있다. 그러므로 세속생활과 단절된 형태의 종교생활을 이상적인 것으로 받아들이게 하였고, 세상과 일에 대한 가치를 떨어뜨렸다. 그리고 세계와 일과 평신도의 가치를 낮추

---

4 헨드릭 크레머, 「평신도신학」(서울: 대한기독교서회, 1979), pp. 76-77.

5 H. Thieliche, *The Trouble with the Church* (Grand Rapids: Baker, 1965), p. 76.

6 Robert Wuthnow, *The Consciousness Reformation* (Berkeley: University of California Press, 1976).

었다. 결과적으로 신앙과 생활의 거리는 점점 멀어지게 되었다.

이런 상황은 일에 대한 개념을 새롭게 정립할 필요성을 제기한다. 종교개혁은 "만인제사장직"과 "세속적 소명"이라는 성경적 원칙을 상기시켜 주었다. 루터와 칼빈의 일에 대한 사상은 고대와 중세 사회의 부정적인 인식을 불식시키고, 일의 의의를 새롭게 인식시켰다. 그러나 아직도 이러한 사상은 우리 교회에 깊이 인식되지 못하고 있는 실정이다. 이제 우리에게는 기독교적 생활양식 개발이 시급한 과제로 떠오르고 있다.

2. 일에 대한 개혁자들의 사상

종교개혁은 비단 신학사상이나 교회제도에 대한 개혁에서 그치는 것이 아니라 사회생활 전반에 걸친 개혁이었다. 특별히 일에 대한 사상은 중세의 전통적인 개념을 바꾸는 혁신적인 것이었다. 로버트 벨라는 종교개혁의 두드러진 특징을 "이 세상과 저 세상 사이의 계층적인 구조의 붕괴"라고 보았다.[7] 초월성과 현실성의 구별을 철폐한 것이 아니라 중재하는 수단의 철폐다. 즉, 어떤 기구나 특정한 사람을 통하지 않고도 직접 초월과 접촉이 가능하다는 것이다. 그리고 세상에서의 일상사를 통하여 신성과의 접촉이 가능하다는 것이다. 성과 속의 질서가 완전히 구별되지 않고 일상생활 속에서도 신성을 경험할 수 있다는 것이다. 그러므로 거의 예외없이 개혁자들은 하나님의 뜻 안에서 되어지는 모든 형태의 일에 동등한 가치를 부여하였으며, 그 일들은 하나님을 기쁘시

---

[7] Robert N. Bellah, "Religious Evolution," *American Sociological Review* 23 (June 1964), pp. 368-369.

게 하는 것이라고 주장하였다. 일은 하나님을 섬기는 것이요, 일이 하나님 앞에서 되어질 때 이 세상은 섬김의 영역이다. 여기에서 개혁자들 가운데 루터와 칼빈을 중심으로 그들의 일에 대한 견해를 살펴보겠다.

1) 루터

헬라세계에 있어서는 노동이 저주요, 순전한 악이었으며, 노동에서 벗어나는 것을 특별한 행운으로 여겼다.[8] 어거스틴이나 토마스 아퀴나스도 "관조적인 삶"(vita contemplativa)과 "행동적인 삶"(vita activa)을 구분하여 관조적인 삶은 "영원한 것을 향한 것"이고, 행동적인 삶은 단지 "현세의 삶의 필요들" 때문에 존재한다고 하며 관조적인 삶을 행동적인 삶보다 우위에 놓았다.[9] 관조나 영적인 일이 일상적인 수공업이나 육체노동보다 고결하게 취급되었다. 그들에게 유일한 참 그리스도인의 소명은 사제의 소명 내지는 수도사로서의 소명이었다. 다른 직업에 있어서는 "부르심"에 대한 여부가 관심의 대상이 되지 않았다.[10] 이러한 사상은 중세 가톨릭 윤리의 기본을 이루고 있었다. 중세 교회의 윤리는 이중구조의 윤리로 완전한 기독교인은 금욕을 통해 감각적인 삶을 제어해야했다. 특별히 그들은 산상수훈의 규범을 추구하며 살아야 되지만 평범한 기독교인은 일상의 삶에서 타협할 수 있으며 산상수훈의 윤리적인 급진성에서 면제되었다. 산상수훈의 어려운 요구는 무조건적으로 주어

---

8 Aristotle, Politics, I. viii. 9; *Nichomachean Ethics*, X. 7. 폴 스티븐스, 「현대인을 위한 영성」(서울: IVP, 1993), p. 50에서 재인용.

9 Thomas Aquinas, *Summa Theologiae* 2. 2. 179, 181(1-4), 182(1-2); Hannah Arendt, *The Human Condition* (New York: Doubleday, 1959), pp. 290, 303-304.

10 Karl Barth, "Vocation," p. 600. vol. 3, part 4, *Church Dogmatics* (Edinburgh: T. & T. Clark, 1961), p. 602.

진 것이 아니라 완전을 성취하기 바라는 사람들을 위하여 주어진 권고였다. 예수님이 선언한 금욕주의적 이상은 오직 선택된 무리들에게만 해당되는 것이었다. 이 금욕주의적 이상은 대부분의 기독교인들에게는 완화되고 경감되었다.[11] 예수님의 제자직에는 이렇게 차별화된 두 단계가 있었던 것이다.

그런데 루터는 사제가 되거나 수도원에서 금욕생활을 하는 것만이 성스러운 것이라는 당시의 통념을 깨고 일상의 모든 활동이 하나님의 부르심과 연관이 있다면 거룩한 것이라고 주장하였다. 루터는 성과 속을 나누는 계급주의를 타파하고, 성 속의 이중구조의 윤리를 파기하였다. 그리고 일은 단순히 경제적 필요에 의한 것이 아니라 일종의 소명이라고 했다. 루터는 산상수훈이 "완전함을 위한 단순한 권고"가 아니라 "모든 기독교인들에게 똑같이 해당되는 교훈"이라고 했다.[12] 그리고 그것을 지키기 위해 세상을 떠나 수도원으로 들어갈 필요가 없다고 하였다. 오히려 세상 안에서 이 말씀을 지켜야 한다고 했다. 세상으로부터의 자유는 외적인 거리에 있는 것이 아니라 내적인 거리(inner distance)에 있다고 하였다. 그러므로 자유함은 마음과 내적 태도에 달려 있다. 루터의 일에 대한 사상은 만인제사장직과 소명사상, 그리고 두 왕국론에서 그 일관된 주장을 찾아 볼 수 있다.

a. 만인제사장직
루터는 중세교회의 성 속의 이원론을 만인제사장직의 원리와 소명

---

11 파울 알트하우스, 「말틴 루터의 윤리」(서울: 컨콜디아사, 1989), p. 101.

12 *Martin Luthers Werke*, Kritische Gesamtausgabe (Weimar, 1883) 11, 245, 249 (앞으로는 WA로 표기); American Edition of Luther's Works (Philadelphia and St. Louis, 1955) 45, 82, 88. (앞으로는 LW로 표기).

사상에 입각하여 해결하고 있다. 중세교회는 수도원 생활을 선택한 사람들을 포함한 성직자와 평신도라는 두 계급이 존재하고 있었다. 이 양자는 분명하게 구별되었고, 우월한 계급과 열등한 계급으로 나누이게 되고, 결국 성직자와 평신도의 차별이 거룩과 세속의 대립으로 나타나게 되었다. 루터는 중세의 교회적-계급적 교회의 노선에 대하여 "성서적" 주장으로 정면 대응하였다. 종교개혁의 근본사상은 평신도의 개념과 평신도의 위치에 대하여 근본적인 변화를 약속하였다. 루터는 교회의 계급적 개념에 공격하였고, 계급적 의미로서의 성직자라는 관념을 거부하였다.[13]

그의 논문 "독일 크리스천 귀족에게 보내는 글"에서 "교황, 주교들, 사제들 및 승려들을 영적계급이라고 부르고, 군주들, 영주들, 직공들 및 농부들을 세속적 계급이라고 부르는 것은 전혀 조작된 것이다. 실로 이것은 순전한 거짓과 위선이다. 아무도 여기에 놀라서는 안 된다. 모든 크리스천은 참으로 영적계급에 속하며 그들 가운데는 직무상의 차별 이외에 아무 것도 없다."라고 했다.[14] 평신도와 안수 받은 사제간의 아무런 본질적인 차이가 없다는 것이다. 루터는 이어서 신자들의 사제직에 대하여 "우리는 다 세례를 통하여 사제로서 성별을 받는다. 이것은 사도 베드로가 '너희는 택하신 족속이요 왕 같은 제사장이며 거룩한 나라'(벧전 2:9절)라고 말하고, 또 계시록에는 '우리 하나님 앞에서 나라와 제사장들을 삼으사'(계 5:10)라고 기록되어 있는 바와 같다."고 하였다.[15] 그리고 영적인 일과 세속적인 일 사이의 구분은 없다고 기록하였다. "구두수선공, 대장장이, 농부는 각기 자기들의 일과 직무를 맡고 있

---

13 헨드릭 크레머, 「평신도 신학」(서울: 대한기독교서회, 1979), p. 66.
14 지원용 옮김, 「말틴 루터의 종교개혁 3대 논문」(서울: 컨콜디아사, 1993), p. 23.
15 Ibid., p. 24.

으면서도 그들은 다 성별 받은 사제와 주교와 같다. 그들은 각기 자기의 일이나 직무에 의하여 다른 모든 사람들을 이롭게 하고 섬기지 않으면 안 된다."[16] 이것은 그리스도의 한 몸을 이루는 여러 지체와 같다고 하였다. 이렇게 루터는 성직자와 세속인의 두 계층을 나누는 것을 반대하였다.

루터는 "크리스천의 자유"라는 논문에서 만인제사장직을 "그리스도를 믿는 우리는 모두 그리스도 안에서 제사장들이며 왕들이다"라고 분명하게 밝히고 있다.[17] 우리가 제사장으로 하나님 앞에 나아가 다른 사람들을 위하여 기도하고 거룩한 일들을 서로 가르칠 자격이 있다는 것이다. 만인제사장직은 특권일 뿐 아니라 책임이며, 신분이자, 봉사라고 했다. 교회의 토대는 그리스도의 제사장직이며, 교회의 내적인 제도는 서로를 위하는 그리스도인들의 제사장이란 것이다. 그리고 그리스도의 제사장직으로부터 그리스도인들의 제사장직이 흘러나온다. 제사장직이 의미하는 것은 하나님 앞에서, 다른 사람을 위하여 간구하고 중재하는 것, 자기 자신을 하나님께 바치는 것과 서로 하나님의 말씀을 선포하는 것이다.[18] 제사장직은 자신을 위한 것이 아니라 형제나 세상을 위하여 존재한다. 모든 신앙인은 제사장으로 하나님의 말씀을 고백하고, 가르치고, 확장시킬 권리와 의무를 가지고 있다. 세례를 받은 자는 제사장으로서 말씀과 성례전에 봉사할 수 있는 권한을 부여받았다. 그러나 모든 구성원들이 공식적으로 이 봉사를 행하는 것은 아니다. 공동체의 질서를 위하여 교회의 이름과 명의로 맡아보는 사람에게 위임하여야 한다. 이런 면에서 목사는 신자들의 권한을 교회공동체로부터 위임받은

---

16 Ibid.
17 Ibid., p. 277.
18 파울 알트하우스, 「마르틴 루터의 신학」(서울: 성광문화사, 1994), p. 437.

것으로 보아야 한다. 그러므로 목사의 대리적 행위는 공동체의 공동행위를 내포한다. 그리고 말씀과 성례전으로 공동체를 섬기도록 부름을 받은 목사는 평신도와 직분상의 구별만 있을 뿐 존재의 구별은 없다. 사역의 구별만이 있을 뿐이며 목사라고 해서 특별한 신분은 아니다.[19] 원래 평신도(lay)는 신약에 laos라는 말에서 유래하여 "하나님의 백성"이란 뜻으로 목회자와 평신도를 구별 없이 통칭하던 말이었다. 목회자와 평신도의 구별은 AD 2-3세기 동안에 되어진 것이다.[20] 이런 의미에서 개혁자들은 성서에 근거를 두고 1세기 초대교회의 전통을 회복하고자 노력한 것이다.

여기에서 한 가지 유의할 것은 루터의 만인 제사장직이 개신교의 중요한 교리이지만 오용될 소지도 있다는 것이다. 만일 서로를 위한 제사장직의 협동적인 성격이 사라지고 개인주의적인 경향을 강조한다면 무질서로 치달을 가능성이 많다. 더구나 제사장직이라는 의미가 종교적인 활동을 수행하는 것(예배나 말씀과 기도)으로 한정되어 이해된다면 본 뜻에서 크게 벗어난다. 루터가 제사장직에 대해 "모든 기독교인들은 자신 이외의 모든 사람에 대하여 제사장이고, 우리는 서로에 대하여 제사장이다."라고 말했듯이 제사장직은 공동체나 남을 위한 것이고, 종교적인

---

19 헨드릭 크레머는 루터의 이런 혁신적인 사상에도 몇 가지 결함이 있음을 지적하고 있다. 첫째는 "세례를 받은 그리스도인"이 참된 신앙을 가진 그리스도인들과 동일시 될 수 없다는 것이고, 둘째는 훈련되지 않은 미숙한 상태의 평신도들이 갑자기 영적인 성인이 될 수 없다는 것이고, 셋째는 종교개혁이 성직자와 평신도의 구별을 철저히 제거하기는 했으나 순수한 설교의 필요성을 강조하다 보니 자격을 갖춘 교직자의 기능이 강화되어 평신도는 여전히 객체에 머무르게 되었다는 주장이다. 이러한 지적은 "만인제사장직" 원리의 구체적인 실천을 위해서는 평신도의 잠재력 개발이 얼마나 절실한가를 단적으로 보여 주는 것이다. 「평신도신학」(서울: 대한기독교서회, 1979), pp. 69-71.

20 Elizabeth A. Dreyer, *Earth Crammed with Heaven* (New York: Paulist Press, 1994), pp. 12-13.

일이나 세속적인 일 사이의 왜곡된 구별을 교정하는 것으로 이해해야
한다. 루터의 만인 제사장직이 개인주의적 영성으로 흐르지 않기 위해
서는 공동체적인 영성으로 보완해야 한다.

b. 소명론

루터의 소명 사상의 가장 큰 의미는 중세교회의 성과 속의 이중구조
를 타파하였다는 것이다. 세속 직업에 대한 성직의 우위권을 무너뜨렸
다. 수도사나 사제가 되는 것은 거룩한 일이요, 평신도들이 세상에서 섬
기는 일은 속된 일이라는 그릇된 생각을 파기하고 모든 소명은 하나님
의 부르심이라는 면에서 다같이 귀한 것이란 가르침을 주었다.[21]

당신이 집에서 하고 있는 일은 당신이 마치 하늘에서 하나님을 섬기는 것
만큼이나 소중 한 가치가 있다. 왜냐하면 우리가 이 땅에서 소명이라 여기고
일하는 것들을 하나님께서는 하늘에서 하나님을 섬기는 것처럼 간주해 주시
기 때문이다… 수도사가 수도원에서 금욕생활을 하며 금식하고 기도하는
일은 위대한 반면, 주부가 요리를 하고 집안에서 청소하는 일은 보잘 것 없
는 일로 여겨지기 쉽다. 그러나 하나님의 말씀은 비록 보잘 것 없는 일이라
도 그 일은 하나님을 섬기는 일로 간주되며, 수도사들이 금욕하는 생활보다
도 더 귀한 찬양으로 하나님께 받아들여진다고 한다.[22]

루터의 소명사상은 소명이 종교적인 영역에만 국한되지 않고 일상생
활의 전 영역에 연관되었다는 획기적인 생각이다. 이 사상은 일에 대한

---

21 Paul Ramsey, *Basic Christian Ethics* (Chicago: The University of Chicago Press, 1980), p. 153.

22 LW, 5, 102; 4, 341; 5, 100.

가치관을 새롭게 제시하는 것이다. 중세의 폐쇄적인 소명사상이 세상의 일터에서도 하나님의 뜻을 살아가는 개방적인 소명사상으로 일대 전환을 하는 것이다. 이것으로 일상생활의 의미가 더욱 중대해졌다. 하나님은 교회 안에만 머무르시는 것이 아니라 세상 속에서 일하시며 사람을 부르신다는 사상을 불어넣는 것이다.

소명은 본질적으로 다른 사람들에게 도움이 되는 위치에서의 섬기는 활동이다. 루터에게 있어서 소명이 하나의 직업에 한정되지 않고 생물학적인 질서라고 할 수 있는 아버지, 어머니, 아들, 딸을 포함하는 것은 중요한 사항이다. 소명이 어떤 특정한 직책을 의미하지 않고 다양한 모습으로 나타날 수 있기 때문이다. 그리고 한 사람이 인간관계 속에서 여러 가지 역할을 맡을 수 있는 것처럼 소명도 다양한 직책으로 나타날 수 있다. 그러므로 루터의 소명론은 어떤 특정한 직책에 대한 부르심으로 이해하기보다는 하나님의 부르심이라는 포괄적인 의미에서 보아야 한다. 소명을 이행하는 사람은 하나님의 계속되는 창조를 위한 동역자다.

그런데 루터가 소명과 일과 직업을 혼돈하였다고 비판하는 사람도 있다.[23] 루터는 소명을 주어진 "직분과 신분"(the place and stand)으로 이해했다는 것이다. 루터는 소명과 사회적 신분을 서로 번갈아 가며 사용하므로 소명을 사회 질서상 차지하는 특정의 직업과 일치시켰다는 주장이다. 그리고 "부르심을 받은 그 부르심 그대로 지내라"(고전 7:20)는 권고를 들어 소명이 사회에서 지금 처한 직업을 받아들이고 충실히 하라는 말로 받아들여 사회변혁보다는 현상유지(status quo)를 도모했다고 비판을 하는 것이다. 이러한 비판은 어네스트 트뢸치, 본회퍼, 라인홀드

---

23 김재영 편저, 「직업과 소명」(서울: IVP, 1989), pp. 69-70. John A. Bernbaum & Simon M. Steer, *Why Work?: Careers and Employment in Biblical Perspective.*

니버, 위르겐 몰트만 같은 학자들에 의해 제기되는 데, 막스 베버의 루터 해석에 영향을 받은 바가 크다고 본다. 이들은 공통적으로 루터가 "현실적이고 공적인 윤리" 보다는 "완전한 개인윤리"를 발전시켰다고 비판한다.[24]

물론 루터가 농업 중심적 사회관에서 벗어나지 못했고, 시장 경제 활동에 대한 이해가 부족했으며, 직업 선택의 자유권에 대한 적극적인 주장을 펴지 않았다는 점이 인정되더라도 그가 소명을 특정한 직업에 한정하여 이해하였다는 것은 오해라고 본다. 루터가 소명이란 말을 신분이라는 말과 동의어로 쓴 것은 사실이지만 그 신분에 대한 이해는 사회적 신분, 지위, 계층, 계급에 관한 현대적 개념과는 분명히 다른 것이다.[25] 한 사람이 동시에 여러 가지 신분-구두 수선공이면서 아버지도 되고 남편도 되는-에 속할 수 있는 것처럼 소명도 넓은 의미에서 다양하게 사용하고 있다. 하나의 공통된 신분이 있으되 직책과 직업은 다양할 수 있다. 마치 소명은 그리스도의 몸을 이루도록 부른 것이고, 직책은 몸을 이루는 다양한 지체처럼 서로 직능이 다른 것이다. 그러나 그 지체 간에 어떠한 차별도 있을 수 없다. 기독교인은 그가 이웃을 섬기도록 하나님의 부르심을 받았다는 것을 확실히 믿는 가운데 사랑으로 행하고, 또 하나님께서 그가 하고 있는 일을 기뻐하신다는 확신을 가지고 있기 때문에 소명을 받은 것이다. 루터는 사제직을 수행하는 데 따르는 엄청난 권위와 영적 가치를 평범한 세상의 일과 다를 바가 없다고 보았다. 어떤 형태의 일이든 하나님의 은혜와 사랑에 믿음으로 응답하는 것은 곧 소명이다. 소명이란 어떤 일을 선택하는가의 문제라기보다는 주

---

24 Reinhold Niebuhr, *The Nature and Destiny of Man* vol. 2 (New York: Charles Scriber's Sons, 1943), pp. 192-195.

25 파울 알트하우스, 「말틴 루터의 윤리」(서울: 컨콜디아사, 1989), p. 72.

어지는 일에 대해 사랑으로 섬기는 자세의 문제였다. 루터는 소명을 특정 직업에 한정적인 것으로 보지 않았다. 그런 의미에서 직업을 바꿀 수 있는 가능성은 얼마든지 열어 놓았다고 본다. 다시 말하면 루터가 말하는 소명은 어떤 특정한 직업을 의미하는 것이 아니라 일상에서 하나님을 섬기는 다양한 직책으로의 포괄적인 부르심이며, 일자리는 큰 부르심 중에 일부분이다. 일에 대한 소명은 직업에 대한 통상적인 의무를 훨씬 초월하는 것이다.

반면에 중세교회가 직업을 세속적 삶의 방편으로 보고 봉사와 헌신은 교회로 제한하였던 것은 폐쇄적인 소명사상을 가지고 있었기 때문이다. 현대교회에서 소명을 전문목회 사역(목사나 선교사)에 대한 부름으로 한정해서 쓰고, 다른 직업에 종사하는 사람들은 소명을 받지 않은 것으로 간주한다면 중세교회의 소명이해를 답습하고 있는 것이다. 소명에 대한 개방적인 이해를 가지고, 이웃을 위한 봉사의 삶으로 소명을 확대해 나가야 한다.

c. 두 왕국론

루터의 두 왕국론이나 두 정부론이 초기에는 어거스틴의 영향을 받아 두 왕국을 대립적인 입장에서 파악했다. 이 세상을 하나님의 왕국과 사탄의 왕국, 하나님과 악마, 아벨과 가인, 선과 악, 선한 사람과 악한 사람의 끊임없는 투쟁으로 보았다.[26] 그러나 루터의 두 왕국설에 대한 이해는 점진적으로 발전되어 후기에는 결국 하나님 왕국과 그것을 대적하는 세상의 왕국이라는 이원론에서 벗어나게 된다. 두 개의 정부는 두 개의 별개의 집단이 아니라, 하나의 동일한 삶의 두 개의 다른 영역에

---

26 LW 45, 86-88.

속해 있는 하나님의 자녀들에게 영향을 주는 것으로 이해한다.[27] 기독교인은 두 정부 안에서 살고 두 정부의 배후에는 하나님이 계신다. 하나님께서는 각 정부 속에서 각기 다른 방식으로 역사 하신다.[28] 두 정부는 다 하나님의 것이다. 그것들은 서로 반대되지 않는다. 둘 다 악마를 대항하여 싸우는데, 하나는 복음으로 다른 하나는 법의 안내를 받는다. 두 정부 모두를 통하여 하나님은 사람들을 선행과 신앙으로 인도한다. 그러므로 지상의 정부에서 행하는 모든 일이 하나님 앞에 중요성을 띤다.

루터가 말하려고 했던 것은 두 왕국 사이에 있는 긴장과 투쟁이지, 상이한 영역의 두 왕국을 이원론적으로 구분하려고 했던 것은 아니다. 이런 면에서 보면 루터의 두 왕국론은 "삼왕국론"(Drei-Reiche-Lehre)적인 의미가 있다는 말은 상당히 설득력이 있다.[29] 하나님의 왕국이 존재하고, 세상의 왕국이 하나님의 의지에 상응하는 현실로 존재하고(세속의 정부), 사탄의 왕국은 외재적으로 존재한다는 것이다. 다시 말하면 하나님의 왕국에는 두 가지 정부가 있는 것이다. 즉, 영적 정부에는 설교, 신앙, 교회가 속하고, 세속 정부에는 국가, 경제, 가족이 속하는데 이들은 서로 혼합되지 않지만 엄격히 구분되지도 않는다. 두 정부는 보충적이고 보완적인 관계를 형성한다. 두 정부가 사탄의 왕국에 공동의 저항을 할 때 긍정적인 관계를 유지할 수 있고 세속의 정부가 사탄의 왕국에 봉사할 때 영적 정부는 언제든지 저항할 수 있다.[30] 이것으로 루터는 세속 정부의 활동이나 세상의 직무들을 적극적으로 평가하고 하나님의 뜻

---

27 파울 알트하우스, 「말틴 루터의 윤리」, pp. 87-90.

28 WA 11, 251, 257; LW 45, 91, 99; WA 39, 42.

29 U. Duchrow, Traditionsgeshichte und Systematische Struktur der Welt-reichenlehre (Stuttgart, 1970), p. 526. 정승훈, 「종교개혁과 칼빈의 영성」(서울: 대한기독교서회, 2000), p. 174에서 재인용.

30 Ibid., p. 176.

을 실현하는 방식으로의 세속생활을 권고하고 있다. 그러나 루터의 두 왕국론을 이분법적으로 구분지어 이해할 때는 오해와 오용의 여지가 있다.

　이상에서 일에 대한 루터의 사상을 종합해 보면 일은 생명의 자유로부터 비롯된 것이며, 일을 통해 제공되는 봉사는 공공의 이익을 위한 하나님의 계획의 일부라는 사실이다. 일은 하나님의 주권과 질서 안에 있는 것이며 성 속의 이분법은 불가능하다는 것이다. 기독교인의 자유는 일상생활에 미치는 윤리적인 귀결을 갖는다. 참된 자유는 자신에 대한 집착에서 벗어나 이웃에 대한 진정한 관심을 가지고 소명 받은 삶을 살아가는 것이다.
　하나님과의 관계에서 행하는 모든 일은 선한 것이 될 수 있다. 루터는 일이 하나님을 섬기는 일상적인 예배라고 보았다. 그는 이중의 윤리를 반대했을 뿐 아니라 직업에 있어서의 계층성도 부인했다. 하나님의 소명을 받고 하는 일은 세상의 일이나 교회의 일이나 모두 거룩한 것이다. 일은 하나님의 소명에 따른 인간에 대한 봉사다.

2) 칼빈

　우주는 하나님의 영광이 펼쳐지는 무대라고 말함으로 칼빈은 하나님의 주권을 강조하고 있다. 하나님의 사역을 교회 안으로 제한하는 것은 하나님을 제한하는 것이다. 칼빈의 일에 대한 사상은 "하나님의 영광을 위하여"와 "하나님의 주권"에 대한 강조에 초점이 있다. 칼빈의 이러한 생각은 소명사상과 예정론, 그리고 세계 내적인 삶의 방식에 잘 나타나 있다.

칼빈은 루터를 따라 일상의 일의 신학적, 종교적 중요성을 인정하였다. 이런 생각은 그의 마리아와 마르다의 이야기(눅 10:38~42)를 주석하는데 잘 반영되어 있다. 중세 교회의 전통은 예수님이 음식을 준비하기 위해 분주한 마르다보다는 예수님의 발아래에서 말씀을 듣던 마리아를 칭찬하신 사건을 들어 관조하는 생활이 봉사하는 생활보다 우위에 있다고 해석을 했다. 그러나 칼빈은 이 특별한 경우의 사건을 일상의 모든 일과 섬김에 일반적으로 적용하여 일을 경시하는 것은 잘못된 해석이라고 보았다. 그는 모든 사람은 여러 가지 일에 부름을 받았으며, 자신의 부름에 충실한 것보다 하나님을 기쁘시게 하는 제사는 없다고 하였다. 그리고 마리아와 마르다의 기사는 "일에 대한 구별"이 아니라 "때에 적합한 행위"라는 차원에서 보아야 한다고 하였다. 그 때는 마리아의 행위가 적합한 것이었지만, 때로는 마르다의 행위가 더 적합한 상황이 있을 수 있다는 것이다.[31] 예수님 말씀의 요점은 때에 대한 분별이지 일에 대한 구별이 아니라는 것이다.

그리고 소명론에 있어서도 칼빈은 루터의 사상을 가일층 발전시켰다. 루터는 농업중심적인 사회관에 머물러 있으면서 상업에 대해서는 부정적인 생각을 가지고 있었고, 돈을 빌려주고 이자를 받는 것에 대해서는 반대를 하였다. 그러나 칼빈은 상업 활동을 긍정적으로 평가하였을 뿐 아니라 적정한 한도내(5%이내)에서 이자를 받을 수 있다고 하였다.[32] 결국 루터는 자기가 목격한 상업에서의 악의 증거들을 경계한 반면, 칼빈은 자신이 살던 상업도시에 복음을 연관시키려 한 것이다. 칼빈은 달란트 비유에서 다음과 같이 기술하였다.

---

31 Lee Hardy, op. cit., p. 56에서 재인용.

32 칼빈은 가난한 사람에게 빌려주는 경우에는 이자 받는 것을 금지하였으나, 사업을 하여 이윤을 남기는 경우에는 이윤에 일정한 비율을 이자로 받을 수 있게 했다.

하나님이 그들에게 맡겨주신 것이 무엇이든지 그것을 유용하게 사용하는 사람들은 바로 상업에 종사하는 사람들이라고 말할 수 있다. 경건한 자의 생활은 정확히 상업과 비교할 수 있다. 왜냐하면 그들은 교제를 유지하기 위하여 서로 교환하고 교역해야 되기 때문이다. 그리고 모든 사람이 그에게 맡겨진 직임, 소명, 적절하게 행동하는 능력 그리고 아주 많은 종류 의 상품으로 추정되는 다른 은사들을 거래를 통해 실행한다. 왜냐하면 그들이 기대하는 용도와 목적은 인간들 간의 상호교제를 촉진시키기 위한 것이기 때문이다.[33]

칼빈은 소명에 대해서도 다음과 같이 말했다.

하나님은 모든 사람들에게 자기들의 특별한 삶의 방식 안에서 살아가는 의미를 의무를 부여했다. 그리고 그 누구도 경솔하게 자기의 한계를 벗어나지 않도록 하나님은 다양한 종류의 삶을 소명으로 부르셨다. …어떤 일이든지 소명을 따르는 일이라면, 그 일은 결코 지저분하거나 천한 일이 될 수 없으며 하나님 보시기에 매우 아름답고 귀한 일이 될 것이다.[34]

칼빈은 모든 소명은 귀한 것이며, 직업을 평가하기 위한 시금석은 그것이 공익을 위해 봉사하고 있는가의 여부에 있다고 하였다. 공동체에 유익을 주는 것만이 선한 일이며 소명받은 일이다. 소명이 중요한 것은 일이 하나님의 부름에 대한 응답이 된다는 것이다.

---

33 David W. Torrance & Thomas F. Torrance, ed. *Calvin's Commentaries* on Matthew 25:20 (Michigan, Grand Rapids: Baker Book House, 1974).

34 John Calvin, *Institutes of the Christian Religion* Trans. Henry Beveridge (Grand Rapids: Eerdmans, 1993), Book III, Ch. X. 6.

그리고 칼빈은 소명사상을 선택교리와 세계내적 삶의 방식(청지기직)에 적용하므로 루터보다 소명사상을 더욱 철저화 하였다.[35] 칼빈에게 있어서 일은 구원의 수단은 아니지만 확신을 위한 수단이었다. 칼빈주의자들은 자신들이 선택되었다는 사실을 외적으로 확신하기 위해서 소명 받은 일에 충실하였던 것이다. 사람이 종사하는 일을 통해 좋은 결실을 맺는다는 것은 자신이 선택되었다는 사실을 외적으로 확증하는 효과가 있었던 것이다.

칼빈의 청지기직 교리는 모든 재물은 하나님께서 위탁하신 것이므로 하나님의 영광을 위하여 잘 유지되고, 사용되어져야 한다고 가르쳤다. 과도한 물질적 욕망을 제어하며, 절제하며, 근면하게 노력하면서, 가난한 이웃에게 자비를 베풀 수 있어야 한다.

우리는 "네 청지기직을 결산하라"는 음성을 늘 염두에 두고 살아야 한다. 금욕, 절제, 검소와 온순함을 권면하시고, 사치와 교만과 허례와 허영심을 미워하시며, 사랑으로 행한 것만 인정하시고, 순결과 순수함이나 지성을 흐리게 하는 모든 쾌락을 정죄하시는 분을 기억해야만 한다.[36]

---

35 막스 베버는 근대 자본주의가 가장 발달했던 지역이 개신교 지역이었던 것을 발견하고 종교와 경제체제 사이의 인과적 상관관계를 추적하여 칼빈주의와 자본주의 정신간의 "선택적 친화성"(elective affinity)을 주장하고 있다. 칼빈의 일에 대한 소명사상과 예정에 대한 외적 증거로서 일상생활의 일들에 대한 "세상내적 금욕주의"(근검, 절약, 저축)가 자본주의 정신을 촉진시켰다는 것이다. 물론 이러한 가설은 많은 논쟁을 불러 일으켰다. 우선 인간의 이기심과 소유욕을 기반으로 한 자본주의와 하나님의 영광을 위한 섬김과 나눔의 소명사상, 자본의 축적과 부의 청지기적 사용 등이 어떻게 양립할 수 있는가에 대한 의문점들이 많이 있다. 사실상 자본주의는 종교개혁 이전에 서유럽에서 시작되고 있었으며 르네상스의 경제적 합리주의에 힘입은 바가 크다. 필자는 칼빈의 사상이 어떻게 일에 대한 적극적인 개념을 주었는가에 대한 상호관계성을 보이는 것이 더욱 필요하다고 본다. Max Weber, *The Protestant Ethic and the Spirit of Capitalism* (New York: Charles Scribner's Sons, 1958); 로버트 그린, 「프로테스탄티즘과 자본주의: 베버의 명제와 그 비판」(서울: 종로서적, 1987). 참고.

36 John Calvin, op. cit., Book III. Ch. X. 5.

칼빈은 재산에 실용적인 의미 외에 영적인 의미를 부여했다. 부자는 "가난한 자들의 목회자"요, 가난한 자들은 "그리스도의 대리자"로 보고, 부자들에게 가난한 자들을 위한 선교적, 윤리적 책임을 다하라고 촉구하였다. 일은 단순히 생계의 수단이 아니라 그리스도를 따르는 생활의 표현으로 낭비를 배격하고 근면과 성실과 절제의 금욕적인 정신을 수반하는 것이다. 즉, 일은 하나님을 영광스럽게 하는 유일한 목적으로 하면서, 그 보상으로 선택받았다는 확신(칼빈의 독특한 기여)이 수반되며, 세속의 영역(루터에게서 차용한 개념) 속에서, 엄격한 규율(가톨릭에서 온 개념)의 삶을 영위하는 것이다. 이렇게 칼빈은 자기의 사상 속에 루터와 가톨릭적 요소를 발전적으로 잘 조화시키고 있다. 결국 "직업을 통해" (per vocationem) 하나님에게 봉사한다는 관념에 도달하는 데, 이것은 "직업 속에서"(in vocatione) 하나님에게 봉사한다는 루터의 관념을 더욱 적극적인 일 사상으로 발전시킨 것이다.[37] 이런 점에서 칼빈은 루터와 차별화 된다. 루터의 소명사상은 이미 주어진 직업을 받아들이고 그 안에서 최선을 다하라는 것으로 오해를 받지만, 칼빈은 어떤 직업을 통해서든지 하나님을 위해 일할 수 있어야 한다는 적극적인 의미를 내포하고 있다. 칼빈은 루터보다 사회윤리에 훨씬 강한 모티브를 가지고 있다. 이것은 루터를 추종하는 사람들이 정치적으로 보수주의로 흐르고, 칼빈주의가 개혁적인 정치성향을 띠고 있는 것과 무관하지 않다. 칼빈의 이러한 사상은 이 세상의 삶 속에서의 청지기적인 생활(가톨릭의 수도원은 저 세상적인 금욕주의)을 권장하여 생활의 엄격한 규율화와 자기통제를 가능하게 하였다. 칼빈은 직업 자체의 의미보다는 종사하는 사람의 내적 태도의 문제를 중시하였다.

---

37 로버트 그린, op. cit., p. 40.

칼빈의 이러한 사상은 그의 창세기 주석에 잘 드러나고 있다. 창세기에는 일에 대한 두 가지 견해가 나와 있는 데, 2장에는 하나님께서 본래적으로 인간을 일하는 존재로 만드셨다는 것이다. 일은 하나님의 선물이요, 축복이다. 그러나 3장에 인간의 범죄의 결과로 일 자체가 고역으로 바뀌게 된 것이다. 하나님의 명령에 대한 불순종 때문에 일이 저주로 왜곡되고 고통과 부정과 억압의 근거가 되었다. 인간이 타락하여 일이 수고롭게 되었을지라도 일은 여전히 적극적인 의미가 있다.[38] 예수 안에서 구속받은 사람에게는 일의 본래적인 의미가 회복되어 하나님을 섬기는 수단이 될 수 있다. 그리고 일의 본래적인 의미를 회복하기 위해서는 안식이 주어져야 한다는 것이다. 안식일은 일을 거룩하게 하는 성화적인 의미를 갖는다는 것이다. 일이 안식일을 거룩하게 지키라는 하나님의 명령에 통합될 때 인간의 일은 창조적일 수 있으며, 인간의 삶에 모든 억압과 고통을 차단해 주는 해방적인 기능을 갖는다는 것이다.[39] 안식일은 일을 구속하는 것이다. 칼빈에게 일은 인간의 삶에 영적인 존엄과 가치를 주는 것으로 복음의 빛에 비추어 볼 때 정당한 것이며 거룩한 것이다.[40]

---

38 David W. Torrance & Thomas F. Torrance, ed. *Calvin's Commentaries* on Genesis 3:17 (Michigan, Grand Rapids: Baker Book House, 1974).

39 A. Bieler, *The Social Humanism of Calvin* (Richimond, Virginia: John Knox Press, 1964), p. 45. 정승훈, op. cit. p. 161에서 재인용. 칼빈의 윤리가 루터의 의인의 윤리와는 달리 성화의 윤리에 강조점을 두고 있다. 칼빈의 예정론도 신론이 아닌 구원론에 입각하여 구원의 체험에 대한 고백이라는 결과적인 면을 강조함으로 웨슬리에 근접하고 있다. 이런 면에서 칼빈과 웨슬리 양자간의 대화 가능성이 있다. 웨슬리는 루터와 칼빈의 연속성에서뿐만 아니라 개혁자들의 약점을 극복한 사람으로 새롭게 조명되며, 서로의 관계를 대립보다는 보충적인 관계로 파악된다.

40 여기서는 다루지 못하지만 일에 대한 웨슬리의 중요한 공헌은 예정론에 대한 신학적인 구조없이도 소명에 헌신할 수 있는 근거를 선행은총에서 마련했다는 것과 재물사용 문제에 대해서 청지기직을 강조한 사실이다. 웨슬리는 일에 대한 실천적인 영성을 보여 준 사람이다.

종교개혁은 비단 신학사상이나 교회제도에 대한 개혁에서 그치는 것이 아니라 사회개혁 그리고 일에 대한 중세의 개념까지 바꾸는 사회적, 사상적 개혁이었다.

3. 현대인을 위한 일의 영성

이상에서 살펴 본 바와 같이 전체적인 흐름에서 개혁자들은 일에 대한 긍정적인 생각을 가지고 있으면서 루터에게서 칼빈으로 일에 대한 사상이 발전되어 내려오는 것을 볼 수 있다. 그들을 현대적으로 적용한다는 것은 그들의 생각을 단순히 반복하는 것이 아니라 그들의 사상적인 기조를 유지 발전시키는 것이다. 여기에서는 그러한 시도의 단면을 몇 가지로 요약해 보기로 하겠다.

1) 한 주인을 섬긴다.

일에 대한 보편적인 정의는 "다른 사람을 위하여 가치 있는 것을 생산해 내는 활동"이라고 정의할 수 있다.[41] 일은 하나님의 창조된 질서이며 하나님의 선물이다. 일은 그 뒤에서 하나님께서 모든 일을 하시며 또 사람들에게 그들이 사는 데 필요한 것을 주시는 "가면"(mask)이다.[42] 일은 하나님이 우리를 축복하시는 수단이다. 최초의 인간인 아담에게 하나님이 주신 일은 에덴동산을 관리하는 정원사였다. 일은 인간의 타락

---

41 Richard Hall, *Dimensions of Work* (Beverly Hills, CA: Sage Publications, 1986), p. 11.

42 WA 31, 437; LW 14, 115; 파울 알트하우스, 「말틴 루터의 윤리」, p. 147에서 재인용.

으로 주어진 형벌이 아니다. 창세부터 인간은 일을 하면서 살게 되어 있었다. 물론 타락의 결과 일에 스트레스, 염려, 실망, 그리고 수고가 따라오게 되었다. 인간이 타락함으로 즐거운 일을 힘든 일로 만든 것이다. 그러나 일의 수고와 고통만을 보고 일을 회피하려고 하는 것은 "육의 눈"으로만 일을 보기 때문이다. 그러나 그리스도인은 "성령의 눈"으로 일을 축복으로 보면서, 일을 통해 예배와 찬양을 하나님께 돌린다.[43] 일을 하는 것은 하나님의 창조의 역사에 동참하는 것으로 하나님의 동역자가 되는 것이다. 인간은 하나님의 창조와 구원의 일에 협력하는 일을 한다.

엄밀한 의미에서 우리는 살기 위해 일하지 않고 일하기 위해 산다. 우리는 주어진 일을 통해 사명을 성취한다. 그래서 생명과 사명은 늘 함께 한다. 우리의 사명이 다하는 날 생명도 다 한다. 일이 우리의 삶에 의미를 부여해 준다. 우리가 하는 일이 곧 우리 자신이다. 인간이 일하는 목적은 단순히 생계를 위한 것만이 아니라, 일하는 것이 하나님의 질서이기 때문이다.

오늘날 일터에서 일하는 사람의 문제는 마음을 드려 일하지 않는다는 것이다. 기독교인들은 자발적인(self-starter) 사람이 되어야 한다.[44] 일의 궁극성을 추적하여 올라가면 소명 받은 일은 결국은 하나님을 섬기는 일이기 때문이다. 일의 목적을 얼마나 멀리 볼 수 있느냐가 아주 중요하다. 우리의 직업은 하나님의 백성의 공동체의 일원으로서 세상에서 하나님의 사명을 수행한다는 의미를 지니며, 이러한 부름 안에서 모든 사람들의 일은 동일한 가치를 지닌다. 이것은 개혁자들이 의미하는

---

43 WA 40, 279-81; WA 30, 149; 파울 알트하우스, 「말틴 루터의 윤리」, p. 148에서 재인용.

44 Fred Catherwood, "The Protestant Work Ethic Attitude and Application Give It Meaning," *Fundamentalist Journal*, (September 1983), p. 24.

우주적인 제사장으로 소명 받은 하나님의 백성들에 대한 이해이며, 아울러 "성도들의 교제"(communion of saints)다.[45]

　모든 일은 수입과 가치를 산출한다. 그리고 그것은 일정한 비율로 일에 내재되어 있다. 일의 바른 방향은 수입산출보다 가치산출의 비중을 점점 높여 가는 것이다. 일을 완전히 놓는다는 의미에서의 "은퇴"란 존재하지 않는다. "은퇴"(retire)라는 영어 단어는 "타이어를 바꾼다"는 뜻이다. 자동차의 타이어가 달았다고 폐차를 시키는 사람은 없을 것이다. 이제 21세기는 고령화 사회로 접어든다. 은퇴하기 전에는 은퇴 이후의 일을 준비하여, 은퇴 이후에는 더욱 가치를 산출하는 일에 전념할 수 있어야 한다. 그것이 제2의 인생을 사는 것이다.

　일에 대한 영성에서 중요한 것은 개혁자들이 지적하였듯이 성속聖俗의 이분법을 배제하는 것이다. 개혁자들은 악은 내면에 있는 것이지, 물질세계에 있는 것이 아니란 사실을 강조하였다. 말씀과 침묵과 명상과 기도의 마리아의 영성생활과 사귐과 섬김과 나눔과 돌봄의 마르다의 생활영성이 모두 다 중요하다. 하나님이 주신 모든 소명은 거룩한 것이다. 성직이나 소명이 비단 교회에 관련된 일만이 아니다. 하나님의 소명은 다양한 직종의 많은 사람들에게 주어진다.[46] 루터는 모든 그리스도인은 포괄적인 의미에서 성직을 수행하고 있다고 했다. 신앙과 생활의 불일치는 목회만이 성직이라는 잘못된 인식에서 비롯된 것이다. 하나님이

---

45 James M. Childs Jr., *Ethics In Business: Faith at Work* (Minneapolis: Augsburg Fortress, 1995), p. 22.

46 소명과 특정한 직업은 서로 구별을 해야 합니다. 소명과 직업을 동일시하면 소명의 영역으로부터 어떤 직업을 제외하는 결과를 가져오거나, 평생 한 직업을 가져야 하는 것으로 오해 할 수 있다. 소명은 직종 선택의 자유를 제한하지 않는다. 그런 면에서 소명은 정적이지 않고 동적이다. 평생 고용의 개념이 실종되고, 직장의 이동이 빈번하고, 새로운 직업들이 다양하게 출현하는 현재적 직업 상황을 감안하여 소명을 폭넓게 이해하여야 한다.

존재하는 모든 것을 창조하시고, 또한 주관하고 계시므로 하나님의 주권적인 질서밖에 존재하는 것은 없다. 그러므로 성과 속을 구별하는 것은 불가능하다. 이 세상은 하나님의 영광이 펼쳐지는 무대이며 하나님의 우선적인 관심은 이 세상에 있다. 그런 면에서 보면 우리는 모두 다 하나님의 소명을 받은 성직자들이다. 그렇다고 해서 말씀과 기도의 목회자의 전문적인 사역을 부인하는 것은 아니다. 하나님의 몸을 이루는 다양한 지체들로서 우리는 부름을 받은 것이다.

구약의 "에베드"(abad), 신약의 "라트레이아"(latreia)라는 단어는 영어의 "서비스"(service)처럼 경우에 따라 "일", "예배"로 번역된다. 즉, 성서에서 일과 예배가 별개가 아니라 같은 것의 다른 표현이란 말이다. "예배"는 교회에서 하나님을 섬기는 일이며, "일"은 세상에서 하나님을 섬기는 예배다.[47] 우리는 교회에서든, 세상에서든 한 주인을 섬긴다. 예배는 신앙과 생활을 연결시켜 준다. 교회와 일터를 생동감 있게 연결해 주는 교량 역할을 예배(교회예배, 일터예배)가 할 수 있다. 예배가 일을 온전케 한다. 예배가 일을 거룩하게 한다. 일이 예배를 가치 있게 한다. 예배에서 일의 열매를 봉헌한다. 일없는 예배, 예배 없는 일 모두 무의미하다. 일과 예배의 조화가 필요하다.

2) 일터를 성소로 바꾼다.

태초부터 일이 있었고, 창조는 하나님의 일이었다. 성서에 나타난 하나님의 이미지는 세상을 만드시는 분, 옷을 지으시는 분, 토기장이, 목자, 농부 등으로 다양하다. 하나님이 보시기에 좋았던 일은 교회의 일이

---

47 벤 패터슨, 「일과 예배」(서울: IVP, 1998), p. 99.

아니라 세상에서의 일의 결과였다. 인간이 하나님의 형상대로 지음을 받았다는 데에는 일하시는 하나님의 모습도 포함된다. 예수님은 "아버지께서 이제까지 일하시니 나도 일한다"(요 5:17)고 일하시는 하나님을 소개하고 있다.

예수님도 당신의 대부분의 삶을 목수로 사셨다. 그가 공생애의 대부분을 보내신 것도 갈릴리 민중의 삶의 자리였다. 그 동안 예수님에 대한 이해가 케리그마에 편중되었기 때문에 예수 사건(Jesus-event)에 대한 인식이 부족하였다. 예수님의 삼중 사역인 설교하시고, 가르치시고, 고치신 일은 모두 다 삶의 구체적인 현장에서 되어진 일이다. 예수님께서는 회당보다는 일터에서 말씀을 많이 가르치셨다. 베드로를 처음 만난 기사도 그의 배에서 예수님이 말씀을 전하게 되는 기회를 통해서다(눅 5:1~11). 그 때 베드로, 요한, 야고보 모두는 일터에서 부름을 받았다. 그리고 제자들로 부른 몇몇 사람들을 제외하고는, 그들을 가르치고 고치신 다음 삶의 구체적인 현장으로 다시 돌려보냈다.

예수님의 비유를 살펴보면 언제나 하나님 나라의 일을 설명하기 위해서 구체적인 일상의 일을 들어 말씀하신다. 농사짓는 이야기, 장사하는 이야기, 품을 파는 이야기, 잔치하는 이야기, 양을 치는 이야기…. 이렇게 모든 일상에 묻어 있는 하나님의 지문을 예수님은 판독하십니다. 하나님이 거하시는 처소를 교회로만 국한하지 말고 가정이나 일터로 확장해 나가야 한다. "내가 세상 끝날까지 너희와 항상 함께 있으리라"(마 28:20)는 예수님의 약속은 성령님의 역사를 통하여 언제나 어느 곳에서나 하나님의 임재를 느낄 수 있다는 것이다. 중세의 로렌스 수도사의 "하나님의 임재 연습"에서처럼, 그가 일하던 부엌도 하나님의 임재를 경험할 수 있는 거룩한 하나님의 성소가 될 수 있다.

루터는 "소 젖 짜는 여인의 수고를 통해서가 아니라면 어떻게 하나님이 소 젖을 짜실 수 있겠는가? 말구유에 누우신 아기 예수를 찾아뵈었던 목자들은 수도원으로 돌아간 것이 아니라 돌보던 양떼에게로 돌아갔다. 그것이 바로 그들의 영적 사역이었기 때문이다."라고 말한 적이 있다.[48]

일터에서 예배를 드린다든지, 일하기 전에 하나님이 거하시는 처소임을 선포하는 식("이곳은 하나님이 거하시는 성소임을 선포하노라")을 가져본다면 하나님의 임재를 더욱 확실하게 느낄 수 있을 것이다. 이러한 생활을 격려하기 위해 목회자가 교인들의 일터에서 하루를 같이 일하면서 보내는 일터심방도 실시할 수 있을 것이다.

3) 성례전적인 삶을 산다.

말씀이 육신을 입고 오신 예수님의 성육신은 세상과 몸의 성화다. 일의 구속이다. 윌리엄 바클레이는 다음과 같이 기도하였다.

오, 하나님 우리 아버지시여, 어떻게 영원하신 말씀이 육신이 되사 우리 가운데 거하셨는 지를 우리가 기억하나이다… 우리는 예수님이 다른 노동자와 같이 하루의 일을 행하셨음에 감사드리나이다. 예수님이 한 가정에서 살아가는 문제들을 아셨음을 감사드리나이다. 대중을 섬기는 일의 당황스러움과 분노를 아셨음을 인하여 감사드리나이다. 하루를 벌어서 사셔야 했음을, 그리고 매일의 일과 생활과 삶의 지치는 일상에 직면하셔야 했음을 인하여 감사드리나이다. 그리하여 각각의 평범한 과업에 영광을 입혀 주셨음을 인하여 감사드리나이다.[49]

---

48 Roland Bainton, *Here I Stand* (New York: Mentor Books, 1950), p. 181.

성육신은 거룩하신 신성이 일상을 입고 오는 것이다. 이렇게 보면 하나님이 세속화 신학을 가장 먼저 시작하신 분이다. 성육신은 현세의 삶의 중요성을 하나님이 입증하신 것이다. 성육신과 창조의 교리는 인간이 누리는 현재의 삶이 본질적으로 의미가 있다는 것을 확신시켜 준다.

거룩한 것이 일상을 입고 나타나는 게 성육신의 정신이라면, 역으로 일상적인 것을 통해 거룩한 것이 오는 것은 성례전이다. 성찬식은 일과 예배가 만나는 곳이다. 일에 대해 가르쳐 주고, 일을 변혁시키는 예배에 대해 가르쳐 준다. 성찬식에서 사용되는 빵과 포도주는 일의 열매다.[50] 인간의 일 없이는 성례전이 거행될 수 없다. 밀과 포도가 빵과 포도주가 되기까지의 과정에는 생산의 관계(사람과 자연)와 실제적인 관계(사람과 사람)가 복합되어 있다. 그리고 공동체 안에서 축복하므로 떡을 매개로 은혜의 관계(사람과 하나님)가 형성되는 것이다. 성찬식에는 이렇게 삼중의 관계가 드러난다.[51] 성찬식은 빵과 포도주로 드려진 사람의 땀과 수고의 결실이 하나님의 축복으로 그리스도의 몸과 피가 되는 것이다. 그러므로 성찬식을 통하여 우리는 일을 거룩하게 하시는 하나님의 은혜를 체험하게 된다. 인간이 수고하여 얻은 생산물을 하나님께 봉헌할 때, 하나님의 선물은 일을 통해 만들어진 물질을 통하여 인간에게 주어지는 것이다. 성찬대에 드려진 빵과 포도주는 우리의 영혼과 몸을 포함한 우리 자신일 뿐 아니라 우리가 일생생활에서 행한 모든 일을 상징한다. 우리가 하는 일이 하나님께 산제사로 드려 질 때에 하나님의 은혜가 되어

---

49 Reuben P. Job & Norman Shawchuck, ed. *A Guide to Prayer for Ministers and Other Servants* (Nashville: Upper Room, 1992), p. 267. 벤 패터슨, op. cit., pp. 52-53에서 재인용.

50 Enrique Dussel, *Ethics and Community* (Maryknoll, New York: Orbis Books, 1988), p. 12.

51 삼중의 원칙은 일에도 적용되어, 일은 나를 위한 것이며(자아실현과 생계), 공동체를 위한 것이며(사회실현과 봉사), 하나님의 선하신 일(일의 궁극성과 하나님의 영광)을 성취해 가는 과정이다.

우리에게 생명의 양식으로 공급된다. 그러므로 우리는 작업대를 성찬대로 만들 수 있다.

토저는 "삶의 성례전"(the sacrament of living)이라는 글을 다음과 같이 썼다.

> 그의 일이 성스러운 것이냐 세속적인 것이냐는 그가 어떤 사람이냐가 결정하는 것이 아니라, 그가 왜 그것을 하느냐가 결정한다. 내적 동기가 중요하다. 그의 마음으로부터 하나님 께 영광을 돌리기 위해 일을 하는 사람에게는 평범한 일이란 없다… 그러한 삶이 성례전적이며 그의 세계는 성소이다.[52]

소명 받은 삶은 성례전적인 삶을 사는 것이다.[53] 현대의 자본주의는 일에 대해 물질적인 관심만 보일 뿐 인격적이고, 영적인 관심이 결여되었다.

4) 안식을 누린다.

루터는 하나님은 우리에게 일하라고 명하셨을 뿐 아니라 일의 한계도 정하셨다고 한다. 안식일 명령은 일을 우상화(또는 일중독)하는 것으로부터 우리를 지켜 준다. 사람이 안식일을 지키는 것이 아니라 안식일이 사람을 지켜 준다.[54] 사람이 안식일의 주인이며, 사람이 일로부터 지

---

52 A. W. Tozer, *The Pursuit of God* (Harrisburg: Christian Publications, 1958), p. 127.

53 Andre Bieler은 칼빈의 사회윤리의 기반으로 성례전적인 성격을 강조한다. 성만찬의 교제는 정의와 평화를 지향하고 해방의 영성이 들어 있다는 것이다. A. Bieler, *La Pensee Economique et Sociale de Calvin* (Geneve: Libraire de Lniversite Georg & Cie S. A., 1959), pp. 269-275. 정승훈, op. cit., p. 22에서 재인용.

54 폴 스티븐스, op. cit., p. 232.

배받지 않는다는 사상이 깊게 베어 있다. 다시 말해 안식일이 사람을 섬 긴다. 이 사상은 근로의 조건을 명시하는 인권 사상으로도 발전될 수 있 다. 사람은 기계가 아니다. 모든 사람이 일을 해야 하지만 일만 하는 것 은 아니다. 일이 탐욕과 자만과 착취의 도구가 되어서는 안된다. 게으른 것과 일벌레는 다른 사람들에게 짐이 된다는 의미에서 같은 도덕적인 죄다. 안식일에는 도덕적인 측면과 예식적인 측면이 동시에 나타나므로 윤리와 신앙, 일과 예배를 연결시켜 준다. 그리고 하나님이 모든 일과 안식의 중심이라는 사실을 고백하게 한다.

창세기와 출애굽기, 즉 창조와 구원은 평일과 안식일 개념에 잘 들어 가 있다. 안식일은 구원의 날이고 회복의 날이다. 예수님이 안식일에 각 색 병자를 고치신 것은 안식일의 참된 의미와 연관이 된다. 창세에는 창 조 다음에 구원이 뒤따라 나왔지만, 타락한 우리들에겐 구원 다음에 창 조가 다시 시작된다. 창세에는 안식이 창조의 끝이었지만 우리들에게는 안식이 창조의 시작이다. 하나님 안에서 참된 안식을 누린 자만이 하나 님의 일을 할 수 있다. 안식은 우리에게 베푸신 하나님의 은혜.

다른 종교는 장소를 성별하는 데 관심을 둔 장소의 종교이지만, 기독 교는 시간의 성화를 목표로 하는 시간의 종교다. 그리스도인의 소명은 공간은 정복하고, 시간은 성화하는 것이며, 안식일은 시간의 성화다. 기 독교는 물리적인 시간에서 의미심장한 시간으로, 크로노스에서 카이로 스로의 변화를 추구하는데 안식일은 카이로스를 느끼게 해 주는 길이다.

이스라엘이 출애굽에서 외적인 자유를 경험했다면, 안식일은 내적인 자유의 상징이다. 오늘날 안식일을 재발견하는 것은 "행동"(doing)보다 "존재"(being)를 앞세우는 진정한 영성회복의 길이다.[55]

---

55 Ibid., p. 240.

필자는 이상에서 일상생활의 영성을 위하여 일이라는 주제를 정하고 어떻게 개혁자들의 사상을 현대적으로 적용할 수 있을까를 다각도로 검토하여 보았다. 신앙과 생활이 더욱 밀접하게 연관을 맺으면서 삶으로 하나님을 증거 하는 그리스도인들이 되시기를 바란다.

사회봉사와 기독교윤리

"Love transfigures life, and religion transfigures love"
사랑은 생명을 변모시킨다. 그리고 종교는 사랑을 변모시킨다.

대학 교육은 교양교육과 전문교육을 통하여 전인적인 인간을 길러 내는 것을 목적으로 한다. 이런 교육은 지성적인 노력만 가지고 되지 않고, 감성적이고 영성적인 훈련과 더불어 도덕성과 사회성을 함께 키워 줘야 한다. 전인적인 인격을 갖춘 삶은 의미 있으면서도 성공적이고 행복한 생활을 약속해 준다.

1. 왜 인간에게 도덕성이 필요한가?

도덕성은 선천적으로 또는 자동적으로 주어지는 인간의 본성이 아니다. 도덕성은 우연히 생겨나는 것이 아니라 가르쳐야 하고, 학습되고, 개발된다. 즉, 부단한 훈련과 교육을 통하여 함양되는 것이다. 물론, 인간은 양심, 동정심, 공감하는 마음 등 이타적이라고 부를 수 있는 인간성에 대한 믿음은 가지고 있지만 인간은 불행하게도 본능적으로는 이기적인 존재다. 인간은 원래 자신의 생존을 위하여 노력하지만 모든 동물 중에서 인간만이 훈련과 교육을 통해서 가장 훌륭하게 이기적인 욕구를 적절하게 통제할 수 있다. 그런데 이기적인 욕망을 통제하고 이타적인 생활을 하는 것이 언제나 자신의 이익에 반하는 것은 아니다. 개인적인 욕구에 대한 약간의 상실감이 있을 수 있지만 때때로 그것은 오히려 자기 자신에게 커다란 행복과 감사를 불러일으키기도 한다. 자신의 삶에 의미를 더해 주기도 하며 더불어 잘 사는 사회를 만들어 주기도 한다. 그러기 때문에 인간다운 삶을 살기 위해 도덕성은 필요하다.

도덕성은 태아 때의 어머니와의 관계에서부터 시작하여 가족들의 따뜻한 사랑의 보살핌과 학교 교육과 사회생활을 통하여 점진적으로 형성된다. 그러므로 적기에 올바른 교육을 통하여 새로운 욕구를 습득하고, 형성시키는 것이 중요하다.

도덕과 윤리를 나누어 생각한다면, 도덕(moral)은 개인에 관련된 것으로 주로 실천의 문제이고, 윤리(ethics)는 인간 상호 관계에서 파생되며 주로 사고에 관련되어 있다. 도덕은 인간이 지켜야 할 도리, 또는 그 바람직한 행동기준으로 생활양식이나 생활관습의 경험을 정리해서 공존(共存)을 위해 인간집단의 질서나 규범을 정하고 그것을 엄격하게 지켜 나가는 데서 생긴 것이다. 이러한 점에서 도덕과 법은 같은 근원에서 나온 것이라 할 수 있지만 사회가 복잡해짐에 따라 법은 사회적 · 외적(外的) 규제로, 도덕은 개인적 · 내적(內的) 규제로 자연히 분화되었다. 윤리는 일반적으로 사회 안에서 인간의 행위에 관련된 여러 가지 문제와 규범을 다루는 사고의 훈련으로 가치를 추구하는 행동을 일컫는다. 윤리는 가치를 행동에 옮기는 것이고, 가치는 행동의 동기, 신념, 목표를 가르친다.

인간에게 참된 행복이란 진정한 도덕성을 갖추고 남을 배려하면서 얻어지는 기쁨이다. "행복이란 완전한 덕과 일치하는 영혼의 활동이며 따라서 인간은 그의 탁월한 자질을 실현하므로 가장 높은 수준의 행복을 얻는다"라는 아리스토텔레스의 말처럼 수준 높은 행복과 기쁨은 올바른 도덕성을 실현하는 영혼의 활동임을 기억해야 할 것이다. 진정한 도덕성을 갖춘 삶이 충만한 행복과 보람과 가치를 가져 준다는 확실한 믿음이 있어야 한다.

미국, 일본, 유럽, 남미의 최고 경영자 1500명에게 "21세기형 최고 경영자에게 가장 필요하다고 생각되는 자질이 무엇인가"라고 물었는데, 88퍼센트의 사람이 도덕성이라고 답변하였다.[1] 지도자에게 요구되는 자질은 정직성과 윤리성이다.

도덕성이 결여된 지식, 도덕성이 결여된 감성, 도덕성이 결여된 영성은 인간에게 무의미하며, 도덕성이 결여된 사회는 삭막하고 무서운 공간이 될 것이다.

결론적으로 도덕성이란 우리의 마음에 내재하는 정서적, 지적인 특질이며, 이것에 의해 옳고 그름을 판단하고 행동에 옮기도록 돕는 것이다.

도덕지능이란 넓은 마음으로 다른 사람을 올바르고 정직하게 이해하며 배려 할 줄 아는 사람으로 성장하는 능력이다. 도덕지능이 높은 사람은 이타적인 마음을 가지고 세상을 바라볼 줄 알며 남을 배려할 줄 안다. 그리고 이타적인 삶은 장기적인 안목에서 보면 자신의 이익을 위하는 삶도 된다. 도덕성을 갖춘 마음과 말과 행동은 우리가 성공적인 삶을 영위할 수 있도록 도와준다. 이러한 사람들이 잘되는 세상이 바른 세상이며 우리는 그러한 세상을 만들어야 한다. 도덕지능은 성공지수이다. 인간의 도덕성은 감동적인 이야기와 다른 사람들의 행위를 본보기로 하여 학습되고 습득될 수 있으며, 그것이 습관화 되어 몸으로 나타나야 한

1 Korn/Ferry International and Columbia University Graduate School of Business, *Reinventing the CEO* (New York: Korn/Ferry International & Columbia University Graduate School of Business, 1989), p. 41.

다. 결국 대학사회봉사활동은 도덕지능을 키워주는 효과적인 수단이다. 대학에서의 사회봉사는 도덕지수, 감성지수, 역경지수를 키워준다.

2. 앎을 삶에 담는 참된 학습으로써 사회봉사 활동

교육이 객관적인 지식이나 정보를 전달하는 것으로 역할을 다하는 것이 아니다. 사실 현대의 교육은 가르치는 자나 배우는 자로부터 지식을 객관화시켜 유용성을 위한 도구 정도로 여기는 것이 지배적인 생각이다. 그러나 본래 전통적인 교육은 앎과 삶, 학문과 인격이 서로 뗄 수 없는 밀접한 관계를 맺고 있었다. 이론적인 지식과 실천적인 지식이 별개가 아니다. 앎이 삶으로, 학문이 인격으로 연결될 때에만 우리의 지식은 비로소 진리에 도달할 수 있다. 다시 말해 교육은 앎을 삶에 담아 가르치는 것이어야 하며, 앎과 삶이 다를 때 우리는 바른 교육이 이루어졌다고 말할 수 없다. 진리는 앎이 삶으로 연결될 때에 나타나는 것이다. 예수님을 법정에 세워 놓고 심문하던 본디오 빌라도는 "진리가 무엇이냐?" 라는 물음으로 진리를 객관적, 이론적 지식으로 추구하였지만, 예수님은 자신이 진리라고 답변하시므로 진리는 인격적, 실천적 지식임을 분명히 하셨다. 예수님은 자신을 소개하실 때, "진리에 대하여 말하는 자"가 아니라 자신이 "진리"라고 선언하셨다(요 14:6). 여기에 성육신의 신비가 있다. 예수님은 앎이 몸을 입고 삶으로 나타난 진리다. 그러므로 예수님은 삶으로 앎을 나타내셨다. 바로 예수님의 성육신 모델이 우리 교육의 목표가 되어야 한다.

우리 교육의 진정한 목표는 참된 지식의 육화(embodiment)이다. 우리가 지식을 소유하는 것이 아니라 지식을 살아야 한다. 다시 말해 지식조차도 소유화하지 말고 존재화해야 한다. 우리가 가지는 지식은 소유적 지식이 아니라 존재론적 지식이어야 한다. 과연 우리의 교육 현장에서 이러한 교육이 이루어지고 있는가? 교육을 받는 자리에서 변화가 일어나고 있는가? 교육을 많이 받은 사람일수록 인격자라고 말할 수 있는가? 교육은 사회에서 필요한 기술이나 지식을 주입하여 미래에 활용할 수 있는 것들을 구비시키는 차원의 것만이 아니다. 교육은 과거의 전통과 역사 그리고 기술을 반복시키고 전수하는 것만도 아니다. 지금까지 교육은 교육에 있어서 미래와 과거의 차원을 강조했지만 실상 중요한 교육의 현재의 차원이 빠져 있다. 참된 교육은 지금 교육을 받는 현장에서 생활, 인격, 생각, 행동의 변화를 동반해야 한다. 교육은 과거로부터 끌어 오는 힘인 기억력과 미래로부터 불러 오는 상상력, 그리고 현재의 생활을 변화시키고 추진해 가는 실천력을 제공할 수 있어야 한다. 삶과 인격이 변하지 않는 교육이 무슨 소용이 있는가? 아무런 결단도 요구하지 않는 교육이 교수나 학생을 어느 면에서는 서로를 편안하게 놔둘지 모르지만 결국은 가르치는 자나 배우는 자 모두 자기 분열의 위험에 봉착한다. 교육은 정보(information)가 아니라 변화(transformation)다. 지금 인류가 만들어 내는 "하이 테크"(high tech)는 감성, 영성, 도덕성의 "하이 터치"(high touch)로 정화시켜 주어야 한다. 최첨단 정부 기술문명은 종교와 철학과 예술과 균형을 이루어야 한다. 우리가 아는 지식이 우리를 삶으로 이끌지 못한다면 종내는 죽음으로 이끄는 지식이 될 것이다. 아는 것과 사는 것이 분리된 이분법적인 접근은 위선자를 만들고 영혼 없는 지식을 만들어 인류를 불행으로 인도하게 될 것이다. 그리고 우리가 추구하고 가르치는 지식이 과연 사랑과 생명을 전해 주는 지식인지에 대해서도 반성을 해야 한다.

현대는 지식을 기술로 이용하려고만 하기 때문에 학문과 생활, 곧 앎과 삶이 그 본질적인 관계를 상실하게 되었고 급기야 짐승의 얼굴을 가진 지식들이 세상에 난무하고 있다. 지식과 행동, 학문과 인격, 앎과 삶의 분리가 지식과 학문의 타락을 의미한다. 현대 지식의 실패는 아는 것을 살지 않는 데에 있다. 그리고 더 큰 문제는 앎이 사랑으로부터 발원하지 않았다는 것이다. 현재 우리의 교육이 이기심이나 호기심이, 명예욕에 기초하거나 그것을 만족시켜 주기 위한 수단이 되고 있다면 교육은 타락한 것이다. 만일 교육이 사랑에 기초하지 않고, 사랑을 목적으로 하지 않는 것이라면 타락한 것이다.

본래 앎의 행위는 사랑의 행위다. 성경을 기록한 히브리적 사유에서 보면 안다는 것은 깊은 의미의 사랑과 통한다. 마리아가 아기를 임신하였다는 천사의 고지를 받고 "나는 사내를 알지 못하니 어찌 이 일이 있을 수 있으리이까?"(눅 1:34) 반문한 기사 가운데, "사내를 알지 못한다"는 의미는 단순히 남자의 이름이나 남자에 대한 지식의 부재를 의미하는 것이 아니라 육체적인 관계를 포함한 전인적이고 체험적인 지식의 부재를 의미한다. 다시 말해 "안다"는 것은 체험적인 지식이다. 안다는 것은 체험적으로 사랑한다는 의미다. 그러므로 지혜(소피아)와 사랑(에로스)은 관계론적인 면에서 유사한 점이 많다. 참된 지식은 하나님을 아는 것이고, 하나님을 아는 것으로부터 참 생명이 연유된다. 하나님을 경외하는 것이 지혜의 근본이라는 것, 우리가 힘써 알아야 할 것은 하나님에 대한 지식이라는 것, 그리고 이 진리가 이 세상을 구원할 것이라는 사실을 확신해야 한다. 그러므로 교육은 사랑에 기초해야 하고 교육은 사랑을 목적해야 한다.

이러한 교육을 수행함에 있어서 사회봉사 활동은 너무나 중요하다. 앎을 삶에 담는 것, 공부와 실천을 함께 하는 것이 대학사회봉사다. 참된 학습에 있어서 "공부는 실천을 요구하고, 실천하는 것은 공부를 요구한다."[2] 과거와 미래를 위한 교육에서 더 나아가 소외되어 있는 현재를 위한 교육이 사회봉사다. 앎이 삶으로 연결되기 위해서는 교육에 감동이 있어야 하는데, 봉사활동은 감동 교육의 효과적인 수단이 된다. 교육의 목적은 지적으로 총명하고 도덕적으로 선한 사람을 만드는 것인데, 자원봉사활동은 지식 위주의 학교 교육을 개혁하고 체험을 통한 실천 위주의 인성교육 강화에 필수적인 과정이다. 사회봉사를 통해 다른 사람의 입장에서, 그들의 안목으로 세상을 보면서 우리의 인식의 지평을 확대할 수 있다. 그들이 나와 다르지 않다는 동질의식, 그들의 아픔이 나와 무관하지 않다는 연대의식, 그들이 내 대신 아픔을 겪는지도 모른다는 동참의식을 가지게 된다. 이것이 학습의 동기가 될 때, 사랑에 기초한 교육이 될 수 있으며 배운 지식은 사랑을 실천하는 도구가 된다. 이렇게 봉사를 통한 학습은 더불어 사는 공동사회의 초석이 된다. 이렇게 학습에 필수적인 봉사 활동을 많이 학생들이 손쉽게 참여할 수 있도록 시설 중심의 봉사에서 프로그램 중심의 활동으로 다각화하여 봉사활동을 생활화할 수 있도록 해야 한다. 대학사회봉사는 이러한 프로그램을 개발하고 실험할 수 있는 좋은 장을 마련해 줄 수 있다.

3. 성서 이야기 엿보기

우리가 읽거나 듣는 이야기는 도덕적 상상력을 키워주고 결과적으로는 도덕적 분별력과 도덕성을 높여 준다. 예수님은 이런 목적을 두고 이

---

2 Shankar A. Yelaja, ed. *Ethical Issues in Social Work* (Springfield, IL: Charles C. Thomas Publisher, 1982), p. 6.

야기를 많이 활용하셨다. 사회봉사의 기원을 살펴보면 원래 성서와 종교적 전통에 그 뿌리를 두고 있다. 구약에는 나그네를 접대하는 것으로부터 시작하여 고아나 과부 그리고 가난한 자를 돌보는 것이 신앙의 중요한 실천 행위 중에 하나였다. 자선행위는 남을 도와주는 선행일 뿐 아니라 하나님의 계명을 실천하는 신앙의 행위였다. 예수님도 비유를 들어 이런 신앙의 생활화 측면을 강조하셨다.

어떤 율법사가 일어나 예수를 시험하여 가로되 선생님 내가 무엇을 하여야 영생을 얻으리이까 예수께서 이르시되 율법에 무엇이라 기록되었으며 네가 어떻게 읽느냐 대답하여 가로되 네 마음을 다하며 목숨을 다하며 힘을 다하며 뜻을 다하여 주 너의 하나님을 사랑하고 또한 네 이웃을 네 몸과 같이 사랑하라 하였나이다 예수께서 이르시되 네 대답이 옳도다 이를 행하라 그러면 살리라 하시니 이 사람이 자기를 옳게 보이려고 예수께 여짜오되 그러면 내 이웃이 누구오니이까 예수께서 대답하여 가라사대 어떤 사람이 예루살렘에서 여리고로 내려가다가 강도를 만나매 강도들이 그 옷을 벗기고 때려 거반 죽은 것을 버리고 갔더라 마침 한 제사장이 그 길로 내려가다가 그를 보고 피하여 지나가고 또 이와 같이 한 레위인도 그곳에 이르러 그를 보고 피하여 지나가되 어떤 사마리아인은 여행하는 중 거기 이르러 그를 보고 불쌍히 여겨 가까이 가서 기름과 포도주를 그 상처에 붓고 싸매고 자기 짐승에 태워 주막으로 데리고 가서 돌보아 주고 이튿날에 데나리온 둘을 내어 주막 주인에게 주며 가로되 이 사람을 돌보아 주라 부비가 더 들면 내가 돌아올 때에 갚으리라 하였으니 네 의견에는 이 세 사람 중에 누가 강도 만난 자의 이웃이 되겠느냐 가로되 자비를 베푼 자니이다 예수께서 이르시되 가서 너도 이와 같이 하라 하시니라 여기에 나오는 선한 사마리아 사람의 비유(눅 10:25~37)는 누가 이웃인가에 대한 질문으로부터 시작되지만 이웃에 대한 개념적인 답변보다는 실재적인 이야기로 이웃이 된다는 것은 무엇을 의미하는지 알려주고 있다. 예수님은 이웃을 종교, 문화, 언어를 공유하고 있는 사람이거나, 거주하는 지역에서 몇 킬로미터 이내에 사는 사람이라고 설명하지 않았다. 예수님은 이 비유에서 "누가 이웃이냐"라는 율법사의 질문을 곤경에 처한 사람에게 가서 네가 "좋은 이웃이 되어주라"(Good Neighbour)는 권고로 바꾸었다. 누가 이웃인가에 대한 개념적인 질문보다 더 중요한 것은 이웃은 무엇을 하는 사람이며 어떻게 이웃이 될 수 있는가이다. 이 비유에서 강도당한 사람의 이웃이 되었던 사람은 당시 유대인에게 이방인 또는 대적으로 간주되던 사마리아인이었다. 사마리아인은 듣는 자들에게 놀라움을 주기 위해 선택된 인물인데, 사마리아인과 선행을 연결시켰을 때, 이야기는 비틀려서 역설적이고 충격적인 진리를 드러낸다. 비유는 일상의 세계관을 전복시킨다. 사회봉사는 곤경에 처한 사람들에게 가서 좋은 이웃이 되어 주는 것이다.[3] 이 비유는 당시 사회의 불안한 치안 상황과 사마리아인을 적대적으로 대하던 역사적 현실을 배경으로 종교지도자들의 위선적인 행동을 비판하신 것이다. 여기에서 제사장이나 레위인이 강도당한 사람을 도왔다면 너무나 당연한 이야기가 되었을 것이다. 선한 행위를 제사장이나 레위인이 아닌 사마리아인에게 돌린 것은 당시의 사회상을 풍자한 것이지만 예수님의 의도가 깊이 깔린 설정이다. 제사장이나 레위인이 도와 준 것이 아니라 가장 멸시받고 배척당하던 그룹의 사람이 곤경에 빠진 사람을 도와주었다는 것이다.

---

3 Chris Hanvey, "The Field Worker: The Limits of Love" in *Social Work: A Christian Perspective* Terry Philpot, ed. (Tring, England: Lion Publishing, 1986), p. 94.

동족이 아닌 이방인, 특권층이 아닌 소외된 계층의 사람이 예상치 못한 장소에서, 어려운 시간에, 자발적으로 행동한 것은 보통 사람들이 일상생활에서 마음만 있으면 할 수 있는 봉사이다. 이기적이 아닌 이타적인 정신을 가진 사람은 아무리 부족하여도 남에게 결정적인 도움을 줄 수 있다. 이 비유는 종교적·인종적·지역적·문화적 차원을 뛰어넘어 누구든지 이웃이 될 수 있다는 것을 가르쳐 주면서 이웃을 넓게 확장해 준다. 그리고 사실 남을 돕는 사람은 가진 것이 풍부하거나 지위가 높은 사람이 아니라 보통 사람, 어려움을 당해 본 사람이다.

비유를 들으면서 청중들이 경험하는 것은 기존 가치체계의 변화다. 그리고 무엇이 우선적인 가치인가를 알려 준다. 만일 제사장이나 레위인이 하나님께 제사를 드리러 가는 길이었기 때문에 부정을 타지 않기 위하여 정결법을 지키느라고 그냥 지나칠 수밖에 없었다고 말해도 그것은 변명이 될 수 없다. 정결법 준수보다 더욱 중요한 것은 이웃 사랑이라는 가치이기 때문이다. 진정한 종교는 사랑을 실천하는 것이다. 그렇지 않으면 종교가 이데올로기가 되고 사람을 살리지 못하는 종교가 된다. 신앙생활에서도 앎은 삶으로 실천되어야 진리가 된다. 예수님은 율법사의 율법에 대한 앎을 삶으로 옮길 것을 지시하시고, 그 한 예로 실재적인 이야기를 하시는 것이다. 성서를 바르게 읽고 믿는다는 것은 바른 학습과 매 한가지다.

"가서 너도 이와 같이 하라"(go and do likewise)(눅 10:37)는 예수님의 말씀은 똑같이 하라거나, 네가 원하는 대로 하라가 아니다. 비유는 명령에 그치지 않고 하나의 분명한 도덕적 비전을 준다. "이와 같이"는 자신들이 처한 컨텍스트에서 예수님의 이야기를 창의적으로 적용하라는 주문이다. 그러므로 예수님의 비유를 들을 때에 창의적인 상상력이 요구된다. 예수님의 이야기에 충실하면서도 창의적으로 응용할 수 있어야 한다. 예수님은 이웃을 사랑하라는 일반적인 계명이나 원칙을 주기보다는 선한 사마리아인의 이야기를 통하여 유추적 상상력을 자극하고 청중들의 상황에서 원이야기의 패턴을 따라 적합하게 활용할 것을 바라고 있다.[4] 여기에서 사마리아인의 행위는 기독교인의 이웃 사랑을 위한 모범적인 패러다임으로 제시된다. 이러한 방식으로 예수님은 비유가 구체화되거나 인격화되도록 시도하고 있다. 그것은 율법사가 일반화하던 방식과는 다르다.[5] 우리가 처한 새로운 상황에서 비유나 말씀이 우리의 몸에 육화되어 살아 움직이도록 하는 것이다. 그러므로 이 이야기를 제대로 보기 위해서는 윤리적 상상력이 필요하다.

선한 사마리아 사람의 비유에서 배울 수 있는 사회봉사의 윤리적 패러다임은 다음과 같다.

첫째는 공감하는 마음(Compassion)이다.

다른 사람의 곤경을 볼 수 있는 눈과 가슴이 있어야 한다. 모든 참된 리더십은 공감하는 마음(compassion)에서 나온다. 공감은 com+passion으로 같은 아픔을 가진다는 뜻이다. 고통에 동참하고 불쌍히 여기는 상호이해, 동료의식, 연대의식을 의미한다.

다른 사람의 처지에 들어가 그들의 경험을 나누고, 우선은 그들을 있는 모습 그대로 받아들이는 것이다.

둘째는 정확한 판단력(Assessment)이다.

다른 사람의 정황을 정확하게 평가하고 그들의 필요를 계산해 낼 수

---

4 한기채, 「성서 이야기 윤리」 (서울: 대한기독교서회, 2003), p. 223.
5 율법사는 "네 이웃을 네 자신같이 사랑하라" 또는 "자비를 베푼 자니이다" 라는 대답을 통해 일반화, 객관화 혹은 개념화를 시도하고 있다.

있는 판단력이 있어야 한다.[6] 사랑은 분별력을 요구한다.

셋째는 신속한 행동(Action)이다.

어려운 사람을 돕기 위해서는 시의 적절한 행동이 요구된다. 응급처치를 위해 신속하게 움직이는 발걸음과 손놀림이 필요하다. 상처를 진정(완화)시키기 위해서 기름을 바르고, 소독하기 위해 알코올도 바른다. 그 때에 가용한 자원을 최대한 활용하여 위급한 상황을 넘길 수 있도록 한다.

넷째는 희생적인 돌봄(Caring)이다.

일정기간 함께 시간을 보내면서 물질적으로 도움을 주는 섬김과 돌봄이 필요하다. 응급조치를 마친 다음에는 좀 더 안전한 장소로 이동하여 자신의 물질을 지불하면서까지 밤새 돌보는 섬김이 필요하다.

다섯째는 지속적인 도움(Continuance of Help)이다.

응급조치 이후에는 상태를 지켜보면서 지속적이고 계획적인 관심과 도움이 필요하다. 문제가 완전히 해결될 때까지 책임을 지고자 하는 마음을 가지고 후속조치(follow up)를 꾸준히 진행시켜야 한다. 이 단계에서 다른 사람과 함께 일하는 협동심도 필요하다.

결국 선한 사마리아 사람은 이러한 단계의 노력을 보여 주었는데, 이 경우는 응급상황이 발생했을 때의 개인적인 처방, 다시 말해 사회봉사적인 차원의 좋은 예이다. 그러나 여기에 머물러서는 안 된다. 강도가 빈번하게 나타나는 치안부재의 상황을 방치하고 희생자를 구제하는 차원에서 일이 진행된다면 똑같은 불행은 계속 반복될 것이기 때문이다. 예방적인 차원에서 재발을 방지하기 위해서라도 제도적 노력이 뒤따라

---

6 Chris Hanvey, op. cit., p. 98.

야 한다. 이것이 사회행동이며, 제도적인 노력이 사회복지다. 그러나 사회복지 정책을 수립하기 위해서는 사회봉사 경험이 중요하다. 실재 몸으로 경험해 보아야 실효성 있는 제도도 만들 수 있다.

부자와 나사로 이야기(눅 16:19~31)의 비유에서도 이웃이 곤경에 처했을 때, 어떤 방관자도 하나님의 심판으로부터 자유로울 수 없다는 것을 보여 준다.[7] 부자는 자기 집 문 앞에 앉아 있는 거지에 대해 무관심하였고, 그에 대해 어떠한 조치도 취하지 않았다. 그것이 부자의 잘못이었다. 부자는 나사로를 학대해서가 아니라 무관심과 무자비 때문에 지옥으로 갔다. 부자의 죄는 "아무 것도 하지 않은 죄"다. 곤경에 처한 사람이 우리 주변에 있을 때 우리가 마땅히 해야 될 일을 하지 않는 것이 지옥에 갈 큰 죄가 된다. 예수님의 관심은 가난한 사람들을 자신의 확대된 가족의 일원으로 대할 수 있어야 한다는 것이다. 서로를 향한 무제한적 책임의식이 기독교윤리의 본질이다. 마땅히 행해야 할 "무엇인가를 하지 않음으로 폭력"(violence by omission)을 행사하는 것을 홍종명은 시에서 다음과 같이 말한다.

> 만약 자신의 이웃을 사랑하지 않는다면, 그것은 폭력입니다.
> 만약 길 잃은 아이에게 길을 가르쳐주지 않는다면, 그것은 폭력입니다.
> 만약 목마른 아이에게 물 한 컵을 주지 않는다면, 그것은 폭력입니다.
> 만약 배고픈 이에게 아무 것도 주지 않는다면, 그것은 폭력입니다.
> 만약 다른 이의 인격을 훼손한다면, 그것은 폭력입니다.

---

7 한기채, op. cit., p. 225

양과 염소의 비유(마 25:31~46)는 복음서의 요약이라고 말할 수 있을 정도로 기독론, 윤리, 구원사가 묵시적 계시 형태 안에 통합되어 있다. 이미 사람들은 행위를 따라 좌우로 나누어져 있었고, 임금은 그렇게 분류된 사람들의 공통점과 그 내력을 말한다. 그들은 한결같이 자신들이 한 일을 모르고 있다. 하나님의 정의는 우리가 평소에 행한 사랑의 행위를 통해 드러난다. 그리고 이런 무의식적인 행동의 중요성은 부각된다. 의로운 사람은 예수가 그들의 선한 행위에 대한 최후의 수령자라는 것을 알지 못한 채 궁핍한 자를 돌봐 주었다. 모든 것이 분명해지는 것은 마지막 심판의 때다. 의로운 사람은 상 받을 것을 계산하지 않고 행한 자신들의 자선행위에 상이 주어진다는 사실을 알게 된다. 가난한 자, 목마른 자, 노숙자, 헐벗은 자, 굶주린 자, 병든 자, 수감된 자와 같은 "작은 자"를 예수님(임금)과 동일시한 것은 기존의 상식을 깨는 대반전이다. 가장 작은 자에게 감추어져 있는 예수님, 가난한 자에게서 예수님을 보지 못하면 예수님을 상실하게 된다. 가난한 자에게 현존하는 예수님 그리고 예수님 안에 있는 가난한 자들, 하나님의 아들은 고난 받는 공동체 안에 숨겨져 있다. 그러므로 예수님을 볼 때 그 안에 있는 "작은 자"를 보지 못하면 예수님을 바로 본 것이 아니며, 역시 가난한 자를 돌보면서 그 안에 있는 예수님을 보지 못하면 바른 섬김일 수 없다. 가난한 자에게서 예수님을 볼 수 있어야 하고, 예수님에게서 가난한 자를 볼 수 있어야 한다. 역사적 예수님의 사역 이후에 하나님의 아들은 작은 자에게 감추어져 있다가 드러난다. 작은 자들의 고난과 예수님의 아픔은 동일시된다. 예수님이 작은 자들과 동일시되는 것은 그들의 경건이 아니라 그들의 고통이다. 이 비유는 종말론적인 것을 강조하는데, 예수님의 진정한 제자는 마지막에 드러난다. 그리고 그것은 놀라운 반전이다. 최후의 심판은 현재의 형제자매에 대한 행위로 판단된다. 믿음에 대한 언급 대신 윤리적 행위에 대한 종말론적 심판이다. 작은 자들을 향한 윤리적인 행위가 최후의 구원과 상급의 약속이 된다. 신앙은 언어가 아니라 행위로 표현되어 있다. 기독교인이 된다는 것은 사회에서 어려움을 당하는 작은 자들의 고난을 해소해 주거나 그들의 고난에 동참하는 것이다. 그들과 연대의식을 가져야 한다.

가난한 자와 연약한 자가 하나님의 관심과 보호의 대상자라는 보편적인 확신을 가져야 한다. 우리가 갈 길은 가난의 길이 아니라 궁핍한 자를 향한 사랑 그리고 가난한 자와 곤경에 처한 자와의 연대하는 삶의 양식이다. 그들의 가난과 나와의 관계를 설정하는 것이다. 그들의 가난이 나와 관계가 있다는 것, 다시 말해 내가 부유한 삶을 살고 있다면 그들이 내 대신 가난하기 때문일지도 모른다는 깨달음이 필요하다. 예수님의 대속적인 고난 말고도 이 땅에는 이웃들의 작은 대속적인 아픔이 있다고 믿는 것이다. 내가 건강한 것은 누가 내 대신 아프기 때문이요, 내가 행복한 것은 누가 내 대신 불행을 짊어졌기 때문인지도 모른다. 무엇인가 그들에게 빚을 지고 있다고 생각하는 것이다. 그들의 아픔을 대속적인 것으로 보고, 우리가 그들의 아픔에 공감하며 동참할 때 서로 연대감을 가질 수 있으며, 역시 서로 도와 온전함에 이를 수 있다. 그들의 곤경이 예수님과 나와 그들이 만나는 장소다. 이는 가난을 이상화하는 것이 아니라, 오히려 함께 힘을 모아 가난을 저항하고 제거해 나가는 것이다. 가난한 자에게 귀를 기울이고, 그들을 받아들이고, 그들에게 봉사하는 것이 도움에의 연대라는 하나의 실습이다. 엘리위젤은 "21세기를 맞이한 우리 세대가 더 맡아야 할 의무는 약한 자, 핍박 받는 자, 고독한 자, 병든 자, 절망에 빠진 자들과 연대를 형성하는 일이다."라고 말한 적이 있다.

4. 기독교적 세계관

인간은 의미와 가치를 추구하는 존재다. 윤리는 인간이 마땅히 해야 할 도리가 무엇인가에 대한 사고를 하는 것이고, 이러한 윤리적 선택에 있어서 무엇이 참으로 가치 있는 것인가에 대한 질문은 매우 중요하다. 윤리는 행동 이전에 또는 행동 이후에 사고를 훈련하는 것인데, 윤리교육은 사안에 대한 윤리적 딜레마의 실태를 이해하고 판단할 수 있는 능력을 배양 시킨다. 결국 윤리교육은 책임감, 타인에 대한 관심, 동정심, 이해력을 증진시키는 것이다. 따라서 윤리는 가치의 행동화이다. 사회복지 활동은 기관을 운영하는 기술적인 문제를 다루는 것이 아니라 사람들이 부딪히는 일상생활의 문제를 다루는 것이기 때문에 거기에는 가치의 문제가 불가불 내재되어 있고, 따라서 사회복지 활동에는 윤리와 철학이 개입되어 있다. 그러므로 사회봉사에 있어서 가치관에 대한 선택은 불가피하다. 한정된 자원을 효율적으로 관리하기 위해서도 가치에 입각한 행동이 중요하다. 사회봉사는 가치에 기초한 행위인데, 가치는 우리 활동의 동기와 신념과 목표를 제공해 준다. 그러므로 우리는 사회봉사를 통하여 사회의 가치관을 고양시키고 선도하는 역할도 한다.

가치체계를 삼중으로 나누어 설명할 수 있다. 인간은 누구나 추구하는 기본적이고 도구적이고 구체적인 가치가 있다. 그것은 주로 권력, 명예, 돈 같은 것으로 가짐의 가치라고 할 수 있다. 그런데 이 구체적인 가치는 많은 사람이 추구하는 데 반해서 희소성을 띠고 있다. 구체적인 가치는 희소가치이기 때문에 만일 이것이 가치의 전부라고 하면 사람들은 서로 많은 것을 차지하기 위해 서로에 대한 투쟁을 계속하게 되어 이 세상은 온통 전쟁터가 될 것이다. 세속적 세계관은 구체적인 가치에 너무 집착되어 있다. 그러나 기독교적 세계관은 더 상위에 있는 궁극적 가치를 제시한다. 기독교의 변화체험을 다른 말로 표현한다면 새로운 가치 체계를 받아들이는 것으로, 세계관의 변화다. 궁극적인 가치는 주로 구원, 평화, 사랑, 자유, 행복과 같은 것으로 무한성을 특징으로 한다. 이것은 누가 독점할 수 있는 것이 아니라 나눌수록 커지는 것이다.[8] 이것이 섬김, 나눔, 돌봄의 가치다. 구체적인 가치는 궁극적인 가치를 지향해야 한다. 구체적인 가치는 더 높은 가치의 수단이지 목적이 아니다. 만일 구체적인 가치인 권력이 또 다른 구체적인 가치인 돈이나 명예를 얻기 위해 쓰여 진다면 그것은 가치의 타락이다. "너희는 먼저 그의 나라와 그의 의를 구하라 그리하면 이 모든 것을 너희에게 더하시리라"(마 6:33)는 성경말씀은 궁극적인 가치를 구하면 구체적인 것은 더해 주겠다는 말씀으로 이해할 수 있다. 궁극적인 가치가 우리가 힘써서 구해야할 "으뜸" 가치이고 구체적인 가치는 더불어 따라오는 "따름" 가치이다. 성경도 먹고, 마시고, 입는 구체적인 것의 가치를 인정한다. 그러나 무엇이 "먼저"인가를 분명히 구별한다. 이것은 양자택일의 문제가 아니라 우선순위의 문제다. 그런데 어떻게 우리는 구체적인 가치가 궁극적인 가치를 지향하고 있는 지 알 수 있을까? 여기에 길잡이 역할을 하는 것이 근사치적인 가치이다. 궁극적인 것이 너무 이상적으로 보이는 현실에서 구체적인 것을 궁극적인 가치에 봉사하도록 인도하는 것이 바로 근사치적 가치이다. 이것을 "근사치적 접근"(approximate approach) 또는 "중간공리"(middle axiom)라고도 한다. 이것이 기독교 현실주의적인 제안이다. 근사치적인 가치의 대표적인 것은 "정의"이다. 근사치적인 가치인 정의가 구체적인 가치인 권력을 궁극적인 가치 사랑을 위하

---

8 이러한 구체적인 예는 예수님의 오병이어 이적에서 볼 수 있다. 예수님의 오병이어의 이적은 나눌수록 커지는 기적이다. 이것이 사랑의 행위이다. 보잘 것 없는 것이라도 나누고 보니 원래 가지고 있었던 것보다 더 많이 남는 것이다.

여 사용되도록 현실적인 가이드라인을 제시한다. 근사치적 가치는 됨의 가치와 연관이 되어 있는 것으로 개인의 덕성인 용기, 지혜, 관용, 정직, 건강 같은 것이다.

이렇게 삼중의 가치체계는 서로 연관이 되어 있다. 힘이 없는 사랑은 무기력한 것이며, 정의 없는 힘도 무분별한 것이 된다. 그러므로 이 삼중가치체계는 기독교적 세계관에서 중요한 역할을 한다. 이것을 도표로 그려 보면 다음과 같다.

〈가치체계〉

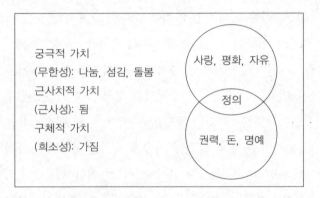

궁극적 가치
(무한성): 나눔, 섬김, 돌봄
근사치적 가치
(근사성): 됨
구체적 가치
(희소성): 가짐

사랑, 평화, 자유

정의

권력, 돈, 명예

요약하면 기독교적 세계관이란 돈, 권력, 명예 같은 가짐의 가치에 머물지 않고, 성품, 건강, 정의라는 됨의 가치를 추구하고, 더 나아가 사랑, 평화, 자유 같은 나눔과 섬김과 돌봄의 가치로 나가는 것이다. 이 안에는 도덕적 행위자 개인의 정의, 용기, 관용, 지혜, 정직 존재의 윤리와 다른 사람과의 관계성에서의 돌봄의 윤리인 협동, 상호의존, 치유, 공동체 책임, 의사소통 같은 것이 조화를 이루고 있다.

사회봉사에서는 개인의 존엄성, 비밀보장과 신뢰성, 남용으로부터 보호받을 권리, 생명존중, 자율성 존중, 사회정의구현, 자립능력 개발

같은 것들이 근사치적 가치로서 고려되어야 한다.

기독교적 세계관은 학교 학습을 통해서 보다는 매일의 생활과 움직이는 인물을 통해 학습된다. 그러므로 사회봉사 활동은 기독교적 세계관을 몸으로 체득하는 실제적인 가치교육과 인성교육의 장이다.

5. 도덕교육

인간의 도덕성은 자연히 형성되는 것이 아니라 교육된다. 훈련과 학습은 도덕적 성품 습득에 중요한 요소다. 소크라테스는 도덕교육을 이성의 개발(지식)로 생각하였고, 아리스토텔레스는 이성의 개발뿐 아니라 감성의 훈련까지를 포함한다고 하였다. 아리스토텔레스는 덕이 무엇인지 우리가 알기도 전에 도덕적 성품이 은연 중 개발된다고 하였다. 도덕적 성품의 개념은 심리학과 깊은 연관이 있고, 덕은 감정과 관계된다. 결국 도덕교육은 감정의 훈련을 수반한다. 적합한 도덕교육은 "적절한 즐거움과 고통"을 훈련시키는 것이다. 도덕훈련은 "적절한 즐거움과 고통"의 감성까지도 포함한 훈련이다. 물론 도덕교육은 인간의 성장 단계에 따라 강조점이 달라질 수 있다.

도덕적 성숙은 갑자기 이루어지는 것이 아니라 점진적으로 도달된다. 우선 유아기와 아동기에는 다른 사람들의 도덕적 행동을 관찰하여 모방하는 단계로 개별적인 보상과 처벌이 올바른 습관을 형성시키는 데에 도움이 될 수 있다. 이 때는 부모나 형제, 가까운 사람들의 본보기가 중요하다. 아이들에게 좋은 습관의 형성은 좋은 성품을 발전시키는 토대가 된다. 이 때는 주로 감성적 차원에서 도덕교육이 일어나므로 성품 발달에 도움이 되는 좋은 이야기들을 많이 들려주는 것이 좋다. 아이들은 이야기를 들으면서 선한 것을 사랑하고 악한 것을 멀리하는 정의감을 키울 수 있으며 기쁨과 슬픔을 공감하고 동정하는 감성을 키울 수 있다. 이 단계에서 음악, 비극, 춤, 이야기에서의 선과 악, 예술 등이 실천적인 덕을 키워주는 도덕교육에 유용하게 사용될 수 있다. 이렇게 공감하고 동참하면서 카타리시스(도덕적 정화)를 경험할 수 있다. 청소년기에 들어가면 양심의 기능을 활성화하는 데 도덕교육이 집중되어야 한다. 행한 일 가운데 잘한 것에 대해서는 칭찬을 하므로 자랑스러움을 느낄 수 있게 해주고, 잘 못한 일에 대해서는 적절하게 지적을 해 주므로 부끄러움을 느낄 수 있도록 하여 양심이 제 역할을 할 수 있게 해야 한다. 양심은 내면의 도덕적 나침판 역할을 하는 것으로 인생의 방향 감각을 적절하게 제공해 준다. 그러나 칭찬이나 부끄러움을 줄 때에도 아이들에게 사랑과 신뢰의 감정이 먼저 있어야 한다. 사랑과 신뢰의 긍정적인 관계가 선행되어야 칭찬과 부끄러움이 도덕교육의 효과적인 수단이 될 수 있다.

부모는 승인과 거부를 일관성 있게 해야 도덕적 혼란을 없앨 수 있다. 청·장년기에 이르게 되면 도덕교육은 이성적인 판단 능력을 키워주는 단계로 접어든다. 변화하는 상황 속에서 가치 있는 행동을 할 수 있는 합리적인 근거를 제공하여 올바른 것을 선택할 수 있도록 도와준다. 이것은 앞 단계의 감성적인 차원을 지나 지성적인 차원으로 지적 덕을 키워준다. 이는 행동에 대해 스스로 숙고하고 반성하는 지적 발달의 단계로 보편적 도덕원리에 대한 확신에 도달하게 된다. 전반적으로 도덕발달은 내 이야기와 다른 사람의 이야기 사이의 끊임없이 대화를 통해서 형성된다. 그러므로 다양한 만남은 인식의 지평을 넓혀 줄 뿐 아니라 도덕성도 함양시켜 준다. 사회봉사 활동을 통하여 많은 사람들을 만나게 되고, 그들과의 빈번한 접촉을 통하여 도덕성이 함양 될 수 있다.

공감하고 동참하는 활동을 통하여 아름다움 성품이 개발된다. 사회봉사 활동은 섬김을 받는 대상의 유익뿐 아니라 섬기는 봉사자의 도덕발달에 유용한 수단이 된다.

6. 공公의 윤리

본래 자본주의적 경제관은 인간의 이기심에 기초한 것으로 재물이 인간의 주인이 되어 황금만능 사고와 가치관이 자리 잡기 쉬운 제도다. 강한 자에게 너무 많은 몫이 주어지고 약자의 몫은 너무 적은 폐단이 있고, 부나 권력의 집중으로 인간의 공동선이 파괴되기 쉬운 단점이 있다. 자본주의의 폐단을 극복하기 위해선 분배정의에 관심을 가지고 사회보장제도나 복지제도 등으로 보완을 해야 하며 소유의 획득뿐 아니라 사용에서도 공의 윤리를 확립해야 한다. 모두 공동선을 추구하는 가운데 기업과 국민은 순환적인 협력과 기여체계를 만들어 가야 한다. 기업은 국민들을 위해 봉사하고 국민은 기업을 육성하는 상호협력 말이다. 그런데 기업이 국민을 도외시하고 사유체계를 고수하면 문제가 발생하게 된다. 사유재산이라는 관점에서 본다면 최근 한국의 경제적 번영과 성장은 민중의 빈곤과 연관이 되어 있다. 배고픈 자와 가난한 자가 범람하는 것은 물질의 결핍이나 모자람 때문이 아니라 기득권자가 독점해서는 안 될 것들을 사유화하기 때문이다. 오늘 우리 사회의 병폐는 배타적 경쟁심이 강한 소유욕과 사치, 향락풍조 그리고 타인과 공동체에 대한 배려 없는 이기심이다.

공적인 것을 사유화해서는 안 된다. 공이 사유화되어 가는 과정이 타락이요, 독점되어 가는 것이 죄의 역사다. 성서의 이야기를 살펴봐도 악은 언제나 공을 사유화하는 데서 발생하였다. 그러나 역으로 하나님의 역사는 사를 공유화하는 방향으로 나타난다. 하나님의 역사는 물질을 공유하고 재능을 공유하고 심지어 생명을 공유하는 차원에까지 나아간다.

민주주의 실현에서 "나의 자유" "나의 권익"의 권리의식만 내세우면 부정과 부패와 약육강식의 탐욕스러운 사회로 전락하게 된다. 타인의 자유와 타인의 권익에 대한 의무의식이 있어야 더불어 사는 사회를 만들어 갈 수 있다. 이제 세상에서의 가장 큰 비극은 흑백차별도 아니고, 남녀차별도 아니라 빈부 격차의 심화다. 자본주의가 안고 있는 빈익빈 부익부의 구조적인 폐단은 공의 윤리를 확립할 때 문제 해결을 위한 실마리를 찾을 수 있다. 공의 윤리를 구체화하기 위해서는 연대(Solidarity)의식, 나눔(Sharing)의식, 청지기(Stewardship)의식이 필수적이다. 이 덕목들은 사회봉사를 통하여 얻을 수 있는 덕목들이다.[9] 그러므로 사회봉사는 공의 윤리를 배우고 실천하는 중요한 장이 된다.

"연대의식"이란 어려움을 당한 이웃들의 아픔을 공감하고 동참하는 마음이다. 가난한 자, 목마른 자, 헐벗은 자, 갇힌 자, 병든 자, 장애를 가진 자, 도움을 필요로 하는 자와 마음을 같이 하므로 연대하는 것이 사회봉사의 필수 조건이다. 이러한 분들에게서 자연에게까지 연대를 확대해 나가면 우주와의 유기적인 연대 속에서 환경 보존을 위한 생태윤리도 모색할 수 있을 것이다.

"나눔의식"이란 어려움을 당한 이웃에게 내가 가진 물질, 시간, 재능 등을 자발적으로 공유하는 것이다. 가치체계에서도 언급했지만 가짐이 구체적인 가치이고, 됨이 근사치적 가치라면, 나눔은 궁극적인 가치다. 무엇을 가짐과 무엇이 됨은 더 높은 가치인 섬김, 돌봄, 나눔을 위해서

---

9 한기채, op. cit., p. 177.

다. 만일 가짐과 됨이 더 높은 가치인 나눔과 섬김을 위해서 있지 않고 더 많이 가짐을 위한 효과적인 수단이 된다면 이것은 가치의 전도요, 타락이다. 이는 재벌이나 국회의원이 되는 것이 더 많은 권력과 물질을 가지는 데 목적을 두는 경우다. 성서가 가르쳐 주고, 우리 기독교인들이 실천적으로 보여 주어야 할 삶은 더 높은 가치가 있다는 것을 알려 주는 것이다. 그것이 나눔의 가치다. 이것을 대학봉사활동을 통하여 몸에 배도록 배워야 한다. 밥(물질)을 나누어 먹는 것에서부터 시작하여 혈액, 각막, 골수, 장기와 같은 신체를 나누는 것으로까지 나갈 수 있다.

"청지기의식"이란 내가 가진 모든 것들이 나의 개인 소유가 아니라, 남을 위해 맡았다는 사상이다. 성서에서 청지기의식은 인간은 획득했거나 상속받은 재산에 대한 절대 소유주가 아니며 하나님의 것을 맡은 청지기일 뿐이라는 사상이다. 사유재산권을 부정하지는 않으나 더 높은 하나님의 소유권을 말하며 하나님의 뜻에 합당한 재산권 행사가 중요하다. 소유의 개념은 청지기의 개념을 떠나서는 적절하게 이해될 수 없다. 소유란 더 높은 목적을 위한 수단이며 그 자체가 목적이 될 수 없다는 사상이다. 이윤추구의 신성화는 재화의 청지기적 바른 사용과 함께 강조되어야 한다. 사유재산이나 개인의 재능의 사회적 책임성을 강조해야 한다. 대학 사회봉사 활동을 통하여 학생들은 자신들에게 주어진 재능이나 물질을 잘 관리하고 활용하는 생활을 배우게 될 것이다.

7. 사회봉사와 사회행동

앞에서 언급한 선한 사마리아 사람의 행동은 사회봉사에 해당하는데, 이것만으로 실재적인 문제를 완전히 개선할 수 없다. 제도적인 노력이 뒷받침되어야 한다. 그것이 사회행동이다. 그러나 사회봉사 활동을 통하여 실재적인 경험을 가진 사람들이 사회행동을 바르게 전개할 수 있다. 사회봉사 경험을 통하여 현실성, 구체성, 현장성, 필요성을 절실하게 느낄 수 있다. 그러므로 사회봉사와 사회행동은 긴밀한 연관관계에 있어야 한다. 사회봉사는 자선활동이나 구제활동으로 나타나고 증상을 치료하는 단계에 머문다. 주로 개인이나 가족, 가까운 지역 사회 단위에 도움을 준다. 사회행동은 제도적 노력을 하는 것으로 정의를 추구하고 원인을 제거하는 데 주안점을 두며 사회 구조의 변화를 꾀한다.[10] 사회행동은 사람들이 빈곤과 압제에서 행방될 때까지 사람에 대한 것보다 구조적인 노력을 하는 것으로, 교도소 수감자의 복권보다 교도소 제도의 개선에 노력하고, 빈민의 구제보다는 경제조직과 정치 조직에 역점을 둔다. 진정한 기독교의 사회참여는 사회봉사와 사회활동 모두를 포함한다. 그러나 종교적 차원의 자선행위는 가치 지향적 행위로 도덕주의적, 온정주의적 또는 비조직적인 경향을 띠고 시작된 것은 분명하다. 19세기 말부터 좀 더 체계를 갖춘 사회복지(Social Welfare)가 정착되기 시작하면서 조직과 가치적 기반이 세속적인 구조를 가지게 되었다.[11] 그래도 사회복지실천이 도덕성을 상실한 채 정치적, 사업적 경향으로 흘러서는 안 된다. 가치와 도덕을 조직적으로 행동화 한 것이 되어야 한다.

이상에서 사회봉사와 관련되어 있는 제반 윤리적인 이슈들을 살펴보았다. 사회봉사는 바른 가치관을 심어주고 개인의 도덕성을 향상시켜 성공적인 삶을 살아가는 데 있어서 필수적 요건임을 알 수 있었을 것이

---

10 존 스토트, 「현대사회문제와 기독교적 답변」 (서울: 기독교문서선교회, 1995), p. 30.

11 Frederic G. Reamer, 「사회복지실천의 가치와 윤리」 고미영외 역 (서울: 사회복지실천연구소, 2002), p. 28.

다. 우리 모두는 다른 사람에 대한 책임을 지닌 존재들이며 무엇인가 남들과 나눌 수 있는 것이 있다는 것은 행복한 것이다. 대학사회봉사를 통하여 전인적인 사람으로 자랄 수 있기를 바란다.

08 더불어 사는 영성과 윤리

"성결의 빛으로, 새천년을" 주도하겠다는 우리의 결의는 무엇보다도 신앙의 생활화에 역점을 두어야 한다고 생각한다. 그 동안 한국교회의 실추된 대외 신인도를 회복하기 위해서도 신앙의 생활화가 급선무이다. 물론 우리가 무엇을 믿는지에 대한 확신이 중요했기 때문에 우리는 신앙의 의식화 작업을 이제까지 강조해 왔던 것이 사실이다. 그리고 영성도 하나님과 개인의 만남을 위주로 한 수직적인 차원에 치중해 왔다.

영성생활과 영적체험은 구분돼야 한다. 지금까지 한국교회가 영적체험을 추구하여 양적인 성장을 이루었으나 생활화하는 데는 소홀하였다. 그러므로 세계에 내 놓을 만한 큰 교회는 많이 있지만 영적인 거장은 많이 배출하지 못하였다. 이제 21세기는 영성생활을 강조하여 균형을 이루어야 한다. 우리는 믿음, 영성, 윤리에 대해 새로운 안목에서의 조명이 필요한 시점에 와 있다.

1. 영성에 있어서 홀로 있음과 함께 있음은 상호보완관계에 있다.

물론 먼저 개인이 홀로 하나님과 함께하는 법을 배워야만 기독교 공동체내에서의 생활이 가능하다. 홀로 하나님과 함께하는 법을 배우지 못하면 주도적인 신앙생활보다는 공동체 생활에 기생하기 쉽다. 홀로 있음이 홀로 섬을 가능케 해주고 그것이 다른 사람과 하나님과의 진정한 교제를 가능케 해준다. 마치 결혼생활에서도 홀로 설 수 있는 성숙한 개인들이 건강한 부부 생활을 할 수 있는 것과 마찬가지이다. 홀로 있음이 없으면 관계가 의존적이고, 감상적이며, 서로에게 집착하고 구속하게 되나, 홀로 있음이 진정한 우정과 사랑과 존중의 건강한 관계를 가능케 한다.

그런데 영성생활에서만 본다면 지난 20세기 동안 영성운동을 두 가지로 나누어 볼 수 있는데, 종교개혁 이전에는 업적이 중시되는 금욕적, 신비주의적, 수도원적 영성운동이었고, 종교개혁 이후에는 말씀과 은혜를 중심으로 인격적 영성운동이었다. 이제 21세기는 두 개의 지평을 통합한 공동체적 영성운동으로 발전시켜야 한다. 이것은 사실상 초대교회의 영성을 회복하는 운동이다. 다시 말해 홀로 있음의 영성은 더불어 하는 영성으로 발전되어 나가야 한다. 말하자면 예수님 발 앞에 말씀을 듣던 마리아의 영성을 칭찬하던 것에서 한걸음 더 나아가 마리아의 명상, 기도, 침묵의 영성과 마르다의 섬김, 나눔, 돌봄, 사귐의 영성을 결합한 삶을 살아야 한다.

2. 21세기는 더불어 사는 세기이다.

20세기는 "너 죽고 나 살자"식의 경쟁의 시대였는데, 21세기는 "너도 살고 나도 사는" 공생의 시대이다. 너와 내가 만나서 시너지 효과를 내는 "윈윈"(win-win)의 시대이다. 그것을 & + 창조적 공존이라고 한다. 20세기는 하드웨어 중심의 아날로그방식, 즉 일방통행식의 사회였다면, 21세기는 소프트웨어 중심의 디지털 방식, 즉 쌍방통행식이 사회의 주조를 이룬다. 이러한 사회의 흐름을 감안한다면 21세기는 "더불어 사는 공동체적 영성"(생활영성)이 필요하다. 홀로 있음의 영성(영성생활)에서 침묵, 명상, 기도, 중보 등을 강조했듯이, 기본적으로 공동체적 영성(생활영성)은 사귐, 섬김, 나눔, 돌봄을 강조해야 된다.

지면상 제약이 있으므로 사귐, 섬김, 나눔, 돌봄에 대해서는 이미 많은 정보가 주어져 있기 때문에 생략하고, 그밖에 공동체 영성으로 발전시켜야 할 기존의 명제들에 대한 새로운 조명의 필요성을 제기하고자 한다. 기본 방향은 수도원적인 것도 아니면서 개인적인 경건에 머무르지 않는 방향이다.

3. 공동체 영성을 위해 구체적인 사회현실에서 발전시켜야 할 것들은 다음과 같다.

1) 한 주인을 섬기자

일은 우리에게 주신 하나님의 선물이다. 일은 인간의 타락으로 주어진 형벌이 아니라 창세부터 인간은 일을 하면서 살게 되어 있다. 다만

인간이 범죄함으로 즐거운 일을 힘든 일로 만든 것이다. "우리는 살기 위해 일하지 않고 일하기 위해 산다." 우리는 주어진 일을 통하여 사명을 성취한다. 생명과 사명과 소명은 늘 함께 한다. 우리의 사명이 다 하는 날 생명도 다 한다. 모든 일은 수입과 가치를 동시에 산출하는데, 우리가 일하는 목적이 수입산출에서 가치산출 쪽으로 점점 비중이 옮겨가야 한다. 일을 완전히 놓는 의미에서의 "은퇴"란 없다. "은퇴"(retire)라는 영어 단어는 "타이어를 바꾼다"는 뜻이다. 타이어가 닳았다고 차를 폐차시키는 사람은 없을 것이다. 타이어만 바꾸면 된다. 이제 21세기는 고령화 사회로 접어든다. 은퇴하기 전에는 은퇴 이후의 일을 준비하여, 은퇴 이후에는 더욱 가치 있는 일에 전념할 수 있어야 한다. 제 2의 인생을 사는 것이다.

일에 대한 영성에서 중요한 것은 성속(聖俗)의 이분법을 배제하는 것이다. 하나님이 주신 모든 소명은 거룩한 것이다. 성직이나 소명이 비단 교회에 관련된 일만이 아니다. 하나님의 소명은 다양한 직종의 많은 사람들에게 주어진다. 그런 면에서 보면 모두다 하나님의 소명을 받은 성직자들이다. 지금까지 성직과 세속직에 대한 차별이 신앙의 생활화를 저해하는 요인으로 작용했던 것이 사실이다. 구약의 "아바드", 신약의 "레이투르기아"라는 단어는 마치 영어의 "Service" 처럼 경우에 따라 "일"로 번역되기도 하고 "예배"로 번역되기도 한다. 다시 말해 성서에는 일과 예배가 별개가 아니라 같은 것의 다른 표현이란 말이다. "예배"는 교회에서 하나님을 섬기는 일이다. "일"은 세상에서 하나님을 섬기는 예배이다. 우리는 두 주인을 섬기지 않고 한 주인을 섬긴다.

2) 일터를 성소로 바꾸자

앞의 이야기와 일면 연관이 되지만 더욱 적극적인 생각이다. 예수님의 비유를 살펴보면 언제나 하나님 나라의 일을 설명하기 위해서 구체적인 일상의 일을 들어 말씀하신다. 농사 짓는 이야기, 장사하는 이야기, 품을 파는 이야기, 잔치하는 이야기, 양을 치는 이야기… . 이렇게 모든 일상에는 "하나님의 지문"이 묻어 있다. 하나님의 처소를 교회로만 국한하지 말자. 가정이나 일터를 하나님이 거하시는 처소로 만들자. "우리와 언제나 함께" 하시겠다는 예수님의 약속은 성령님의 역사를 통하여 언제 어느 곳에서나 하나님의 임재를 느낄 수 있다는 것이다. 지금 일하고 있는 장소에서 한번 하나님이 거하시는 처소임을 선포하는 식을 가져 보라. "이제부터 내가 일하고 있는 이발소가 하나님의 성소임을 선포하노라." 이렇게 선언하고 나면 일에 임하는 자세나 손님을 대하는 마음이 달라질 것이다. 이것이 일터를 성소로 바꾸는 것이다. 그리고 작업대를 성찬대로 만드는 것이다.

3) 공생애를 살자

공(公)을 사유화하는 것이 죄의 뿌리이다. 아담과 이브의 범죄는 다름 아닌 공을 사유화한 것이다. 아간, 아나니아와 삽비라의 경우도 다 이에 해당한다. 가인의 범죄도 공이신 하나님을 사유화하려는 시도로 볼 수 있다. 구약의 "도적질하지 말라"는 계명은 당시 오늘날과 같은 사유재산 제도가 확립되지 않은 시점에서 공공의 것을 사유화하지 말라는 말씀으로 읽어야 한다. 우리 사회의 총체적인 비리는 정치가, 공무원, 교사, 심지어 종교지도자까지 주어진 공권력이나 지위를 이용해 공을 사유화하는 데 있다.

항상 악은 공을 사유화하는 데에서 발생하고, 선은 사를 공유화하는 과정으로 나타난다. 사도행전의 초대교회 공동체는 사를 공유화하는 모습을 잘 보여 주고 있다. 물질을 함께 나누는 것, 참으로 귀한 하나님의 사랑이다. 그런데 물질의 공개념을 넘어 생명을 나누는 공적인 삶으로까지 확대되어야 한다. 그러한 모범을 우리는 예수님의 삶에서 찾아 볼 수 있다. 예수님의 공생애는 자신의 삶을 모든 이들에게 나누는 생활이었다. 결국 그의 십자가는 사멸봉공(私滅奉公)의 극치였다.

나는 우리도 예수님처럼 공생애를 살 수 있다고 믿는다. 아니 살아야 한다고 생각한다. 아브라함도 75세 이후로 공생애를 살았다. 모세도 80세 이후에 공생애를 살았다. 예수님의 제자들이나 바울도 공적인 삶을 살았다. 자신을 위한 삶이 아닌 사명을 감당하고 이웃을 사랑하는 생활 말이다. 아무리 늦은 나이라도 공생애만이 하나님께 가치 있게 기억되는 법이다. 지금까지는 나를 위해서 많은 일도 하고, 나와 관계된 사람들만을 위해서 일했지만, 이제부터라도 공생애를 살아야 되지 않겠는가?

4) 말씀을 몸으로 읽자

지금까지 우리는 말씀을 읽거나 들을 때 곧바로 개념화하거나 영적인 의미를 주로 탐구하였다. 그러다 보니 가장 기초적인 말씀조차도 간과하고 지나가는 경우가 비일비재하다. 이제 말씀의 개념화 보다 구체화가 절실히 요구된다. 인간의 영혼과 정신과 육신은 나누어 볼 수 없다. 영혼이 없는 육신이 인간이 아니듯이, 육신 없는 영혼도 인간일 수 없다. 그러므로 인간은 총체적으로 보아야 한다. 그런 의미에서 통합적인 몸 신학(Body theology), 몸 윤리를 전개해야 한다.

예수님의 성육신 사건은 말씀이 몸을 입고 나타나신 것이다. 그러므로 그는 살아있는 말씀이셨다. 하나님의 말씀은 그의 입을 통해서 우리의 귀로 들어오는 것에 국한되지 않고 그의 몸짓 하나 하나가 모두 다 하나님의 말씀이었다. 예수님에 대한 이해를 케리그마에 국한하지 말고 역사적 예수의 삶으로 깊이 들어가야 한다. 여기에서 예수 사건(Jesus-event)은 말씀 사건(Word-event)과 함께 똑같이 중요하다. 그러면 말씀이 육신을 입는 사건은 예수님에게서만 유일회적으로 끝난 것인가?

지금도 하나님의 말씀은 우리의 몸을 입고 나타나기를 원하지 않을까? 나는 이것을 예수님의 성육신과 구별하기 위해 말씀의 육화(embodiment)라고 말하고 싶다. 하나님의 말씀은 나의 몸을 입고 다시 한번 살아 역사해야 되지 않겠는가? 그렇게 되는 길은 말씀을 온 몸으로 읽는 방법밖에 없다.

거룩한 것이 일상을 입고 나타난다는 것이 성육신의 정신이라면, 역으로 일상적인 것을 통해 거룩한 것이 오는 것은 성례전이다. 떡과 포도주가 거룩한 그리스도의 몸과 피를 매개해 주는 것이 성찬이다. 그런데 성찬을 행하므로 그리스도를 기념하는 것만으로는 아직 부족하다. 성찬의 삶을 사는 것이 필요하다. "이것은 너희를 위해 흘리는 나의 피다, 이것은 너희를 위하여 찢기는 나의 몸이다" "이것을 행할 때마다 나를 기념하라"는 말씀을 몸으로 읽어보자. 이 말씀의 구체적인 실천은 우리의 피와 살을 나누는 헌혈, 장기기증, 시신기증, 음식을 나누어 먹는 행위로 나타날 수 있다. 이것을 통하여 예수님의 십자가의 참 뜻을 기릴 수 있다.

5) 안식을 누리자

사람이 안식일을 지키는 것이 아니라 안식일이 사람을 지켜 준다. 다시 말해 안식일이 사람을 섬긴다. 하나님은 일로 시작하셨지만 사람(아담)은 안식으로 그의 생을 시작했다. 창세기와 출애굽기, 즉 창조와 구원은 평일과 안식일 개념에 잘 들어가 있다. 안식일은 구원의 날이고 회복의 날이다. 창세에는 창조 다음에 구원이 뒤따라 나왔지만, 타락한 우리들에겐 구원 다음에 창조가 다시 시작된다. 창세에는 안식이 창조의 끝이었지만 우리에게는 안식이 창조의 시작이다. 하나님 안에서 참된 안식을 누린 자만이 하나님의 일을 할 수 있다. 안식은 우리에게 베푸신 하나님의 은혜이다.

안식일에 대한 출애굽기의 언급(출 20:11)은 하나님의 창조행위와 연관을 짓고, 신명기의 언급(신 5:15)은 하나님의 구원행위와 연관이 되어 있다. 다시 말해 안식일을 지키는 원 뜻은 하나님의 창조와 구원을 기념하는 것이다.

다른 종교는 장소를 성별하는 데 관심을 둔 장소의 종교이지만, 기독교는 시간의 성화를 목표로 하는 시간의 종교이다. 그리스도인의 소명은 공간은 정복하고, 시간은 성화하는 것이며 안식일은 시간의 성화이다. 물리적인 시간에서 의미심장한 시간으로, 크로노스에서 카이로스로의 변화를 추구하는 데 안식일은 카이로스를 느끼게 해 주는 길이다. 안식일에 영원과 시간이 만난다.

이스라엘이 출애굽에서 외적인 자유를 경험했다면, 안식일은 내적인 자유의 상징이다. 오늘날 안식일을 재발견하는 것은 "행동"(doing)보다 "존재"(being)를 앞세우는 진정한 영성회복의 길이다. 사람이 안식일의 주인이며, 사람은 일로부터 지배받지 않는다는 사상이 깊게 배어 있다.

6) 연대의식을 가지자

기계주의적 자연관, 무신론적 세계관, 진보주의적 신앙은 작금의 생태적 위기를 부르게 하였다. 이제 전쟁의 위협보다도 환경의 위협이 더 현실적으로 광범위하게 전 지구적인 재앙으로 다가오고 있다. 그러나 이러한 위협에 대처하기 위해서 군사비에 투입하는 재원과는 비교도 안 될 정도의 미미한 노력밖에 하지 않고 있다. 지금 우리는 생태계가 전하는 임박한 종말에 대한 메시지를 듣고 있다. 돌들이 소리친다!

린 화이트(Lynn White)는 물질세계를 경시하고 영적인 가치만을 강조하던 이원론, 하나님의 초월성만을 강조하는 극단적인 금욕주의, 자연을 지배하고 다스릴 통치의 대상으로만 가르치던 정통적 기독교가 생태적 위기를 초래한 주범이라고 공격을 하고 있다. 그녀의 비판이 기독교의 일면만을 특별히 부각시켜 비판하고 있는 것은 사실이지만 차제에 기독교 신학에 대한 반성을 해야 한다.

죄에 대한 생각, 이웃에 대한 생각을 좀 더 생태계를 포함한 사고로 발전시켜야 할 필요가 있다. 말하자면 하나님과 이웃과 자신과의 관계에서 논하던 죄의 개념을 생태학적인 죄로까지 확대해야 한다. 쓰레기 투기, 오염물질 배출, 자원낭비 등의 생태학적인 죄와 생태학적인 회개를 말해야 한다. 그리고 생태학적인 덕목도 가르쳐야 한다. 이웃에 대한 개념도 예수님의 비유에서처럼 타국인과 타종교에서 더 나아가 동식물과 자연으로까지 확대되어야 마땅하다. 이 모든 것들이 같은 하나님의 피조물이라는 점에서 우리 모두는 친족의식(kinship)을 가질 수 있어야 한다. 모든 피조세계는 생명의 황금 사슬로 서로 연결이 되어 있다는 연대의식이 생태적 위기를 극복할 수 있는 하나의 단초가 될 수 있다.

우리는 두 가지의 색으로 표현할 수 있는 은총을 하나님으로부터 받고 살고 있다. 자연을 통하여 주시는 원초적인 녹색은총과 죄로 타락한 인생들을 회복하시기 위하여 예수그리스도의 보혈을 통해 주어지는 적색은총이다.

　이상의 주제들은 앞으로 두고두고 연구해야 할 많은 과제를 안고 있다. 자세하게 언급할 수 있는 여건이 되지 못하게 때문에 단편적인 예를 제시하는 수준에 그쳐 오해의 소지가 있을지 모르겠으나, 여기에서는 앞으로 영성이 추구해 나가야 할 방향에 대한 소견을 밝힌 것으로 만족하고 앞으로 더욱 많은 논의가 있었으면 한다. 어쨌든 이제는 생활영성이다.

제3부 **생명과 윤리**

뇌사: 美談인가 迷談인가

1. 들어가는 말

"7명에 생명선물 '12살 산타'"라는 제하에 교통사고로 뇌사상태에 빠진 김지원 군이 7명의 난치병 환자들에게 자신의 몸을 성탄선물로 주고 세상을 떠났다는 기사가 중앙일보(98년 12월 26일)에 보도되었다. 김군의 아버지는 25일 의식회복이 어렵다는 의료진의 말에 따라 김군의 장기 기증을 결정하면서 "선생님이 되고 싶어 했던 아들의 꿈이 다른 생명 속에서 꽃피길 바란다"고 말했다는 것이다. 간간이 들려오는 이러한 이야기들은 순수한 인간애의 표출로 듣는 모든 이들에게 감동을 가져다주고 있어서 누구도 이의를 제기하고 있지 않다. 그러나 좀 더 냉정하게 사안을 분석하다 보면 많은 의문들이 제기 될 수 있다. 다른 사람의 생명을 구한 희생적인 사랑의 행위이지만 뇌사와 장기이식에 관련된 많은 논쟁의 가능성을 배제할 수 없다. 그리고 우리나라가 뇌사를 법으로 인정하지 않았을 때에는 이러한 시술이 엄밀한 의미에서 불법이었다. 뇌사자로부터의 장기 적출 행위는 현행법상 살인죄 내지는 상해죄에 해당했다(물론 뇌사자의 장기를 적출했다고 의사가 입건되거나 기소된 일은 없었고 묵인되는 실정이었다). 뇌사가 합법화된 현재는 장기이식을 전제로 한 뇌사가 인정되기 때문에 죽음에 대한 일관적인 기준을 마련하는 문제가 있다. 그리고 뇌사판정기준이나 절차는 정확했는가? 장기이식의 문제로 넘어가면 더욱 복잡해지는데 뇌사자가 생전에 자신의 사후 장기기증에 대한 명시적인 동의가 없는 상태에서 가족의 동의만으로 장기적출을 하는 것이 윤리적으로 타당한가? 장기 제공자가 미성년자인 경우에는 더 문제가 된다. 장기이식을 위한 뇌사 판정이 아닌가? 적출된 장기는 어떠한 절차를 밟아서 누구에게 이식되고 있는가? 장기배분에 대한 투명성의 문제이다.

뇌사를 둘러싸고 일어날 법률적인 문제 때문에 대한의학협회에서는 뇌사의 사망인정에 대한 법적 근거를 마련하기 위해서 입법추진 운동을 계속하였다. 1983년에 〈죽음의 정의연구특별위원회〉를 구성하여 뇌사판정기준을 발표하고, 1989년에는 〈뇌사연구특별위원회〉가 보건 복지부에 조속한 입법 조치를 요구하였다. 1991년에는 뇌사를 인정하는 〈의료법개정안〉을 마련하여 보건복지부에 공식적으로 건의를 하였고, 1992년에는 보건복지부와 대한의학협회가 공동으로 외국의 뇌사관계 입법현황을 조사하면서 사회적 공감대를 확보하기 위한 공청회를 개최하였다. 여러 가지 부수적인 논의 끝에 1998년 12월 1일 보건복지부는 뇌사판정기준을 규정하고 뇌사자의 장기 적출을 허용하는 내용을 골자로 한 〈장기 등 이식에 관한 법률〉 제정안을 국무회의에서 의결함으로 정기국회를 거쳐 공포하고 1년간의 경과기간을 둔 뒤 2000년부터 시행한다고 밝혔다. 의료계의 오랜 숙원을 관철하였지만 이것이 국민 모두에게 유익하고 정당한 것인지에 대한 논의는 앞으로도 계속되어야 한다고 본다.

뇌사에 대한 여론의 변화는 1970년대에는 반대론이 대세였으나

1980년 장기이식에 대한 필요가 인식되면서 찬성론이 증가하기 시작하여 현재는 찬성하는 의견이 월등히 많은 것으로 조사되고 있다. 1988년 세종의학연구소의 뇌사 세미나에서는 의료계, 법조계, 언론계 모두 뇌사를 찬성하는 입장을 보였고, 종교계에서는 불교와 천주교에서 찬성하는 입장을 보였다. 개신교만이 반대하는 입장의 발언을 하였다. 그러나 1992년 대한의학협회 주최 공청회에서는 개신교를 포함한 종교계, 철학계, 법조계, 정부측이 한결같이 긍정적인 반응을 보였다. 사회적 여론이 뇌사를 인정하는 쪽으로 가고 있다. 그러나 생명에 대한 결정은 다수결로 할 수 없는 것이며 더구나 지금까지의 논의가 의학적, 법률적 차원에 비중을 두고 되어졌던 만큼 앞으로 신학적, 윤리적 성찰이 더욱 고려되어야 한다. 이러한 논의는 결과에 상관없이 뇌사판정의 정확성을 재고하고, 뇌사가 남용될 소지를 방지하고, 장기배분의 투명성을 확보하면서 일반인들의 생명에 대한 의식을 높이는 데 기여할 것이다.

〈장기 등 이식에 관한 법률〉의 뇌사판정 기준

1) 선행조건

(1) 원인이 확실하고 치료될 가능성이 없는 기질적 뇌병변이 있어야 할 것

(2) 깊은 혼수상태로서 자발호흡이 없고 인공호흡기로 호흡이 유지되고 있어야 할 것

(3) 치료 가능한 약물중독(마취제, 수면제, 진정제, 근육 이완제 또는 독극물 등)이나 대사성 또는 내분비성 장애(간성혼수, 요독성 혼수 또는 저혈당성 뇌증 등)의 가능성이 없어야 할 것

(4) 저체온상태가 아니어야 할 것

(5) 쇼크상태가 아니어야 할 것

2) 판정기준

(1) 외부자극에 반응이 없는 깊은 혼수상태

(2) 자발호흡이 되살아날 수 없는 상태로 소실

(3) 두 눈의 동공이 확대, 고정

(4) 눈에 빛을 비추었을 때 동공이 축소되는 광반사 등 7가지 뇌간반사가
   완전히 소실

(5) 자발운동, 경련 등이 안 나타남

(6) 무호흡검사 후 자발호흡이 유발되지 않으며 자발호흡 회생 희박

(7) 재확인: 판단결과를 6시간이 지난 후에 확인해도 그 결과가 같음

(8) 뇌파검사: 뇌파검사를 실시해 평탄뇌파가 30분 이상 지속

(9) 기타 필요하다고 인정되는 대통령령이 전하는 검사에 적합할 것

2. 논의를 보는 몇 가지 관점

1) 뇌사에 대한 일반적인 오해부터 먼저 해소해야 한다.

뇌사는 새로운 상황을 위한 부가적인 기준이지 전통적인 기준을 부
인하는 새로운 기준이 아니다. 여기에서 새로운 상황이란 의료기술의
발달로 심장과 폐의 활동을 인공적으로 유지시켜 줄 수 있게 된 것이다.
전통적으로는 심장의 고동이 멈추고 호흡이 중단되면 생명이 끝났다고
말했는데, 인공호흡기에 의해 환자의 호흡을 가능케 해주는 상황에서는
죽음을 정의하기가 매우 어려워졌다. 이러한 이유 때문에 더 적합한 죽
음의 기준을 발견하려는 노력에서 뇌사는 전통적인 기준보다 새로운 기
술에 기초한 현대적인 개념이며 더욱 상세한 기준이다. 전통적인 사망

의 정의는 외부에서 확인 가능한 것이었지만 뇌사는 사망의 본질적인 현상으로 전문적인 판단을 요하는 의료과학적인 것이다. 만일 인공호흡기가 부착되지 않았다면 뇌사가 인정되는 시점에서 전통적인 사망의 징후도 당연히 나타났을 것이다.

뇌사에 대한 사회적 편견은 식물인간 상태와 뇌사상태를 혼돈하는 데서 오기도 한다. 뇌사는 대뇌의 신피질을 비롯하여 소뇌, 중뇌, 뇌간의 모든 활동이 불가역적으로 정지된 상태여서 인공호흡기와 같은 기계적인 도움에 의해서만 유지가 가능하고 인공적으로 유지되던 호흡과 혈액순환도 통계적으로 최장 14일 이전에 정지된다. 반면 지속적인 식물인간 상태는 기억, 지성, 이성의 기능을 가지고 있는 대뇌의 신피질이 손상되었지만 하부 두뇌의 기능은 살아 있어서 능동적인 뇌파 활동과 약간의 정상반사가 나타나며 호흡이나 심장박동이 가능하여 대부분의 경우 기계적인 도움없이도 다른 사람의 돌봄을 받으며 생존 가능하다. 그러므로 지속적인 식물인간 상태는 뇌사와 다르다. 물론 뇌사를 인정하게 되면 점진적으로 지속적인 식물인간 상태도 죽음으로 인정하자는 신피질사로의 발전 가능성을 들어 반대하는 사람도 있다.

뇌사를 인정하게 되면 안락사를 수용하게 된다는 우려가 있다. 뇌사의 실재적인 의미는 의사의 치료의무의 한계를 설정해 주는 것으로 사망지연 수단을 중단하는 것이다. 환자가 뇌사 상태가 지속될 때 특별한 의료수단을 사용하지 않거나 장치를 제거하는 것이다. 뇌사는 환자의 치명적인 질환이 피할 수 없는 죽음을 가져 온 것이지만, 안락사는 의사가 주체가 되어 죽음을 가지고 온 타살로 뇌사와 안락사는 근본적으로 다르다. 안락사도 옳지 않지만 죽음을 인위적으로 연장하려는 것도 옳다고 볼 수 없다. 뇌사상태에서 인공호흡기를 계속해서 사용해야 할 윤리적, 신앙적 의무가 있다고 말할 수 없다.

2) 뇌사에 대한 문제는 우선적으로 장기이식과 분리하여 논의하는
　 것이 타당하다.

　죽음에 대한 정의 문제가 복잡하게 진행되는 것은 최근의 두 가지 의
료 기술 발달에 기인하는 바가 크다. 하나는 생명을 유지시키는 새로운
의료 기술의 발전이 보편화되면서다. 다른 하나는 면역체계에 대한 연
구가 본격화되면서 장기이식술이 급속도로 발달하여 유용한 장기를 얻
기 위해서는 적합한 죽음의 정의가 필요했기 때문이다. 우리나라 뇌사
의 입법화에도 〈장기 등 이식에 관한 법률〉과 맞물려 있어서 현실적으
로 뇌사설과 장기이식이 밀접한 관계에 놓여 있다는 것을 알 수 있다.
그러나 죽음을 밝히는 기준이 장기이식이 필요하다는 견지에서 결정되
어서는 안 된다. 우리가 판단하는 적합한 죽음의 기준은 죽어 가는 사람
의 필요에 따라서 순수하게 되어져야 한다. 죽음을 받아들이는 기준이
일정해야 된다는 것은 장기이식뿐 아니라 생명보험, 살인, 유언, 상속
등 법률적인 문제를 다루는 데도 필요하다. 뇌사 자체가 죽음의 기준으
로 정당하다면 사체를 처리하거나 장기를 이식하는 문제도 윤리적으로
정당화될 수 있지만, 반대로 장기이식이 필요하기 때문에 뇌사를 인정
해서는 안 된다. 생명은 어떤 경우에도 수단이 되어서는 안 되기 때문이
다. 죽음을 판단하는 데 있어서 생명의 신성을 헤치는 위험의 소지는 장
기이식이 결부되어 있는 경우이다. 뇌사에 이은 장기이식을 염두에 둔
뇌사판정은 생명의 신성을 침해할 위험이 크다. 대부분의 윤리적인 문
제는 뇌사 자체보다는 장기이식에 관한 문제에 있다. 장기이식이 목적
이 되면 뇌사는 장기이식의 성공을 높이기 위한 수단으로 전통적인 기
준보다 사망의 시기를 앞당기려는 의도로 받아들여 진다. 이는 생명이
다른 목적을 위한 수단으로 전락하는 것으로 비윤리적이며, 뇌사판정

자체에 대해서도 신뢰의 문제가 제기된다. 장기이식을 위한 것이라면 오히려 최근에 계속적인 발전을 보이는 새로운 장기이식법의 개발에 주력하는 것이 바람직하다. 엄밀하게 말하면 뇌사의 문제는 생명의 보호 한계에 대한 문제이고, 장기이식은 환자를 치료하는 방법의 문제로 서로 별개의 사안이다. 장기이식의 필요성이 사망판단을 좌우하거나 영향을 미쳐서는 안 된다. 반대로 장기이식의 윤리적 문제점 때문에 그 외의 많은 윤리적 고려를 포함하고 있는 뇌사문제를 단순히 거부해서도 안 된다. 지금까지 뇌사에 대한 몇 차례의 논의가 있었지만 장기이식문제와 결부되어 뇌사 자체에 대한 토론보다는 장기이식 문제의 윤리성이 논의의 대부분을 차지했다. 우선적으로 두 문제를 분리하여 생각하고 나중에 장기이식문제를 다루는 것이 좋다.

3) 기독자로서 책임윤리적인 결단이 있어야 한다.

뇌사를 의학적, 법률적으로 받아들이는 나라가 있는가 하면, 의학적으로는 받아들이지만 법률적으로는 유보적인 입장을 취하는 나라도 있고, 의학적, 법률적으로 모두 인정하지 않는 나라도 있다. 우리는 지금까지 의학적으로는 인정하면서도 법률적으로는 받아들이지 않다가 이제 뇌사를 법률적으로도 받아들이게 되었다. 신학적, 윤리적 논의가 활발하게 진행되었어야 하는데 의학적, 법률적 논의에 묻혀진 느낌이다. 생명과 죽음에 대한 문제는 의학 이전에 신학적인 문제이다. 의료윤리의 문제를 다룸에 있어서 얼마나 자신들의 신학적인 확신을 개입시키고 있는가를 살펴 볼 일이다. 비록 세속세계에서 신학적인 의견이 무시되고 "비주류화"된다고 하더라도 고통 받는 사람의 짐을 나누고 가볍게 하는 제사장적인 역할과 의료기술을 과신하면서 삶을 수단으로 전락시키는 것들에 대항하는 예언자적인 역할을 계속해야 한다.

기독자들은 이익집단이나 로비스트와는 다른 확신과 소명에서 제 목소리를 내야 한다. 죽음의 판단을 의사에게만 맡기면 죽음의 정의가 단지 생물학적이고, 기술적인 문제가 될 수 있다. 이제 의사나 의료기술이 우리의 생명을 연장하거나 죽음을 지연시킬 수 있게 되었다. 생명의 시작과 끝이 의학적인 면에서만 고려되어서는 안 된다. 그렇게 되면 하나님 앞에 가서 "죄송합니다. 저들이 생명보조장치로 나를 붙들어 놓는 바람에 좀 늦었습니다" 해야 될지도 모른다.

뇌사가 법제화되니 의사에 의해 적용되는 기준과 공동체나 법률적인 가정 사이의 충돌 가능성을 해소하고, 의사와 가족과 환자 사이의 갈등의 소지를 미연에 방지하겠지만 합법을 가장한 부작용의 우려는 여전히 있다. 예를 들면 인공유산의 불가피한 상황을 규정한 모자보건법이 인공유산을 합법화시키는 데 악용되는 것과 같은 경우이다. 〈장기 등 이식에 관한 법률〉의 입법 이후에 현재까지는 오히려 뇌사에 의한 장기기증 건수가 줄어들었다고 한다. 뇌사 판정 기준이 너무 엄격하기 때문에 장기 이식을 할 수 있는 시간적인 여유를 확보하기 어렵다는 의견과 장기 배분에 대한 엄격한 관리 때문에 기증자가 줄었다는 분석도 있다.

뇌사는 의학적인 치료능력의 한계를 인정하고 무익한 치료를 중단하는 인간의 책임적인 결단에서 죽음을 재 정의하는 것으로 윤리적으로 받아들일 수 있다. 신학적 측면에서 보면 인간의 존엄성은 하나님의 자녀라는 데 놓여 있지만 세속적인 기준에서 생명은 생물학적 기능이나 이성적인 능력에서 평가된다. 세속에서는 생물학적인 요인으로 인간의 죽음을 규정하므로 인간을 단순화하고 있는 측면이 있다. 인간의 죽음은 생물학적인 의미 이상의 사회적, 도덕적, 철학적, 신학적 의미를 지니고 있다. 이런 면에서 신학적으로 보면 심장사나 뇌사나 크게 다를 바가 없다. 인공장치의 발달에 의한 과정적인 차이를 보일 뿐이다. 신학적으로 죽음은 어떤 신체의 부위에 한정되어 있는 것이 아니다. 생명의 신성이 죽음을 배제하는 충분한 기준도 아니다. 생명의 신성이 이데올로기가 되어 그 자체가 목적이 되어서도 안 된다. 그러나 때로 생명의 신성은 삶 자체에만 놓여 있는 것이 아니라 옳은 일을 위해 죽는 것도 의미한다. 신학적인 문제는 오히려 어떻게 죽을 것인가에 있다. 하나님은 우리에게 자연사를 요구하시는가? 이제 의료기술의 발달로 자연사도 어렵게 되었으며 자연사의 개념도 애매모호하다. 잘 죽는 것은 자연사가 아니라 의미 있는 죽음이다. 뇌사냐 심장사냐의 논의가 의미 있는 죽음을 맞이할 우리의 책임과 위험을 면해주는 것은 아니다. 대부분의 사람들은 잠자는 중에 또는 갑자기 죽기를 원하지만, 사실 두려운 것은 죽음을 준비 없이 갑자기 맞는 것이다. 죽음의 순간을 밝히려는 노력은 부분적으로 죽음을 준비하는 것을 회피하려는 의도이다. 우리는 더 이상 죽음의 순간을 말할 수 없다. 죽음은 다양한 단계를 걸쳐가는 하나의 과정이다. 생명보조장치들은 그 과정을 훨씬 더 분화시켰는데 뇌사는 죽음의 과정의 끝을 의미한다. 좋은 죽음이란 삶을 통하여 준비된 죽음, 즉 좋은 죽음은 좋은 삶과 연관된 것이다. 우리의 삶을 지탱해 주는 사명과 잘 조화를 이루어 주는 것이다. 만일 뇌사가 죽음의 위치로서의 기능이 아니라 죽을 시간의 상징이라면 죽음을 연장하는 것을 요구하므로 좋은 죽음을 가지지 못하게 해서는 안 된다. 이런 경우 뇌사는 좋은 사인(sign)일 수도 있다.

4) 최근의 의학적 성과들을 반영해야 한다.

의료기술이 하루가 다르게 발전하는 상황 속에서의 입법은 최근의 의학적 성과를 반영하지 못 할 위험이 있다. 예를 들어 1996년 2월 27일부터 3월 1일까지 쿠바 하바나에서 열린 "뇌사에 관한 제2차 국제대회" 자료를 인터넷에서 살펴보면 전통적인 뇌사 기준에 추가하거나 보완해야 할 사항들이 많이 언급되어 있다. 그 중의 하나는 그 동안 뇌사가 일반에게 빨리 받아들여지게 된 이유 가운데 하나로 환자가 인공호흡기의 도움을 받더라도 단시일 내에 사망한다는(최장14일) 경험적 통계결과에 근거했었는데, 최근 들어 뇌사상태에서 인공호흡기를 부착하고 적극적인 진료를 받게 되면 수개월 심지어 수년간도 지속할 수 있다는 예가 보고 되어 있다. 그리고 뇌사가 전체 뇌의 불가역적인 손실로 되어 있었는데, 뇌사상태에서도 많은 케이스가 "아르기닌 바소프레신"(arginine vasopressin)을 생성시키는 뇌의 기능이 살아 있는 것으로 확인되었다. 뇌사 자체에 대한 의학자들의 이런 다양한 논의도 죽음에 대한 일치된 판단을 모호하게 하고 있다.

5) 찬성과 반대를 피력하는 입장의 근거를 살피며, 요구되는 사항들을 최대한 수렴해야 한다.

인간의 존엄성의 문제를 들어 뇌사를 반대하는가 하면 또 같은 이유로 뇌사를 찬성하기도 한다. 뇌사 판정이 났는데도 가족들이 생명보조장치를 계속 요구할 때, 슬픔과 절망에 빠진 가족들이 사랑하는 사람의 죽음을 받아들이지 않고 비록 인공장치에 의존하였지만 여전히 체온을 느낄 수 있으며 심장이 뛰므로 살아있다고 주장할 때, 어떻게 할 것인가? 뇌사상태임에도 불구하고 중환자실에 놓고 인공적으로 생명징후를 계속해서 유지시킨다면 이 또한 비인도적인 처사가 아닌가? 아니면 미국 뉴욕(1987)이나 뉴저지(1991)주처럼 개인의 종교적 신념에 따라서 뇌사판정 거부권을 인정하는 양심조항을 둘 것인가? 다양한 사회에서 소수의 견해도 존중한다는 데에서는 의미가 있을 수 있으나 법률적 의료적 죽음에 대한 판단이 개인의 종교적 견해에 따라 달라질 수 있는가?

뇌사는 육체적 죽음 이전의 "사회적 죽음"이라는 논의도 있다. 최근까지 죽음은 사회적 죽음과 일치했는데, 현대의 기술은 하나의 현상으로서의 죽음을 파괴한 결과 뇌사라는 개념이 생겨났다. 뇌사상태는 "살아있는 장기를 가지고 있는 사체"인 셈이다. 여기에 누가 인간인가? 무엇이 인간성을 결정하는가? 인간의 존엄과 가치는 어디에 있는가? 인간의 생명과 생물학적 생명은 다른가? 하는 수없는 질문이 꼬리에 꼬리를 문다. 여기에 현실적인 이유와 공리주의적인 입장이 가세하고, 의료계에 대한 일반인의 불신과 국민정서의 감정적인 면까지 감안하게 되면 논의는 훨씬 복잡해 진다. 그러나 그러한 논지에는 다 그럴만한 이유가 있고 귀담아 들어야 할 것이 많다. 결국 신학과 윤리의 역할은 의학적, 법률적 입장을 넘어 뇌사의 문제를 보는 종합적인 안목을 제공하고, 문제점을 지적하여 보완하는 역할을 해야 할 것이다.

기독자의 생명은 마지막 심장박동이나 뇌파의 정지로 끝나지 않는다. 육신의 생명은 영원한 생명의 일부분에 지나지 않기 때문이다. "뇌사"판정이 좋은 죽음을 맞이할 수 있는 기회를 은혜로 주신 것인지, 아니면 인간성을 두고 벌어질 또 다른 시험꺼리인지, 이도 저도 아니면 마지막까지 하나님의 정한 때를 기다려야 하는 인내의 시간인지 두고두고 이야기할 문제다.

10 인간복제: 축복(祝福)인가 재앙(災殃)인가

1. 들어가는 말

　최근 두 가지 사건에 대한 보도는 인간복제에 대한 세인들의 관심을 다시 증폭시키고 있다. 하나는 세계 최초로 인간복제 계획을 발표한 미국 클로네이드 社가 자사 홈페이지에 인큐베이터 속 아기의 사진을 공개한 것이다. 그 아이는 2002년 12월 복제된 5명 중 세 번째 아이로 일본에서 태어났다고 그들은 주장했다.[1] 그러나 사실 여부를 규명할 수 있는 DNA 검사 샘플은 제시하지 않아 그 진위 여부는 알 수 없다. 다른 하나는 최초로 체세포 복제에 의해 태어나 포유동물 복제에 신기원을 이룬 복제양 돌리가 진행성 폐질환을 앓고 있어 안락사 시켰다는 스코틀랜드 로슬린 연구소의 발표다.[2] 생식세포가 아닌 체세포의 핵으로부터 태어난 돌리는 새로운 가능성에 대한 활발한 연구와 논의를 불러 일으켰고, 아울러 많은 우려를 낳았었다. 로슬린 연구소에서 복제 양 돌리

---

1 「조선일보」2003년 3월 25일 기사 참조.
2 「조선일보」2003년 2월 14일 기사 참조.

연구에 참여했던 앨런 콜만(Alan Colman) 박사는 "(돌리의 죽음은) 복제를 합법화하려는 이들이 얼마나 어리석은지를 어느 때보다 잘 보여 준 사건이다"라고 논평하였다.[3] 복제양 돌리는 복제동물의 건강문제에 대한 논란도 일으켰었다. 1999년 5월 27일 발간된 「네이처」(Nature)는 돌리가 동갑 양들에 비해 노화의 정도가 빠르게 진행되고 있을 가능성을 제시했었다. 그 후 복제 동물의 조로(早老) 연구는 세포내 염색체의 끝부분인 텔로미어(Telomere) 연구를 중심으로 이루어져 왔다. 돌리의 텔로미어가 동갑 양들에 비해 짧다는 것이 빠른 노화의 가능성을 보여 준다는 주장이 제기 되었기 때문이다. 그것에 대한 확실한 결론이 나오지는 않았지만 복제동물의 건강문제는 여전히 과학적인 논란의 대상이다. 이와 같이 클로네이드의 복제인간 탄생발표와 복제 양 돌리의 죽음은 인간복제에 대한 비상한 관심을 다시 불러 모으고 있다.

이 시점에서 인간복제 기술이 인간다운 삶을 살아가는 데, 유익을 줄 것인가 아니면 재앙을 가지고 올 것인지에 대해 다양하고 활발한 논의가 필요하다. 인간복제는 다만의 생명공학기술문제가 아니라, 그 이전에 윤리문제요, 신학문제다.

2. 인간복제란 무엇인가

1978년 시험관 아이 루이스 브라운이 출생하므로 성과 생식이 분리될 수 있게 되었고, 다양한 인공 생식기법이 발달하게 되었다. 1997년 2월 영국 에딘버러 로슬린 연구소에서 복제 양 돌리가 태어나므로 무성

---

[3] 「조선일보」2003년 2월 15일 기사 참조.

생식과 포유동물의 체세포 복제에 의한 출생이 가능하게 되었다. 그리고 2003년 인간게놈지도가 거의 100% 완성되므로 인간 유전자를 해독함과 더불어 유전자 재조합 기술의 포스트 게놈프로젝트가 진행되는 단계에 놓여 있다.[4] 이러한 일들을 보도하는 신문이나 잡지는 새로운 기술과 발견에 대한 경이와 흥분에 들떠서 거의 무비판적으로 기사를 내보내고 있다. 언론이 센세이션널리즘에 편승하여 이러한 기술이 지니고 있는 위험성과 부작용, 그리고 윤리적 문제들에 대해서는 소홀히 다루는 경향이 있다.[5] 더구나 우리나라는 생명공학을 육성한다는 취지로 인간배아복제는 허용하려는 방향으로 법제화가 진행되고 있고, 국민들의 희박한 생명의식과 핏줄을 선호하는 국민의식 때문에 인간복제에 대해 우려하지 않을 수 없다.

복제는 식물에서는 빈번하게 일어나는 생물학적 사실이다. 특정한 기관으로 성장한 세포는 다시 새 생명을 만들 수 없다는 불가역성이 동물을 식물로부터 구분하는 중요한 특성이었는데, 체세포 핵 이식을 통한 돌리의 탄생으로 생물학의 이 법칙은 깨졌다. 체세포 복제에 의한 돌리 양 복제는 동물에 있어서 종은 영원하지만 개체는 일회적이란 정설을 깨고, 개체도 영원히 계속될 수 있음을 보여 준 사건이다. 돌리는 난자에서 유전자가 들어 있는 세포핵을 제거하고, 복제하고자 하는 개체에서 떼어 낸 성숙한 체세포의 핵을 그 자리에 집어넣는 체세포핵치환법(somatic cell nuclear transfer)을 이용한 후, 전기 자극을 주어 세포분열을 시킨 것이다. 우리나라에서는 1998년 12월 경희대 불임클리닉 이

---

4 「조선일보」2003년 4월 15일 기사를 참조하면, 인간게놈프로젝트에 참여중인 6개국 과학자들이 4월 14일 인간 생명의 유전적 청사진인 인간게놈지도를 99.99%의 정확도로 완성했다고 발표했다.

5 제레미 리프킨, 「바이오테크 시대」전영택, 전병기 옮김 (서울: 민음사, 1999), p. 8.

보연 교수팀이 "인간복제" 초기단계 시험 성공을 발표하였다. 4포기까지 진행한 후에 폐기했다고 주장했는데 학계의 공인은 받지 못하였다. 그리고 1999년 2월 서울대 황우석 교수팀이 암컷 젖소 '영롱이' 복제에 성공하였다.

이런 체세포 핵이식 생명복제는 많은 것을 시사해 준다. 이제 인간이 생명의 탄생을 좌우할 수 있게 되었고, 무성생식이 가능해 졌으며, 동일한 유전형질을 지닌 생명체를 수없이 만들 수 있게 되었다는 것이다. 이것으로 인간복제나 새로운 유전형질을 지닌 생명체를 만들 수 있는 가능성이 생겼다.[6]

라엘리안은 "인류는 인간복제를 통해 5~10년 안에 '영원한 생명'을 향해 문을 열고 '메뉴'에 따라 아기를 만드는 시대가 올 것"이라고 주장했다. 라엘은 외계인이 인류를 창조했다고 믿는 사이비 종교집단의 교주이다. 라엘리안은 인간복제 회사 클로나이드를 설립하고 브리지트 부아셀리에 박사가 주축이 되어 인간복제 실험을 하고 있다고 한다. 그 밖에 이탈리아의 체외수정전문 산부인과 의사 세베리노 안티노리 박사, 미국 켄터키 대학 생식의학과 파노스 자보스 교수, 그리고 시카고의 물리학자 리처드 시드 박사 등이 인간복제를 시도하고 있는 것으로 알려지고 있다. 리처드 시드는 영국 BBC와의 대담에서 "인간복제는 인간의 생명을 연장하고 문명을 발전시킬 수 있는 첨단 기술이다…. 이제, 우리는 하나님처럼 될 것이다. 우리는 하나님 정도의 지식과 능력을 갖게 될 것이다."라고 말했다.[7] 동성애자로서 "인간복제권연합전선"(CRUF)을 설립한 랜돌프 워커는 "인간복제를 통해 영원한 삶을 얻을 수 있다."

---

6 김상득, 「생명의료 윤리학」(서울: 철학과현실사, 2001), p. 103.

7 악셀 칸 · 파브리스 빠삐용, 「인간복제」전주호 옮김 (서울: 푸른미디어, 1999), p. 169에서 재인용.

고 하며 동성애자에게는 인간복제가 자신의 유전자를 지닌 아이를 가질 수 있는 유일한 희망이라고 주장하고 있다.

인간복제는 수정 후 14일까지 착상 이전의 배아를 복제하는 배아복제(embryo cloning)와 자궁에 착상시켜 완전한 개체로 태어나게 하는 개체복제(individual cloning)로 구별하기도 한다. 그리고 복제의 목적에 따라 치료용 복제(therapeutic cloning)와 생식용 복제(reproductive cloning)로 나누어 말하는 것이 대체적인 경향이다.[8] 그러나 필자는 여기에서 인간복제라는 전체적인 틀 안에서 논의를 진행시키고자 한다. 논의의 대부분을 인간개체복제에 집중하면서도 필자가 굳이 구분하지 않는 이유는, 현재의 논의가 배아복제와 개체복제, 치료용 복제와 생식용 복제의 차별성을 부각시켜 배아복제와 치료복제는 허용하자는 방향으로 가닥을 잡아가기 때문이다.[9] 현재 대부분의 국가에서 인간개체복제에 대해서는 일치하게 반대 입장을 밝히면서도 난치병 치료 연구에 활용되는 줄기세포의 추출을 위한 배아복제는 허용되어야 한다는 의견이 다양하게 피력되는 형편을 주위 깊게 관찰해야 한다. 그러므로 인간복제에 대한 논의는 인간 생명이 언제 시작되느냐와 깊은 연관이 있다.

인간의 생명이 언제 시작되느냐는 논쟁은 낙태문제와 연관하여 의료윤리에서는 결론이 나지 않는 아주 오래된 이슈다. 이제 인간게놈지도가 거의 100% 완성되었다고 발표된 시점에 수정된 배아로부터라고 보는 유전학파의 시각이 생물학자들로부터도 폭넓은 지지를 받고 있다. 유전학파는 인간의 유전인자가 형성되는 순간부터 인간생명으로 보는데, 수정되는 순간 각 부모는 23개의 염색체를 제공하고 이 염색체들은

---

8 김상득, 「생명의료 윤리학」(서울: 철학과현실사,2001), p. 109.
9 또 다른 이유는 만일 치료용 복제를 허용하면 생식목적의 복제로 치달아 갈 가능성이 많기 때문이다(slippery slope).

짝을 이뤄서 아이의 게놈을 만든다.[10] 수정된 배아는 독립된 유전자 배열과 구조를 가지고 있는 새로운 생명체로 태아의 발생부터 출생까지 점진적인 변화의 과정을 밟는다. 태아의 발달을 정확히 구별할 수 없는 것은 생명은 수정란으로부터 연속선상에 존재하기 때문이다. 수정란에서 시작하여 배아, 태아, 아기, 성인 모두 동일한 유전자를 가지고 있다. 유전자를 개체의 정체를 규정하는 중요한 실체라고 할 경우 생명의 시작은 수정란(복제의 경우 핵치환 되는 때부터)으로 볼 수 있다. 따라서 인간 배아를 인간생명으로 인정한다면 배아복제 실험은 곧 인간복제 실험이 된다.[11] 수정 후 착상 전 14일까지의 수정란을 인간생명으로 인정하지 않으려는 측은 배아복제 허용을 주장하고 있다. 그들의 요구에는 배아 세포를 자유롭게 연구하고 폐기하려는 실용적인 생각이 담겨져 있다.

인간배아복제는 체세포 복제를 한 수정란을 자궁에 이식하지 않고 시험관에서 배양하다가 어느 시점에서 더 자라지 못하도록 한 상태에서 분할하는 기술을 이용, 그 배자의 수를 복수로 늘려 분화를 계속하도록 조작하는 것이다. 배아복제로 추출된 줄기세포(stem cell)는 알츠하이머, 파킨슨, 당뇨 등 난치병 치료에 필요한 만능장기로 분화될 수 있다. 이렇게 하면 인체의 조직을 재생하거나 뇌, 심장, 근육, 간 등 장기를 생산하여 공급할 수도 있다. 그러나 생명의 시작이 수정 시점이라면 생명의 존엄성을 외면한 인간배아관련실험을 해서는 안 되며 인간배아복제와 낙태문제는 동일선상에서 바라봐야 한다.

생물학적으로만 보면 복제인간은 원본인간과 시차를 둔 일란성 쌍둥이에 비유된다. 그러나 일란성 쌍둥이와 달리 대개 복제인간은 원본인

---

10 악셀 칸 · 파브리스 빠삐용, op. cit., p. 30.

11 발달학파는 배아가 쌍둥이로 나뉠 가능성이 사라진 수정 후 14일을 기준으로 하지만, 그것은 인간 개체에 대한 구분이지 인간생명은 연속선상에 존재한다.

간과 인위적으로 설정된 상당한 시차를 두고 있다. 그리고 일란성 쌍둥이와 또 다른 차이점은 인간의 의도 개입 여부이다. 자연적으로 발생한 쌍둥이와 달리 복제인간은 다른 사람의 의도에 의해 그렇게 만들어졌기 때문이다. 일란성 쌍둥이는 자연 현상이고, 복제인간은 인간의 문화 현상이다.[12] 그러므로 복제인간에서는 생명의 신비와 신성이 사라지고 인간을 생물학적인 현상으로만 볼 위험성이 있다. 사실상 유전자는 환경에 따라 다르게 발현될 수 있으므로 개체성이 정확하게 일치한다고 보기도 어렵다. 말하자면 자연적 일란성 쌍둥이보다 덜 유사한 존재가 될 가능성이 많다.[13]

인간복제의 정확한 논점은 복제인간이 원본인간과 똑같은 인간이라기보다는 무성생식에 의해 태어난다는 것이다. 인간복제가 가능하다고 해도 원본인간과 체형과 신체외형 또는 재능이나 버릇이 완전히 똑 같은 존재를 만들 수는 없다. 복제인간과 원본인간은 시간과 공간의 차이가 있기 때문이다. 유전적 형질은 동일하지만 시간과 환경에 따라 유전자 발현에 차이가 날 수 있다. 어린 아이로 태어난 복제인간은 유전자에 의해서만 결정되는 것이 아니라 주변 환경이나 자신의 의지에 따라 자라면서 달라진다.[14] 인간의 물질적인 조건은 복제할 수 있지만 지식, 정신, 영혼은 다를 것이므로 엄밀한 의미에서 체세포복제는 불완전한 생물학적인 복제다.[15] 거기에다 생물학적으로 "속이 빈 난자"(미토콘드리

---

12 사실 복제인간 뿐 아니라 체외수정은 모두 인간의 의도가 개입되어 있다. 여기에서 인공수정에 대한 윤리적 문제가 새롭게 제기된다. 물론 인간복제는 무성생식이고 체외수정은 양성생식이라는 점에서는 다르다. 인공수정에 있어서 비배우자간의 수정은 말할 것도 없고 배우자간이라도 잉여수정란 폐기 등에 관하여 윤리적 문제점이 많다.

13 박충구, 「생명복제 생명윤리」(서울: 가치창조, 2001), p. 79.

14 Rebekah Miles, "Cloning, Theology, and Ethics after Dolly: An Overview" *Quarterly Review: A Journal of Theological Resources for Ministry* 21/4 (Winter 2001), p. 375.

15 박충구, op. cit., p. 81.

아)의 유전적 역할에 대해서도 아직 확실하게 규명되지 않은 것들이 많다. "속이 빈 난자"는 일종의 인큐베이터와 같은 역할을 하지만 난자의 유전자가 핵에만 존재하는 것이 아니기 때문이다. 핵 바깥의 세포질에 있는 미토콘드리아에도 미미한 양(전체의 1퍼센트 정도)이지만 유전자가 존재한다.[16] 그러므로 복제는 불완전한 무성생식이다. 그러나 만일 핵 제공자와 공여난자 제공자가 동일 여성인 경우 복제인간은 원본인간의 모든 유전정보를 받게 된다. 이렇게 이미 존재하는 원본인간과 복제인간 사이에는 긍정적이든 부정적이든 유사성에 대한 긴장이 존재한다.

여기에서 복제인간이 원본인간과 공통점을 많이 가지고 있을 것이란 점이 문제가 아니라, 사실은 부모가 절대적으로 동일할 것을 기대하고 있다는 것이 더 큰 문제가 될 수도 있다. 더구나 그런 기대와 욕망 때문에 복제를 한 경우는 더욱 그렇다.[17] 복제인간이 대용품이나 수단으로 전락하기 때문이다.

3. 인간복제에 대한 논의

인간복제를 지지하는 사람들은 대부분 불임문제를 해결하기 위해 "자녀 출산권으로써의 복제"를 주장하고 있다. "자녀 출산권으로써의 복제"[18]는 존 로버트슨 (John Robertson)을 비롯하여 윤리학자 론 그린

---

16 김훈기, "21세기 창조신화, 동물복제" 「지식의 최전선」(파주시: 한길사, 2002), p. 317.

17 Helen Watt, "Thinking Twice: Cloning and in Vitro Fertilisation" *Ethics & Medicine* 18:2 (2002), p. 38.

18 John Robertson, "Cloning as a Reproductive Right," in *The Human Cloning Debate* ed. Glen McGee (Berkeley, CA: Berkeley Hills Books, 2000), p. 67-82.

(Ron Green), 이탈리아 의사 세베리노 안티노리(Severino Antinori) 같은 사람들이 지지하는 데, 안티노리는 불임부부들을 위해 "복제는 자신의 아이를 가질 수 있는 인간의 권리"[19]라고 말하고 있다. 론 그린은 "개인의 자유"라는 가치에 기초하여 생식목적의 복제를 지지한다.[20] 이들은 자신들과 생물학적으로 연관되어 있는, 다시 말해 부모의 유전자를 지닌 아이를 갖고 싶은 욕망을 충족시켜야 한다는 것이다. 부부는 스스로 출산의 방법에 대한 결정을 내릴 자유가 있다는 것이다. 그리고 만일 아버지가 심각한 유전적 질환이 있는 경우 아내를 복제함으로 유전적 질환은 물려받지 않으면서도 생물학적으로는 연관된 자녀를 얻을 수 있는 장점이 있다는 것이다. 또 레즈비언 부부나 독신 여성이 성관계나 다른 사람의 정자를 사용하지 않고도 자신들과 생물학적으로 연관된 자녀를 가질 수 있다는 것이다. 동성애자들의 자녀 출산권은 기독교윤리학자 케렌 레박츠(Keren Lebacqz)도 적극 지지한다.[21] 더구나 시험관 아이와 복제한 아이 사이에는 윤리적으로 차이점이 별로 없다고 한다.[22] 헤리스는 복제가 시험관 아이 시술(IVF)과 원칙적으로 다를 바가 없다고 하면서 그것에 찬성하면서 인간복제를 반대하는 것은 논리의 일관성이 결여된 처사라고 한다. 그는 인간복제도 유익한 점들이 있으므로 받아 들여야 한다고 주장한다.[23] 헤리스는 인간복제가 인간의 존엄성을 침해하

---

19 Severino Antinori, "The Good, The Bad, and The Ugly," *The Ecologist* 31 (April 2001), p. 24.

20 Rebekah Miles, (2001) op. cit., p. 379. 재인용.

21 Karen Lebacqz, "Genes, Justice, and Clones," in *Human Cloning: Religious Responses*, ed. Ronald Cole-Turner (Louisville, KY: Westminster John Knox Press, 1997), p. 49-57.

22 시험관 아이 시술은 체외수정이지만 양성생식의 자연적 과정을 거친다. 그러나 핵치환 기술은 직접적인 과학적 간섭으로 되어지는 무성생식이다.

23 J. Harris, "Is Cloning an Attack on Human Dignity?" *Nature* 387 (1997), p. 754.

지 않고 오히려 옹호한다는 주장을 펴고 있다. 헤리스는 인간의 존엄성을 인간의 권리에 근거하여 주장한다. 그러나 해리스가 말하는 인간의 권리는 인간복제를 진행하는 과정에서의 동기를 말하는 것이고, 인간복제는 복제된 아이의 본질적인 인간존엄성을 침해하는 행위다.

생명복제에 대해 공리주의적 관점을 피력하는 윤리학자 채드윅(R. F. Chadwick)은 복제기술을 통해 복제인간이 태어날 것을 선호하는 정도가 유전적으로 유일한 존재이기를 선호하는 정도보다 크다면 복제기술을 인간에게 적용할 수 있다고 한다.[24] 그러나 이런 경우에는 원본인간의 선택만을 고려한 것이고, 복제인간으로 태어날 아이의 동의는 반영될 수 없을 뿐 아니라 사회전체의 영향력을 측정할 적절한 방법이 없다는 문제가 있다.

인간복제를 반대하는 사람들이 모든 인간은 자신의 개별성과 독특한 유전적 정체성을 지녀야 한다고 주장하는데 대해서도 인간복제를 지지하는 자들은 반론을 제기한다. 유전학적으로 일란성 쌍둥이는 자연적인 복제인데, 동일한 유전자 구조라고 해서 반드시 정체성의 문제를 야기하는 것은 아니라는 것이다. 일란성 쌍둥이의 경우에도 복제인간과 마찬가지로 서로 유전적으로 구별이 안 되지만, 누구도 그들이 구별되는 개체라는 사실을 의심하지 않으며 한 사람의 권리는 다른 하나에 의해 위협받지 않는다는 것이다.[25] 그러나 일란성 쌍둥이와 복제인간의 차이는 앞에서 언급한 대로 인위성 개입 여부이다. 그리고 복제인간은 단순히 시간 차이가 나는 일란성 쌍둥이로 비유하는 시각은 문제를 너무 단

---

24 R. F. Chadwick, "Cloning" in *Philosophy* 57 (1982), pp. 201-209. 문시영, 「생명복제에서 생명윤리로」(서울: 대한기독교서회, 2001), p. 53에서 재인용.

25 John Polkinghorne, "Cloning: After Dolly" in *Christians and Bioethics*, ed. Fraser Watts (London: SPCK, 2000), p. 17.

순하게 보는 측면이 있다. 복제인간은 원본인간이 살아가는 과정을 알거나 보며 뒤따라 살게 되는데, 여기에서 오는 정체성의 혼란과 정신적 심리적 갈등은 피할 수 없는 것이다.

유아가 미숙한 상태에서 죽었을 때, 사망한 아이를 대체하기 위해 복제를 지지하는 사람도 있다. 죽어 가는 아이를 복제하여 대체해 주므로 부모들의 슬픔을 위로해 주거나, 죽어가는 아이에게 장기나 피부를 제공하기 위하여 아이 복제가 필요하다고 주장한다. 특별히 희귀병을 앓고 있는 아이에게 적합한 골수를 제공하기 위하여 복제가 필요하다고 한다.[26] 칸(C. Kahn)은 더 나아가 태아의 뇌세포 일부를 제거하여 뇌사 상태에서 성장시켜 장기 이식 가능성을 고려할 수 있다고까지 한다.[27] 언젠가 인공 자궁 내에서 뇌가 없는 복제인간을 만들어 신체의 각 부분을 이식용으로 예비하거나 사용할 수 있다는 것이다. 그러나 복제아이는 유전형질에서만 일치할 뿐 죽은 아이와 동일한 아이가 아닌, 또 다른 생명체라는 사실을 분명히 알아야 한다. 유전적 동일성이 개체의 동일성을 의미하지 않는다. 이것은 사람을 기만하는 행위이다. 죽은 아이가 복제로 살아올 수 없다. 그리고 이 복제아이는 위로를 준다기보다는 죽은 아이를 계속해서 생각나게 하여 부모를 더욱 힘들게 할 수도 있다. 그리고 인간을 대체하거나 교환 가능하다는 사고는 아주 위험한 발상으로 인간의 도구화를 초래할 수 있다. 이런 인간복제는 복제되어 탄생하

---

26 지난 4월 10일 영국에서는 희귀병을 앓는 아들을 위해 시험관 수정으로 "맞춤 아기"(designer baby)를 낳을 수 있도록 허가해 달라는 영국인 부부의 요청이 합법이라고 판결했다. 맞춤아이는 출생 직후 탯줄에서 골수를 재생할 수 있는 줄기세포를 일정량 채취해 이식하게 된다. 2003년 4월 10일 「조선일보」기사 참조. 물론 이 경우는 복제와는 다르지만 복제하는 경우에는 거부반응 없는 완벽한 골수를 얻을 수 있다.

27 C. Kahn, "Can We Achieve Immortality?" *Free Inquiry*, 9 (1989), 14-18. 박충구, op. cit., p. 104에서 재인용.

는 당사자의 이익이 우선적으로 고려되지 않고, 다른 사람의 이익이나 목적을 위한 수단으로 이용되는 것으로 인간의 존엄성을 침해하는 것이며 아이의 인간성을 유린하는 행위이다.

인간복제를 치료적 차원에서 적용하려는 시도들도 있다. 특별히 배아복제 연구의 필요성은 불임치료에서 비용을 적게 들이고도 용이하게 배아를 얻을 수 있다는 데 있다. 그리고 난치병 치료를 위한 줄기 세포를 제공할 수 있는 연구용 배아를 공급할 수도 있다. 평생 진료가 필요한 사람에게 적합한 타입의 조직이나 장기를 공급할 수도 있다. 당뇨병 · 알츠하이머병 등 난치병의 치유와 질병예방, 노화문제를 해결하므로 수명연장을 위해서도 복제가 필요하다고 한다. 복제를 이용하면 세포이식치료와 기관재생을 도울 수 있다. 치료 목적의 배아복제를 허용하면 이식용 장기를 위해 신체의 일부를 복제하여 여분의 장기를 마련할 수도 있고, 위험한 의학실험을 위한 실습용 도구로 활용될 수도 있다. 배아복제를 이용한 세포이식은 환자 자신의 세포를 이식하기 때문에 면역거부반응이 일어나지 않는다는 치료적 장점이 있다. 그러나 인간배아복제는 복제배아를 여성의 자궁에 착상시킬 경우 복제인간을 탄생시킬 수 있기 때문에 인간개체복제와 관련하여 논의해야 한다.[28] 그리고 앞에서 논의한 바와 같이 인간생명의 시작을 수정으로 볼 때에 배아복제는 인간복제와 다를 바가 없다. 역시 이식용 장기를 생산할 목적으로 복제하는 것도 인간의 생명을 수단으로 전락시키는 심각한 인간 존엄성 침해 문제가 있다.

사회나 개인의 유익을 위한 비범한 인물들을 복제함으로 공익에 이바지 할 수 있는 우생학적 유용성 때문에 인간복제가 필요하다고 주장

---

28 박은정, 「생명공학 시대의 법과 윤리」(서울: 이화여자대학교출판부, 2000), p. 287.

하는 사람도 있다. 그러나 이것은 유전자 결정론의 영향을 받은 것으로 인간을 생물학적인 존재로 단순화하는 것이다. 우생학을 인간에 적용하려는 것으로 사회적 혼란을 가중시킬 뿐이다.

대부분의 종교지도자들은 인간복제에 대하여 강한 반대를 표명하고 있다. 그러나 루터교회 신학자인 테드 피터스(Ted Peters)나 The Center for Theology and the Natural Science에서는 현재 인간복제가 잠정적으로 사회적 문제를 불러일으키고 있지만 이론적으로나 신학적으로 금지할 이유가 없다고 한다.[29] 피터스는 많은 그리스도인이 인간복제를 반대하는 것은 신학적인 이유보다는 히스테리나 감정적 대응 또는 최악의 경우를 상정하는 심리적인 두려움 때문이라고 말한다.[30] 과학에 대한 잘못된 두려움에 기초하여 인간의 권리와 자유를 포기하는 것이라고 본다. 다른 발견들과 마찬가지로 인간복제의 신기술은 오용될 수도 있지만 유익하게 활용할 수 있는 면들이 많다는 것이다. 피터스와 같은 학자들은 인간복제의 잠재적인 유익을 강조하고 있다. 불임문제를 해결할 수 있다든지, 인간이 하나님의 창조적 작업에 동참할 수 있다든지 하는 유용성을 들어 조건부적인 낙관론을 펴고 있다.[31] CTNS는 "만일 이 기술이 지혜롭게만 사용되면 하나님이 자연의 진화적인 과정을 통하여 창조를 계속해 온 것처럼, 인간을 통하여 창조의 일을 계속할 수 있을 것이다."[32]라고 말한다. 종교철학자 잉그리드 샤퍼(Ingrid Shafer)도 우주

29 Rebekah Miles, (2001) op. cit., p. 376.

30 Ted Peters, "Cloning Shock: A Theological Reaction," in *Human Cloning: Religious Responses*, ed. Ronald Cole-Turner (Louisville: Westminister/John Knox, 1997), p. 13.

31 Rebekah Miles, (2001) op. cit., p. 376.

32 Center for Theology and the Natural Sciences, "Regarding the Successful Cloning of an Adult Sheep in Scotland," August Revision, *Center for Theology and the Natural Sciences Bulletin* 17 (Spring 1997), p. 23.

적인 관점에서 넓게 본다면 복제는 우리가 창조물의 결함을 교정함으로써 하나님을 기쁘시게 할 수 있을 것이라고 주장한다. 샤퍼는 "영적으로 뿐 아니라 생물학적으로도 완전해지려는 우리의 노력을 누가 막느냐?"[33]고 강변하고 있다. 이들은 인간복제의 새로운 기술에 대하여 상대적 낙관주의를 피력할 뿐 아니라 세상에서 창조의 사역을 계속하시는 하나님이 주신 자유의 적절한 표현이라고 주장한다.[34] 물론 피터스는 인간복제의 오용, 즉 우수한 인간을 생산해 내기 위한 상업적인 이용의 경우에는 인간 존엄성을 위배한다는 이유로 반대를 표명한다.[35] 이들은 인간복제가 과학적 안정성만 확보된다면 의학적 치유나 기타 생식기법과 같이 반대할 이유가 없다고 한다. 이런 새로운 기술이 가져올 분명한 유익은, 분명히 예측할 수 없는 사회적 심리적 폐해보다 훨씬 중요하다고 말한다.

그러나 한스 요나스는 도덕철학의 임무는 공포를 알리는 "공포의 발견술"이 되어 도덕적 관심을 일깨워야 한다고 한다. 예견되는 미래의 인간상에 대한 위협을 알리므로 참된 인간상을 확보할 수 있어야 한다고 한다.[36]

---

33 Ingrid Shafer, "Biotechnology: The Moral Challenge of Human Cloning" http://www.usao.edu/~facshaferi/SHAFER1.HTML.

34 Rebekah Miles, (2001) op. cit., p. 377.

35 Ted Peters, op. cit., p. 14.

36 H. 요나스, 「책임의 원칙: 기술시대의 생태학적 윤리」이진우 옮김(서울: 서광사, 1994), p. 66.

4. 인간복제에 내포되어 있는 문제들

이상의 논의를 통하여 촉발된 인간복제에 내포되어 있는 문제들을
다음과 같이 정리할 수 있다.

첫째, 인간복제는 하나님과 인간의 관계, 인간과 인간의 관계, 인간
과 생태계의 관계를 왜곡시키거나 단절시키는 결과를 가져올 것이다.
인간복제는 하나님께서 주신 인간의 존엄성과 유일성을 훼손시키는 행
위이다. 그리고 인간이 이 기술을 이기적인 목적으로 남용하게 되면 인
간을 도구화(대상)할 수도 있다. 인간이 주체가 아니라 복제의 대상이
되면 인간관계가 "나와 너"의 관계가 아니라 "나와 그것"의 관계로, 존
재지향이 아니라 소유지향의 관계로 변질될 것이다. 인간과 인간의 관
계가 창조자와 피조물의 관계가 될 수 있다. 인간복제는 인간의 유한성
을 부인하려는 시도로 창조자 하나님의 역할에 도전하는 오만한 인간의
행위이다. 한스 요나스는 현재 위기의 근원을 "할 수 있다"는 인간 능력
의 절대화와 유토피아주의가 결탁하여 나타나는 진보사상에서 발견했
다. 요나스가 상기시키는 바는 인간 존재의 유한성과 인간의 거주 공간
인 지구의 유한성에 대한 인식이 필요하다는 것이다.[37] 그는 인간은 타
인과 자연, 그리고 하나님과 밀접한 관계를 맺고 있다는 연대성을 강조
한다. 인간은 공간적으로는 전 지구적으로, 시간적으로는 과거, 현재뿐
아니라 미래에 대해 책임을 져야 하는 존재이다. 현대 기술은 인간행위
의 본성을 바꾸고 인간의 힘을 확대시켜 미래도 제어할 수 있게 하였다.
기술은 인간의 힘이 미치는 범위를 삶의 모든 영역으로 확장시켜 주었

---

37 Ibid., p. 3.

다. 인간 행위의 결과가 공간적으로는 전 지구적으로, 시간적으로는 미래세대까지 미치기 때문에 인간 책임의 범위도 따라서 확장되어야 한다. 지금 우리의 첨단 기술은 미래 인간의 권리를 박탈할 수도 있다. 그러므로 미래 인간의 권리를 예견적으로 존중해 주어야 한다. 우리는 미래 인류의 실존에 대한 의무를 가지고 그들의 본질에 대한 의무를 가진다.[38] 이런 책임의식이 없는 무분별한 기술은 하나님과 인간, 인간과 인간 그리고 미래 인간의 관계를 심각하게 위협할 것이다.

인간복제는 자연을 조작하는 특성을 지니고 있으므로 생명의 시간적 흐름을 역류시키며, 미래의 생명을 담보로 하여 창조주의 영역을 침범하는 거대한 반란 행위가 될 것이다. 창조질서를 파괴하고 장기적으로는 생태계의 조화를 파괴하는 결과를 가져 올 것이다.

둘째, 인간복제는 인류가 지금까지 간직해 온 인간이해와 가족에 대한 이해, 그리고 윤리적 규범과 가치관을 송두리째 흔들게 될 것이다. 결혼과 생식의 분리, 성과 생식의 분리, 수정과 생식의 구분이 일어나면서 결혼관이나, 가족관이나, 성에 대한 개념이 큰 혼란을 겪게 될 것이다. 그리고 전통적으로 혈연제도나 결혼제도에 기초했던 가족관을 송두리째 파괴할 것이다. 복제아의 지위에 대한 법률적인 문제가 발생할 것이며, 친자나 직계존비속 개념의 혼돈으로 재산권의 분할이나 상속권 개념에 혼란이 올 수 있다. 그리고 가족관계를 심각하게 왜곡시킬 것이다. 이미 다양한 생식기술의 발전으로 부모의 역할이 다양하게 존재하지만 인간복제는 더욱 심각하게 가족관계를 변화시킬 것이다. 단성의 부모를 갖는 가족이나, 한 쪽 부모만을 갖는 가족도 등장할 것이다. 또는 '부자 쌍둥이' 아니면 '모녀 쌍둥이'가 될 수도 있다. 부모와 자녀,

---

38 Ibid., p. 86.

아니면 형제 사이인지 동일한 유전자가 말하는 것과 나이 차이가 말하는 것 중에 어떤 것을 기준으로 할 것인가에 따라 서로 다르다.

일반적으로 아이들은 부모나 형제와 닮으면서도 서로 다른 개성을 지니고 있어서 자신의 정체성을 발전시켜 나간다. 그리고 일정 기간이 지나면 자녀들은 부모로부터 독립된 느낌을 필요로 하며 자신의 혈통에 대한 분명한 인식을 갖게 된다. 이런 과정을 통하여 자녀들은 자의식을 형성한다. 여기에서 자녀의 유전적 독립성은 중요하다. 그러나 복제된 인간은 이런 자아 정체성 확립 과정에 극심한 어려움을 겪을 것이다. 복제된 아이는 자신의 독립성을 갖기 힘들어진다.

자녀출산권을 옹호하는 차원에서 인간복제는 불임 부부가 생물학적 친자를 가질 수 있는 유용한 방법이라는 주장도 있었다. 그러나 복제인 경우는 양쪽 부모로부터 물려받은 유전자의 결합이 아니라 한쪽의 유전형질만을 이용하는 것이다. 그러므로 태어날 아이는 부모 중 한쪽의 유전적 복제물이 되어, 시차만 있을 뿐 모든 특성은 한쪽의 유전적 특성을 지니게 된다. 이러한 경우 엄밀한 의미에서 부모 중 하나는 아이의 친부모가 될 수 없다. 부모 중 하나의 혈통이나 유전자는 아이와 관계가 없다. 부모 중 하나는 아이의 부모 되기에서 배제된다. 아이 편에서는 한쪽 부모의 유전적 형질이 박탈된다. 그것도 우연이 아니라 타인의 고의적인 선택에 의해서 그렇게 된다. 물론 이런 경우 복제 아이뿐 아니라 체세포를 제공한 부모로서도 자신만의 독특한 유전형질을 아이에게 빼앗기는 것이 된다. 이렇게 되면 자녀를 출산한다는 것은 무엇을 의미 하는지에 대한 근본적인 의문이 제기된다. 이런 아이는 "유전적으로 혼란스런 신드롬"(genealogical bewilderment syndrome)에 빠지게 된다.[39] 원본인간과 복제인간 사이의 심리적 문제와 정체성의 문제와 같은 사회심리적인 영향은 아이의 삶을 심각하게 왜곡시킬 것이다.

인간복제는 부모 되기에 획기적인 변화를 가져온다. 양성생식에 의한 자연출생은 예측이 불가능하고 신비에 속하는 것들이 많다. 그러나 인간복제는 기획된 아이가 만들어진다. 부모가 결과를 미리 알뿐만 아니라 임신할 때부터 그것을 의도적으로 결정하고 조종한다.[40] 그러므로 인간복제는 만들어지는 것 또는 제조되는 것이다. 인공적으로 복제되는 것이기 때문에 정상적인 생식에 의한 창조에서 발견되는 다양성과 신비스러움을 찾아 볼 수 없다. 복제 아이는 하나님의 선물로서의 독특한 피조물 대신에 이미 존재하는 유전자 형태로부터 부모가 바라는 결과가 이미 결정되어 주어지는 제조물이다. 여기에서 아이는 하나님의 선물이 아니라 부모의 권리가 된다. 복제아이는 성취에 대한 중압감이나 미래에 대한 두려움 때문에 정신적인 부담감이 가중될 것이다.[41]

셋째, 인간복제는 인간 개인의 유전적 고유성을 인위적으로 침해하므로 개인의 정체성에 혼란을 주며 생명의 다양성을 훼손할 것이다. 인간의 개성인 유일성과 고유한 가치를 침해하고, 두 개별적인 인간인 원본인간과 복제인간 모두를 목적이 아닌 수단으로 취급하게 된다.[42] 생명체의 유일성은 생명의 가치를 더해 주는 것인데, 생명을 교환 가능한 것으로 만드는 것은 생명의 가치를 떨어트리는 행위다.

복제는 인류를 무성생식화 하여 수많은 쌍둥이 배아가 출현할 것이며, 생식에 있어서 남성과 정자의 역할은 결여되거나 배제되고, 생식이 자기도취(나르시스) 형태를 띠게 될 것이다. 양성생식을 통한 자녀출생

---

39 Helen Watt, op. cit., p. 41.

40 Rebekah Miles, "Christian Responses to Human Cloning: Miracle or Mess?" *Christian Social Action* (Oct. 1999) op. cit., p. 29.

41 구인회 「생명윤리의 철학」(서울: 철학과현실사, 2002), pp. 176-177.

42 Donald M. Bruce, "A View from Edinburgh" *Human Cloning: Religious Responses*, ed. Ronald Cole-Turner (Louisville: Westminister/John Knox, 1997), p. 9.

은 부모의 유전자 결합을 통하여 아이의 독특한 유전자가 형성된다. 양성생식은 유전자 교환을 통해 다양한 유전자를 지닌 존재를 만들어 생물의 다양성을 유지하고 유전적 관점에서 보면 무성생식을 하는 생물들보다 더욱 발전적이고 질병에 보다 강한 내성을 지닌 존재가 되도록 한다. 그러나 무성으로 돌아가는 복제는 아이에게 주어지는 수없이 많은 유익한 자연 질서의 혜택을 배제시키는 것이다. 무성생식은 박테리아나 균류와 같이 저급한 차원의 생물들에게서 발견된다. 유성생식을 하는 인간은 자신과 다른 존재와의 관계를 통하여 서로의 부족한 것을 보완하고 초월하여 자신을 확장해 가는 목적을 이루어 왔다.[43] 폴 램지는 "무성생식은 오만한 것이며 비인간화된 것이다"라고 비판했다.[44] 인간 복제는 개인의 유전적 고유성과 독자성을 침해하여 개인의 정체성 위기를 초래하며 유전적 독특성이 상실되고 경우에 따라서는 특정한 질병에 치명적인 결과를 초래할 수 있다. 생명의 다양성이 파괴되고 '유전자 풀'(genetic pool)의 다양성이 감소되어 양성생식에 의한 인간의 유전적 발전 가능성이 저해될 가능성이 많다.[45] 결국 인간의 생식이 태어남(begetting)에서 만들어짐(making)으로 바뀔 수 있다. 아이가 인간으로가 아니라 물건으로 취급되는 것이다. 아이의 존엄성과 인간성이 떨어지는 것이다.

하버마스는 인간복제를 현대판 노예제도라고 보고, 노예제도와 마찬가지 이유로 거부해야 한다고 한다. 복제인간은 생명의 시작부터 다른

---

43 Gilbert Meilaender, "A Case against Cloning" *Beyond Cloning: Religion and the Remaking of Humanity*, ed. Ronald Cole-Turner (Harrisburg: Trinity Press International, 2001), p. 79.

44 Paul Ramsey, *Fabricated Man: The Ethics of Genetic Control* (New Haven: Yale University Press, 1970), p. 88.

45 Donald M. Bruce, op. cit., p. 5.

사람에 의해 유전인자가 결정되어 노예처럼 자유가 박탈된다는 것이다. 다른 사람의 운명을 이런 식으로 결정한다는 것은 전제적이다. 복제인 간에게 생명은 주지만 자율성은 빼앗기 때문에 권리를 침해한다는 것이 다.[46] 아이의 열린 미래에 대한 권리를 빼앗는 것이다.

넷째, 인간복제는 인간들 간에 새로운 신분차별로 등장하고, 이 신기 술이 부를 가지고 있는 사람들에 의해 독점되거나 일부의 특권을 지닌 사람들을 위해 남용될 수도 있다. 이 기술이 상업적으로 남용되어 인간 을 상품화하고 우생학적으로 이용되거나 경제적 이윤을 추구하는 수단 이 될 수도 있다. 결국 이 기술을 이용하여 누가 이득을 챙길 것인가. 여 기에는 개인적으로는 욕심과 교만, 사회적으로는 개인의 자유를 침해하 는 의도적인 부정의와 집단의 이기주의가 반영되어 있는 죄다. 그러므 로 인간복제는 인권을 침해하며 평등과 정의의 원칙에 위배된다. 결과 적으로 인간복제는 진보가 아니라 문명의 후퇴를 낳게 될 것이다.

여기에다 인간복제 기술이 인간의 호기심, 나르시시즘, 이기심과 공 명심, 그리고 복제아이를 얻기 위해 핵, 난자, 자궁을 공여하는 사람들 과 기술을 제공한 사람들의 이윤추구 목적까지 가세하게 되면 인류에게 큰 재앙으로 다가 올 것이다. 인간복제 기술은 남용할 여지가 많다. 이 제까지의 기술들이 그랬듯이 인간복제 기술의 오용가능성은 더욱 심각 하게 고려해야 한다. 우리의 앎은 삶에 담겨야 진리가 되고, 새로운 지 식은 사랑에 기초하면서 사랑을 위한 것이어야 한다. 만일 앎이 삶으로 부터 유리되고, 사랑에서 떠나면 타락한 지식이 된다. 현재 유전공학은

---

46 J. Habermas, "Sklavenherrschaft der Gene. Moralisch Grenzen des Fortschritts" *Süddeutsche Zeitung* 17/18 (1998.1), 13. 구인회, op. cit., pp. 170-172에서 재인용.

곡물과 가축에 적용되어 생명에 대한 특허를 선진 국가의 다국적 기업이 식량과 종자를 독점하고, 생물종의 다양성을 파괴하여 유전자 균일화 작업이 가속화되고 있다. 토착 농업의 존립을 위협하며 이윤을 극대화하고 있다. 앞으로 인간 생명조차도 부를 창출할 목적으로 이렇게 이용될 소지가 너무나 많다. 그 비용도 만만치 않을 것이기 때문에 기업의 이윤추구나 재력을 가진 사람들에 의해 악용될 소지가 많다. 이것이 상업적으로 이용되어 유전형질이 우수한 사람을 복제하여 아이로 갖고자 하는 경우들이 발생한다면 인간복제 시장이 형성될 것이다.

다섯째, 인간복제는 인간의 후천성(nurture)보다 선천성(nature)을 강조하는 문화적 환경을 만들어 갈 것이다.[47] 만일 선천적인 유전자가 만능이면 후천적인 종교, 문화, 사회, 교육이 설 자리가 없어진다.[48] 인간복제가 허용되면 유전공학은 단순한 복제에서 더 나아가 유전자를 조작하거나 유전자를 강화하는 방향으로 기술을 발전시킬 것이다. 이것은 일종의 유전자 차별을 낳을 수 있다. 그리고 인간을 DNA로 환원하는 유전자 환원주의(genetic reductionism) 또는 유전자 결정론(genetic determinism)을 주장하게 할 것이다. 생명현상을 물리 화학으로 환원할 수 있다는 유전자 환원주의는 인체를 유전적 서열 이상으로 보지 않는 것이다. 이것은 일종의 유물론이다. 그것은 인간에게서 물리적 환경과 사회의 영향이나 종교와 교육을 고려하지 않는다. 인간의 본질이 유전자 단독으로 결정된다는 가정의 유전자 결정론은 타당성이 결여되어 있다. 인간은 생물학적인 존재만이 아니라 정신적·영적 존재이다. 인간에 대해 통전적으로 이해할 필요가 있다. DNA는 생명의 본질이 아니고

---

47 제레미 리프킨, op. cit., p. 34.

48 송상용, "인간게놈계획-사회·윤리적 의미"「인간게놈 파헤치기」(서울: 동아사이언스, 2000), p. 92.

생명의 질료일 뿐이다. 인간은 DNA 이상이다. 인간의 유전자를 켜고 끄는 것은 의식적이든 무의식적이든 외부적 활동의 영향을 받게 되어 있다.[49] 유전자 결정론은 유전자에 기초한 숙명론으로 자충족적 예언 (예언을 함으로써 예언한 대로 실제 일어나는 현상)을 이끌어 낼 수도 있다. 즉 미래에 어떤 특정한 유전적 경향이 나타난다고 말하므로 실재 그렇게 나타나거나 그렇게 나타나기를 기대하게 만든다. 유전자 결정론은 인간복제 뿐 아니라 유전자 조작에 의한 우량인간의 탄생을 목적으로 하는 우생학으로 발전하여 인간생명을 조작의 대상으로 삼을 우려가 있으므로 그것의 비윤리성은 더 말할 필요가 없다. 유전자 복제보다 더 심각한 것은 유전자 조작이다. 유전자 조작을 하게 되면 거의 모든 배아의 유전자 구조를 주문에 맞추어 제공할 수도 있다. 이런 경우 인간의 절대적 가치는 사라지고 인간이 하나의 제품으로 추락할 것이다.

여섯째, 인간복제 기술에 잠재된 위험에 대하여 우리는 모르는 것이 너무 많다. 생명복제의 불안정성은 생명과학자들도 일치하게 우려하는 바다. 양을 복제한 윌머트 박사나 복제소를 만든 황우석 교수는 안정성의 문제를 들어 이 기술이 인간에게 적용되는 것을 반대하였다. 이들이 인간복제의 위험성에 대하여 경고하는 바와 같이 예측 불가능한 돌연변이, 조로, 거대체중, 유전적 손상, 유산이나 기형아 출산이 우려된다. 연구과정에서 폐기되는 수많은 생명들에 대해 누가 책임질 것인가. 누구를 대상으로 실험을 할 것인가. 복제기술의 낮은 성공률은 생명복제의 불안정성을 드러낸다. 현재의 기술로는 무수한 배아와 복제아가 실험 도중 죽거나 사산될 위험성이 있으며, 복제아를 임신한 산모도 상당한 위험에 노출된다.[50] 산모는 반복적인 유산의 위험에 노출되며, 생물학

---

49 매트 리들리, 「게놈」하영미, 전성수, 이동희 옮김 (서울: 김영사, 2001), p. 178.

적으로 융모막암에 걸릴 위험이 높다. 산모나 아이에게 미치는 육체적 · 심리적 해로움은 의료윤리의 악행금지의 원칙에 정면으로 위배된다. 물론 연구를 계속 진행 발전시킴에 따라 실패율은 떨어트릴 수 있을 것이다. 그러나 어떤 기술이든 완벽할 수 없을 것인데, 여기에 생명을 담보할 수 있는가. 그리고 실용적인 면에서 보아도 이익을 추구하기 위해 지불해야 할 위험이 너무 크다. 277번의 실패를 통해 돌리양을 복제한 윌머트는 복제의 가장 큰 장애물로 "리프로그래밍"(reprogramming)을 들고 있다. 이미 성장을 마친 세포로부터 건네받은 유전자 중 일부가 복제되었을 때 다시 발현되지(깨어나지) 않는 경우가 많아 결함이 생기고, 그래서 대부분 실패로 끝난다는 것이다. 만일 깨운다고 해도 이미 늙은 체세포이기 때문에 생식세포처럼 건강하지 못하다는 의견도 있다. 복제양 돌리에서 보는 것처럼 조기노화 현상이 나타나고[51], 암 발생확률이 현저하게 증가할 수 있다. 복제된 인간이 조로현상으로 수명이 짧아지거나, 장기의 이상이 발견된다면 사회적 · 윤리적으로 심각한 문제를 일으킬 것이다. 윌머트는 인간복제는 "모욕적인 것"이며 "윤리적으로 받아들일 수 없는 것"이라고 못 박았다.[52] 최근에 피츠버그 대학 제럴드 셰튼(Schatten) 박사는 「사이언스」(Science)에서 영장류를 복제하는 과정에서 생물학적으로 근본적인 문제점이 발견돼, 현재 기술로 인간복제가 사실상 불가능하다는 주장을 하였다. 붉은털 원숭이를 대상으로 한 실험에서 영장류는 일반 동물과 달리 세포분할과정에서 유전정보가 담긴 DNA · 염색체 등이 정확히 둘로 갈라지지 않는 점이 발견됐다

---

50 Donald M. Bruce, op. cit., p. 5.

51 6년 된 양의 체세포를 복제하여 태어난 돌리가 3년이 지났는데 9년생 정도의 세포노화가 진행되었다.

52 Ian Wilmut, "Cloning Isn't Sexy," *Commonweal* 124 (28 March 1997), p. 5.

고 한다. 케임브리지대학 로저 페더센(Pedersen) 교수도 "영장류의 난자는 다른 동물과 생물학적으로 다르다"는 논평을 통해 셰튼 박사의 연구를 지지하였다.[53] 그리고 이런 생명복제의 불안정성이 미래에 과학적으로 어느 정도 극복된다고 할지라도 앞에서 언급한 근원적인 문제들은 여전히 남아 있다.

이상과 같이 인간 생명의 존엄성과 유일성, 하나님의 생명주권과 인간의 책임, 인간과 가족에 대한 이해, 평등과 정의의 원칙들이 인간복제를 반대하는 이유로 제시될 수 있을 것이다.

5. 인간복제를 보는 기독교 윤리적 시각

최초에 에덴에서는 하나님의 형상대로 남성과 여성이 창조되었으며, 그들의 관계를 통하여 생육하고 번성하라는 축복을 주셨다. 그리고 하나님의 위임을 따라 인간에게 하나님의 피조물들에 대한 권한과 책임이 주어졌다. 그러나 바벨에서는 하나님과 같이 되어 보려는 인간의 야망이 기술과 결합하여 역사적 혼돈을 야기하게 되었다. 새로운 기술은 힘으로 나타나며 힘의 사용에는 책임의 문제가 따르고, 따라서 윤리가 항상 결부된다. 그런데 과학기술은 힘의 사용 결과를 스스로 예측할 수 없다. 그러므로 윤리는 과학 기술의 전제 조건이 되어야 한다. 우리가 과학 기술을 윤리적으로 통제하지 못하고 새로운 기술에 적응하기에 급급하다면 우리는 분명 자신이 만든 기술의 도구로 전락할 것이다. 지금까

---

53 「조선일보」2003년 4월 12일 기사 참조.

지 과학적 진보와 함께 윤리가 성장하지 않았다면 비극적 결말을 보았을 것이다. 과학적 진보와 기술을 적절히 사용하는 지혜는 과학 이외의 권위에서 와야 한다. 기술발전에 의한 물질적 풍요와 이익에만 관심을 기울이고 기술적 세계관이 요구하는 정신적 작업을 소홀히 한다면 인간으로부터 기술은 소외될 것이다. 과학, 기술, 의술이 영혼에 대한 고려로부터 분리되는 것은 비극이다.[54] 그런데 안락사와 마찬가지로 인간복제에 대한 논의에서 영혼에 대한 고려가 결여되어 있다.

기술이 주체가 되고 인간이 객체가 되면 기술이 우상이 된다. "기술에 대한 신앙"은 거의 유물론적 종교가 되었다.[55] 기술주의의 우상화와 신성화를 배격해야 한다. 기술이 모든 문제의 궁극적인 열쇠를 가지고 있는 것처럼 여기고, 기술의 성과를 과신하도록 유도하는 모든 시도를 경계해야 한다. 기술이 도구적 가치인데도 궁극적인 가치로 여기고 충성을 다하게 하는 우상숭배를 배척해야 한다.[56] 현대사회는 기술주의라는 미신의 지배로부터 벗어나야 한다. 새로운 기술의 발전은 새로운 인간의 책임성을 요구한다. 과학기술의 진보는 그에 따르는 윤리적 반성과 함께해야 한다. 과학기술의 발달과 더불어 인간의 윤리의식이 성숙되지 못하면 그 갈라진 틈으로 문명의 위기가 초래된다. 기술이 인간을 위한 유익한 수단이라고만 생각하고 있는 사이에 기술이 이제 인간의 통제를 벗어나 인간의 삶과 의식을 지배하는 거대한 문화적 권력으로 등장하고 있다. 기술의 탈 윤리성은 심각한 문제이다. 기술은 축복인 동시에 재앙이 될 수도 있다. 그러므로 과학기술은 그 외부에 있는 것으로

---

54 오스왈드 슈펭글러, 「인간과 기술」양우석 옮김 (서울: 서광사, 1998), p. 14.

55 Ibid., p. 67.

56 스티븐 몬스마 외 지음, 「책임있는 과학기술」양성일 외 옮김 (서울: CUP, 2000), p. 356.

부터 통제되어야 한다. "할 수 있지만 하지 않겠다"는 윤리관이 확립되어야 한다. 윤리는 이러한 자율성에 기초해야 한다. 그것이 인간의 성숙한 윤리의식이다. 바벨은 최초의 인간문명이 어떻게 혼란을 불러 왔는가를 잘 보여 주고 있다. "자, 우리가 … 하자"는 반복적인 말은 에덴에서 하나님이 세상을 창조하실 때 쓰시던 언어를 흉내 낸 것이었다. 지금 시도되는 인간복제는 바벨에서와 같이 다름 아닌 인간의 "하나님 놀이"(playing God)이다. 인간복제는 하나님 놀이의 한 형태이다.[57] 인간의 한계와 원죄를 부인하고 인간을 세상의 중심에 갖다 놓는 것이다. 이것은 하나님의 생명주권에 대한 도전이다. 하나님은 인간에게 양성생식이라는 방법을 설정하셨는데, 인간복제는 인간이 무성생식으로 하나님의 섭리에 대항하는 것이다. 에덴에서 "우리의 형상대로 사람을 만들자"라고 말했을 때 "우리의 형상"은 하나님의 형상을 의미하였는데, 인간복제에서 "우리의 형상"은 다름 아닌 인간의 모습이다.

인간복제는 인간의 생명이 하나님으로부터 주어진다는 신학적 이해보다는 생물학적인 소산이라 이해하여 생물학과 물리학 아래 인간의 존재 의미를 내려놓는 것이다.[58] 인간은 생물학적인 존재이상으로 영혼과 정신을 지닌 존재이다. 그러므로 인간에 대한 통전적인 이해를 해야 한다. 인간의 생명이 천하보다 더 귀한 것은 "하나님의 형상"을 지닌 하나님의 창조물이라는 사실에 있다. 그런데 인간복제는 인간과 복제인간이 창조주와 창조물의 관계를 맺으므로 인간을 수단으로 전락시키고, 인간을 다른 인간의 종속인간이 되게 하여 인간의 생물학적 불평등을 조장하고 있다. 이것은 인간에 의한 인간의 지배가 된다. 영화 〈가타카〉에서

---

57 Rebekah Miles, (2001) op. cit., p. 382.

58 박충구, op. cit., p. 173.

볼 수 있는 바와 같이 "신의 아이"라고 부르는 자연적으로 출생한 아이는 열성유전자를 그대로 지니고 있으므로 사회적 신분이 낮고, 유전적으로 우성인자를 가미하여 복제한 "사람의 아이"는 높은 계급에 속하는 신분 차별이 나타날 수도 있다.

서울대 서정선 교수는 유전공학과 생명복제 기술의 유용성과 위험성을 동시에 주장하면서, 유용성은 활용하고 위험성은 금지하자는 입장을 취하고 있다. 잠재적인 의학적 유용성을 위해서는 연구의 길을 열어 놓고, 복제인간 출현의 구체적 위험성은 금지하는 쪽으로 가자는 것이다. 연구는 허용하되 적용을 감시하자는 중도적인 태도이다. 그러기 위해서는 공개적인 연구, 연구과정의 신고제도 의무화, 난자 취득의 투명성, 연구비 중 일부를 윤리에 투자하는 조건을 제시하고 있다. 그는 미국의 경우 ELSI(Ethical, Legal, and Social Implications Research Program)에서 인간게놈프로젝트의 윤리적·법률적·사회적 영향을 예측 평가하는 데에 연구비의 3~5퍼센트를 생명윤리 연구기금으로 활용한다는 구체적인 증거를 제시하고 있다. 그리고 연구 결과를 사회에 공개하고 상업화와 연계되는 것은 차단하면 된다는 실제적인 대안을 제시하고 있다. 그러나 다른 연구에 있어서는 이러한 제안이 유용성을 띨 수도 있겠지만, 인간복제를 연구하는 문제를 이렇게 다룬다는 것은 위험의 소지가 다분하다. 인간복제에 관해서는 연구에 앞서 윤리적 선택을 먼저 해야 한다. 특별히 인간생명은 실험의 대상이 될 수 없다. 생명은 유일회적인 것이며 다시 돌이킬 수 없는 것이기 때문에 예방적인 측면에서 접근해야 한다. 프랑스 최초의 시험관 아기의 아버지인 자끄 떼따르는 "비연구 윤리학"을 제시한다.

쉬어야 하는 순간이 왔다고 생각한다. 연구자가 자제해야 할 순간이다.

연구자는 기술의 고유한 논리에서 만들어지는 모든 계획을 실행에 옮기는 사람은 아니다. ……(중략)…… "인공생식을 연구하는" 나는 그만두기로 결심했다. ……(중략)…… 우리가 이미 한 것은 더 잘 하기 위한 연구가 아니라 인간의 근본적인 변화를 꾀하는 연구이기 때문이다. 나는 또한 비발견의 논리, 비연구의 윤리를 주장한다. 연구는 아무렇지도 않고 단지 그 적용만이 좋다 나쁘다라고 규정하는 태도에서 벗어나야 한다. ……(중략)…… 어떤 발견에 앞서 윤리적 선택을 해야 한다.[59]

이런 면에서 이화여대 박은정 교수의 제안은 현실적으로 타당성이 있다. 그는 생명공학 연구 및 실험에서 안전과 윤리문제 발생을 사전에 막기 위해 연구 계획서의 사전 심의에 따른 허가제 도입이 필수라고 전제하고, 연구계획서의 과학적, 윤리적 적절성 여부를 심의하고 사회적, 윤리적 영향에 대한 평가를 할 수 있는 "국가생명윤리안전위원회"의 설립과 운영이 필요하다고 말했다.[60] 그리고 어떤 형태이든 인간 생명을 복제하려는 모든 연구는 금지되어야 한다. 세상에는 할 수 있지만 해서는 안 되는 일이 많이 있다. 인간 행동의 한계를 설정해야 한다. "할 수는 있지만 하지 않는" 윤리적 선택과 결단이 필요하다. 윤리는 사실이 아니라 당위의 문제다. 윤리는 인간이 마땅히 해야 할 행위는 무엇이며, 마땅히 하지 말아야 할 행위는 무엇인지를 물어야 한다.[61] 인류는 나치의 잔혹한 의료범죄들을 재판한 후 1947년에 뉘렘버그 규약을 제정하여 실험과 연구의 윤리적 한계를 설정한 바가 있다. 인류의 불행을

---

59 자끄 떼따르, 「투명한 달걀」 *L' oeuf Transparent* (Champ, Flammarion, Paris, 1986), 33-35. 악셀 칸 · 파브리스 빠삐용, op. cit., p. 178에서 재인용.

60 「빛과 소금」 (2003.2.1), p. 20.

61 김상득, op. cit., p. 124.

예방하기 위해서는 인간을 대상으로 한 실험에서 뉘렘버그의 정신은 계속 계승되어야 한다. 배우자간의 체외수정에서의 잉여수정란 처리문제와 비배우자 체외인공수정으로부터 시작하여 배아복제와 인간복제 실험에 내포된 비윤리적인 면들을 사회공론화하고 감시해야 한다.

그렇다고 해서 무조건 연구를 금지하는 것은 과학과 종교 또는 윤리와의 건설적인 대화 자세가 아니다. 윤리적으로 문제가 없는 대체 연구를 찾아가도록 노력하고 지원해야 한다. 앞으로는 첨단 기술들인 정보기술, 생명공학기술, 에너지 기술이 생명존중과 환경보호의 사상적인 기반이 없이는 경쟁력을 갖추기 힘들다. 첨단과학기술에서의 기술이 가지고 있는 윤리성은 연구 성과의 경쟁력으로 직결된다. 그러므로 생명존중과 안전성이 담보된 환경 친화적인 생명공학기술 발전을 지원하는 방향으로 연구방향을 잡아야 한다. 말하자면 인간배아복제연구는 성체줄기세포연구와 같이 대체 가능한 전략을 발전시켜야 한다. 배아줄기세포대신 탯줄이나 골수에서 얻을 수 있는 성체줄기세포를 활용하는 방안 같은 것이다. 윤리적으로 문제가 있는 연구는 그 기술이 개발된다고 하더라도 실용화하는 과정에서 수없이 많은 논란을 불러일으킬 것이며 그 연구 자체가 무용지물이 되는 결과를 초래할 수도 있다. 배아복제연구는 수많은 배아 파괴로 이어지며 이것은 생명경시문화를 더욱 조장시킬 것이기 때문에 윤리적으로 문제가 없는 성체줄기세포 연구로 가는 것이 장기적인 안목에서 유리하다. 연구에서부터 배아를 존중하는 것은 태아존중으로, 태아존중은 개별적 인간존중으로 이어져 생명중시 문화를 정착시키는 계기를 만들 수 있다.[62] 성체줄기세포는 생명친화적인 기술이

---

62 조무성, "줄기세포연구의 입법방향에 관한 발제문에 대한 제언" 한국생명윤리학회 (2002년 봄철) 학술대회 자료집, p. 98.

기 때문에 배아복제에 대한 대안으로 꾸준한 연구와 지원이 있어야 한다. 성체줄기세포는 현재에는 분화능력과 그 활용 면에서 제한적인 점이 있지만 이미 부분적으로 골수이식을 통해 백혈병을 치료하는 등 활용 가능한 상태다. 2002년 「네이처」(Nature)에 미네소타대학 줄기세포 연구센타 캐서린 버페이 교수는 사람의 몸속에 있는 성체 줄기 세포로도 모든 세포로 분화가 가능하다는 사실을 입증한 결과를 발표하였다. 국내 성체줄기세포 권위자인 서울대 강경선 교수도 "생명을 파괴하지 않고도 얻을 수 있는 친윤리적인 방법 중 하나가 성체줄기세포"라고 전제하고 "(연구가) 친윤리, 친인간 존엄으로 발전해야 한다."고 했다.[63] 인간배아복제에 투자될 연구비를 다양한 대체연구에 투입하면 좋은 성과를 얻을 수 있을 것이다. 그리고 줄기세포 연구에 있어서 면역체계에 대한 연구는 선행적으로 실시되어야 한다. 생체이식에 있어서 가장 문제가 되는 면역체계에 대한 연구에 집중하므로 이식에 있어서 거부반응을 최소화할 수 있는 방법이 개발될 수도 있을 것이다. 이렇게 되면 장기를 공급하기 위해서 복제를 시도하는 문제를 피할 수 있다.

일반 시민들은 생명윤리 문제에 대해 주로 언론의 보도에 의존한다. 그러나 언론은 생명윤리를 사회적 이슈로 삼으려는 의지가 적어 보인다. 생명과학기술에 관련된 기사가 주로 과학담당 기자에 의하여 쓰여지는 영향도 있겠지만 언론의 보도 내용은 윤리적 측면보다는 생명공학의 발전과 해택을 긍정적인 시각에서 알리려는 경향이 강하다. 그러므로 생명윤리에 대한 사회적 논의를 활성화하는 데에 미흡한 실정이다.[64] 언론도 과학적 성과를 비판적인 입장에서 보도를 해야 하며 생명

63 「빛과소금」 2003.2.1, p. 17.

64 조성로, 윤정로, "생명공학에 대한 사회적 인식과 매스 미디어의 역할" 한국생명윤리학회 (2002년 봄철) 학술대회 자료집, p. 126.

윤리라는 측면에서도 균형 있게 보도해야 한다. 그렇게 하므로 국민들에게 생명에 관한 윤리 의식을 고취시켜야 한다. 신학자나 윤리학자들도 사회에서 소수의 의견이요, 주변의 소리라고 간주될지라도 꾸준하게 사회를 향해 발언해야 한다.

인간은 자신의 유한성과 한계성(장애, 질병, 나이 듦, 죽음)을 거부하고, 자기도취(narcissism)적이고, 소비자 지향적인 문화를 조장해 가고 있다.[65] 복제는 인간의 생명을 영속화시킬 수 있다는 잘못된 믿음을 부추기며 죽음의 현실을 회피하도록 한다.[66] 생식에 의한 것은 소멸되지만 복제에 의한 것은 다소 불멸성을 띤다.[67] 그러므로 복제에 대해 거는 기대는 그 자체가 의심스럽고 불손한 동기가 내포되어 있다. 더구나 사이비 종교집단인 라엘리안 무브먼트에서 이 일에 적극 나서는 것을 보아도 인간복제는 과학, 경제 문제만이 아니라 종교의 문제다. 우리는 이런 기회에 고통, 질병 그리고 죽음을 포함한 인간에 대한 이해를 다시 새롭게 정립할 필요가 있다. 과연 이 모든 것은 피해야만 될 나쁜 것들인가? 여기에 담겨진 하나님의 선물은 없는가? 과연 인류가 추구해야 할 최고선이 무병장수인가? 인간복제 논의가 우리에게 주는 유익은 인간은 무엇이며, 인간을 의미 있게 하는 것은 무엇이냐는 근원적인 질문을 다시금 던져 주는 것이다. 인간은 단순히 생물학적으로만 파악될 수 있는 존재가 아니다. 무병장수가 인간의 삶을 의미 있게 하지 않는다. 앞으로 기독교생명윤리는 생명공학기술이 가져 올 부정적인 영향을 지적하는

---

65 Rebekah Miles, (2001) op. cit., p. 382.

66 Celia E. Deane-Drummond, "Genetic Engineering for a New Earth" *Grove Ethical Studies* E114(1999), p. 22.

67 좋은 영원하지만 개체는 일회적인 사건으로 종말을 맞이한다는 것이 종전의 이해였다면 체세포핵이식 방법은 개체도 영속할 수 있음을 보여 준 것이다.

소극적인 작업에서 그칠 것이 아니라, 삶과 죽음, 고통과 행복에 대하여 적극적으로 의미를 해명하는 작업을 해야 한다.

교회공동체는 유전적 질환이나 난치병을 앓고 있는 사람, 장애를 가진 사람, 그리고 자녀가 없는 사람들의 고통을 이해하고 함께하는 대안 공동체가 되어야 한다. 장기기증에 의한 이식, 자녀가 없는 이들에게는 입양의 방법을 권하는 소극적인 일들도 꾸준히 추진해 나가야 한다. 과학자들은 하나님이 허용하신 범위 안에서 겸손하게 친생명윤리적인 연구를 진행해야 할 것이다. 친윤리적인 연구 성과가 경쟁력이란 인식을 할 때 과학자와 윤리학자는 시작부터 함께 할 수 있다. 국가는 인간복제를 금지하는 법안을 마련하고 생명윤리에 대한 연구비 지원을 확대하여 국가차원의 생명윤리 위원회의 활동이 활발하게 진행되도록 해야 한다. 첨단기술연구에 대한 관리시스템 구축과 법적 장치를 마련하고, 배아매매금지, 배아복제금지, 배아의 부정적 사용을 규제하는 법적제제 시스템을 마련해야 한다. 기독교는 교단차원의 생명윤리위원회를 구성하고 교회와 교인들에게 생명윤리 교육을 통해 생명의 존엄성과 하나님의 생명주권을 가르칠 필요가 있다. 기독교윤리의 핵심은 사랑과 생명이다.

11 창조 생태학적 신앙고백

A Sacred Ecological Confession

1. 생태계가 전하는 종말의 메시지

지구상의 삼림은 1초에 2천 평방미터씩 파괴되고 있고, 이와 함께 재생 불가능한 생태계가 수없이 사라지고 있다. 오존층 파괴도 가속화되어, 폴란드 상공 등 중위권 위도에까지 확산되고 있다. 이산화탄소를 비롯한 온실가스의 방출이 계속 증가하면서 지구의 기온 상승이 가속화됨으로써 가공스런 재앙을 예고하고 있다. 매일 약 4 만 명의 5세 이하 어린이들이 굶주림과 영양실조로 죽어가고 있는데, 그 중요한 이유 중의 하나는 생태계의 황폐화 때문이다. 바다 속에까지 유독성물질이 번지고 있고, 죽은 돌고래 떼가 지중해 해변으로 떠밀려오고 있다. 우리가 당하는 생명의 위기는 인간이 인간을 위협하는 직접적인 상황도 있지만, 인간이 자연을 파괴하고 다시 자연이 인간에게 재난을 가져오는 간접적인 상황도 있다. 자연에 대한 폭력행위는 인간에 대한 폭력행위로 나타난다.

자원고갈, 대기오염, 수질오염, 위험한(핵) 폐기물, 삼림훼손, 종의 감소와 멸종, 생물의 다양성 파괴, 유전공학의 오용, 오존층파괴, 지구온

난화, 인구과잉과 같은 문제로 지금 지구라는 별은 위험에 빠져 있다.[1] 우리가 직면하고 있는 생태계 위기는 전 지구적인 현상이며, 문명이 가져온 위기다. 지금까지 인류가 누린 번영은 생태계 악화를 대가로 지불하고 얻은 것이다. 유한한 생태계에서 무한한 성장을 기한다는 인류의 꿈은 애초부터 불가능한 것이다. 오히려 병적인 성장, 건전하지 못한 성장, 파괴적인 성장으로 갈 위험성이 많다. 그러므로 성장위주의 패러다임은 그 안에 많은 문제를 배태하고 있다. 지금 지구는 자연의 자정능력과 회복능력이 한계상황에 달하였고, 자연생태계가 자기균형능력을 잃어버린 상태이다.

이런 지경인데도 인류는 전쟁을 위해서는 엄청난 군비를 투자하면서도, 전 생명권(biosphere)이 처한 생태계의 위기에 대해서는 적절하게 대처하지 못하는 실정이다. 본 논문에서는 생태계 위기에 대한 신학적, 윤리적 반성을 목적으로 한다.

생태계의 위기는 무엇보다 먼저 가치의 위기이다. 따라서 지금까지 살아 온 우리의 세계관에 대한 반성 없이는 근본적인 해결을 볼 수 없다. 그러므로 인간중심적인 물질주의적 세계관에서 창조−생태주의적 세계관으로 패러다임을 전환해야 한다. 인간 중심에서 하나님 중심으로, 도구적 사고에서 공생적 사고로, 진보주의 사고에서 한계선 존중의 사고로, 물질주의적 가치관에서 생명적 가치관으로, 이기주의적 사고에서 공동선 존중의 사고로, 단기적 사고에서 장기적 사고로, 성장위주에서 성숙으로, 탐욕적 인생관에서 절제의 인생관으로, 기계론적 자연관에서 유기체적 자연관으로 전환해야 한다. 윤리적 책임을 배제하는 과

---

1 Ian G. Barbour, *Ethics in an age of technology* (San Francisco: HarperSanFrancisco, 1993), pp. 179-186.

학에서 윤리적 책임을 자각하는 과학으로, 인간을 지배하는 기술로부터 인간성에 기여하는 기술공학으로, 자연을 파괴하는 산업에서 자연과 공생하는 산업으로, 합리성·정확성·효율성을 중시하는 것에서 상상력·정감·인간성이 조화를 이루는 세계를 만들어 가야 한다.[2]

최근의 인간 중심적인 생명사상은 많은 위험성을 내포하고 있다. 유전공학이나 인간복제, 그리고 안락사, 낙태문제, 생태계 문제가 인간에게 주어지는 혜택의 여부가 중심이 되어 판단된다면 생명은 수단으로 전락되고 말 것이다. 생명은 수단이 아닌 목적 그 자체이다.

바울이 로마서 8장 19절에서 23절까지 피력한 바와 같이 피조물들이 인간의 탐욕 때문에 탄식하며 함께 고통을 겪고 있다. 마치 이스라엘이 이집트에서 하나님께 부르짖어 종노릇에서 해방시켜 주기를 갈구한 것처럼 이제 모든 피조물들이 썩어짐의 종노릇에서 벗어나기를 갈구하고 있다. 자연만물이 예언자가 되어 인간들에게 회개의 메시지를 전하고 있는 것이다. 그러므로 모든 생명의 구원을 위하여 창조–생태학적인 세계관이 필요하다.

2. 생태계 위기와 신학

린 화이트(Lynn White)를 비롯한 몇몇의 환경론자들은 기독교 신앙이 생태계의 위기를 부르는 데 주요한 역할을 했다고 주장한다.[3] 린 화이트가 기독교가 서구문화에서 생태계 위기에 대한 책임이 있다고 주장할

---

2 한스 큉, 「세계윤리구상」 안명옥 옮김 (서울: 분도출판사, 1992), pp. 57-58.
3 Lynn White, Jr. "The Historical Roots of Our Ecological Crisis" *Science* 155 (1967), pp. 1203-1207.

때 두 가지 성서적 사상을 그 근거로 제시한다. 첫째, 성서는 하나님을 자연으로부터 분리시킨다는 것이다. 성서적 신앙은 하나님이 자연보다 역사에서 나타난다고 보고 자연을 비신성화 시키고 하나님의 초월성을 내재성보다 더 강조한다는 것이다. 둘째, 성서는 인간을 비인간인 자연으로부터 분리시킨다는 것이다. 창세기에 따르면 인간은 모든 다른 피조물들에 대한 통치권을 부여 받았고, 인간만이 하나님의 형상대로 지음을 받았으므로 모든 피조물들과 구별된다는 것이다. 이상의 두 가지 성서적 사상은 하나님과 자연, 인간과 자연의 분리와 단절을 보여 준다는 것이다.

환경론자들의 주장을 종합해 보면 기독교의 인간중심적 세계관은 자연 만물에 대한 경시로 나타났으며, 하나님이 인간에게 자연만물을 지배하고 다스릴 통치권을 주셨다는 것을 강조하므로 하나님의 이름으로 자연을 착취하는 것을 정당화하고 통치권을 남용하도록 방조하였다는 것이다. 기독교는 자연을 비신성화 하는 데서 더 나아가 자연에 대해 적대적인 태도를 고취시켰다는 것이다. 하나님의 초월성을 강조하면서 이 세상에 존재하는 것에 대한 경시 풍조를 낳았고, 영혼구원에 과도하게 집착하면서 육체와 물질적 세계에 대한 경멸을 가져오는 이원론적인 생활 태도를 키웠다는 것이다.

이러한 지적들은 어느 정도 정당한 사실들을 포함하고 있으므로 귀담아 들을 필요성이 있다. 그러나 과학기술의 진보와 계몽사상, 그리고 자본주의 서구 현대문명을 논하지 않고 신학적인 것에 생태계 악화의 모든 책임을 전가할 수는 없다. 그리고 기독교 사상 모두가 그러하다고 일반화시키거나, 성서가 그러한 입장을 보인다고 단정적으로 말 할 수는 없다. 이것은 신학의 문제이고 성서해석상의 문제이다. 다시 말해 신학에는 반생태주의적 경향이 있는가 하면 생태친화적인 경향도 있다.

성서 본문 안에 생태계의 조화와 공존에 지대한 관심을 보이는 부분들도 많이 있다.

기독교 신학 역사를 살펴보면 생태계에 대한 민감성을 가지고 있던 학자와 사상이 많이 존재한다. 그리고 신학은 본성상 변하는 컨텍스트의 요청을 반영하면서 새로운 신학을 만들어 가는 살아 있고 유기적인 것이기 때문에 오늘날 생태계의 위기를 타개할 수 있는 적합한 신학을 만들어야 한다. 필자는 기독교 신앙에 생태계의 위기를 타개할 수 있는 위대한 요소들이 많이 있다고 본다. 린 화이트는 현대 과학 기술이 정통 기독교의 자연에 대한 오만함과 적대적인 태도가 결합하여 생태계의 위기를 초래했다고 보고, 위기의 원인이 종교적인 것이므로 그 처방도 본질적으로 종교적이어야 한다고 주장했다. 필자는 처방이 본질적으로 종교적이어야 한다는 그녀의 주장에 동의를 표한다. 그러면 먼저 생태계 위기를 초래 할 소지가 있다고 지적된 전통적 신학의 문제점들을 먼저 살펴보고 그것을 반성하며 새로운 신학적 작업을 시도해보자.[4]

첫째, 생태계 위기는 기독교의 극단적인 유일신론이 이방세계의 범신론 내지는 자연신론을 몰아내면서 발생하게 되었다. 기독교의 유일신론은 세속의 무신론과 마찬가지로 하나님과 자연, 인간과 자연 사이를 분리시키는 역할을 하고 있다. 뿐만 아니라 기독교의 유일신관은 하나님의 초월성을 강조한 나머지 하나님의 내재성을 약화시키고, 자연에 대한 신성 내지는 신비를 없애 버렸다. 그리고 하나님의 초월성은 지구, 자연, 육체를 경시하게 만들었다. 현세의 육체와 욕망을 떠나 죽음 이후의 생명을 지향하는 구원관은 현재 생명에 대한 경시 풍조를 낳았다.

---

4 Jackson Lee Ice, "The Ecological Crisis" *Religion in Life* 49 (Winter 1980), pp. 205-206.

둘째, 생태계 위기는 하나님이 인간에게 자연만물을 정복하고 지배하고 다스리라는 말씀에 대한 잘못된 해석에서 비롯되었다. 인간에게 주어진 통치권은 인간의 절대권을 주장하는 것이 아닌데, 인간중심적인 세계관을 확립시키고 자연을 착취하고 남용하는 원인이 되었다.

셋째, 종말론적 소망에 대한 문자적인 이해가 생태계 위기를 방치하도록 했다. 즉, 자연세계의 종말과 새 하늘과 새 땅의 초자연적인 세계에 대한 대망은 생태계의 위기를 말세의 징조로 보고 이 지구의 소멸을 종말의 완성으로 보게 하였다.

넷째, 자연계시나 점진적인 계시보다는 초자연적이고 급진적인 계시 이해가 생태계 위기를 초래하는 요인이 되었다. 성서의 말씀을 통한 특별계시를 강조하고 자연만물을 통한 자연계시를 등한시하는 개신교 전통은 가톨릭보다 이러한 경향이 더 농후하다.

다섯째, 프로테스탄트 윤리와 구원의 확신이라는 교리가 자본주의의 추구인 물질적인 획득의 개념을 강화했다. 부의 축척과 외적 열매를 통한 소명과 구원의 확신 교리는 생태계에 대한 부담으로 작용했다.

그 외에 기독교의 가부장적인 전통, 계급주의, 인간중심적인 세계관, 영혼구원에 대한 집착과 물질세계에 대한 경멸 같은 (성과 속을 분리하여 생각하는) 이원론적인 사고가 생태계 위기를 만들어 내는 데에 원인을 제공했다고 지적되고 있다.

이러한 지적이 모두 타당하다고 말할 수는 없지만 상당부분 기독교에 책임이 있음을 시인하지 않을 수 없다. 물론 그 중 일부는 성서에 대한 오해에서 비롯된 것도 있다. 영적인 것과 물질적인 것의 이분법은 성서적인 것보다는 헬라적인 영향이 많고, 생태계 악화는 종교적인 요인보다 경제적인 요인이 더 많이 작용하고 있다. 그 밖에도 생태계 위기에는 많은 요인들이 복합적으로 작용하고 있는데, 기독교에만 유독 책임을 돌리는 것은 복잡한 역사적 현상을 너무 단순화하는 경향마저 있다. 그러나 생태계의 위기는 과학, 기술, 정치, 생물-물리학 차원의 문제 이상으로 신학적, 윤리적 문제이고, 세계관의 문제라는 점에는 동감한다.

이제부터 기독교는 생명 파괴와 생태계 위기를 초래한 신학과 전통을 통렬하게 비판하고 회개하므로 생명과 생태계를 위기에서 구하는 일에 나서야 한다. 우리는 환경론자들의 비판이 기본적으로 많은 부분에 걸쳐 사실을 담고 있다는 솔직한 고백으로부터 시작해야 한다.[5] 기독교는 권력에 연연해했고, 전쟁을 미화하거나 방조했으며, 권력과 부를 잘못 사용했고, 자기중심적 우월주의에 빠졌고, 생명의 권리와 존엄성을 지키지 못했던 것에 대하여 자기비판을 해야 한다. 생태계에 대하여 적대감은 아니라도 적극적인 관심을 가지지 못했던 것에 대하여 반성해야 한다. 하나님의 이름으로 자행한 불법에 대하여 먼저 자각하고 회개해야 한다.

생태친화적이지 못한 신학은 인간중심의 편협한 성서 해석 때문이다. 그러므로 문제의 해결을 위해서는 종전의 신학적인 패러다임의 전환이 필요하다. 하나님의 개념을 인간을 위한 하나님에서 전체 생명권으로 확장하고, 기독교 윤리의 범위도 인간중심윤리에서 생태계중심으로 더 넓혀야 한다. 생명의 윤리는 사랑의 윤리가 우주적으로 넓혀진 것이다. 인간과 자연의 조화를 가르치고 모든 생명에 대한 책임과 공존하려는 마음을 가져야 한다. 윤리적 의무를 하나님과 인간, 인간과 인간관계에서 보던 것에서, 동물, 곤충, 식물, 대지, 공기에까지 확장해야 한다. 윤리의 지평이 개인윤리나 사회윤리의 차원을 넘어 공간적으로는

---

5 제임스 A. 내쉬, 「기독교 생태윤리」 이문균 역 (서울: 한국장로교출판사, 1997), p. 108.

전 세계적(우주적)으로 확장되고, 시간적으로는 과거나 현재뿐 아니라 미래 세대에 대한 책임까지 고려대상에 포함되어야 하며, 대상에 있어서는 인간으로부터 생태계의 전체 생명권에까지 확대되어야 한다.

3. 기독교의 생태친화적인 전통

정통 기독교에서 비록 주류를 형성하지는 못했지만 기독교 역사에도 생태친화적인 사상을 가지고 있었던 그룹이나 개인들이 존재한다. 사막의 교부들, 기독교 신비주의, 초기 희랍 신학자들, 수도원운동, 켈틱(Celtic) 기독교, 동방정교회에서 생태학적 민감성을 지닌 사상들을 발견할 수 있다. 여기서는 대표적인 인물로 성 프란시스, 존 웨슬리, 앨버트 슈바이처를 살펴보자.[6]

성 프란시스는 자연에 대한 성례전적 감각과 신비주의 감성을 지닌 사람이었다.[7] 그의 생태학적 영성은 동물에 대한 사랑과 성인에 대한 동물들의 순종으로 나타난다. 그가 보인 친밀감은 사람뿐 아니라 우주를 포함한 해, 달, 물, 불, 바위, 식물, 동물에까지 미친다. 그의 태양의 찬가는 형제인 태양과 바람, 자매인 물, 자매이며 어머니인 대지를 노래하고 있다. 그는 새들을 자매로 불렀으며, 늑대에게 설교를 한 적도 있다.[8] 그는 창조 안에 있는 모든 것들, 즉 가난한 사람, 병든 사람, 모든

---

6 그 밖에 생태학적 민감성을 지닌 사람들을 열거할 때, 이레네우스, 아우구스티누스, 힐더가드, 메키틸트, 마이스터 에카르트, 쥴리안, 매튜 팍스, 마틴 루터, 칼빈, 존 스코투스 에리게나, 리차드 니버, 폴 틸리히가 거명된다. 제임스 내쉬, op. cit., pp. 120, 129.

7 Ibid., p. 127.

8 *The Little flowers of St. Francis*, trans. T. Okey (London: J. M. Dent, 1950).

생명체를 우주적인 친족으로 생각하였다.

존 웨슬리는 하나님이 인간에게 부여한 통치권은 착취를 허용하는 것이 아니라 하나님이 내리시는 복을 전달하라는 것으로 이해하였다.[9] 그는 일반적인 구원이라는 설교에서 지진, 화산, 재해 등은 인간 타락의 산물이라고 말하였다. 하나님의 구원은 인간뿐 아니라 짐승을 포함한 자연만물을 회복시키는 우주적 구속을 의미한다. 그는 생태학적 종말론을 피력한다. 그가 집필한 민간치료요법도 자연적 식이요법으로써 자연과의 조화를 강조하고 있다. 그는 주께서 하찮은 피조물도 돌보신다는 사실에 근거하여 동물권리 수호에 대한 교훈도 남겼다. 스포츠나 오락을 위하여 생존하는 것에 고통을 주는 것을 반대하였고(닭싸움), 자녀들에게 동물을 사랑하도록 교육하여 좋은 성품을 길러 주라는 등 동물학대 반대운동에 영향을 줄 만한 일들을 했다. 웨슬리는 분명히 인간 중심적인 편의주의를 거부하고 하나님 중심적인 생명 사상과 우주 중심적인 넓은 세계관을 가지고 있었다.[10]

슈바이처는 인간의 지식이나 능력으로 이룩한 업적이 아무리 중요하다 할지라도 인류가 윤리성을 지니고 나아갈 때만 물질적인 진보의 혜택을 누리며, 문명에 수반된 위험을 극복할 수 있다고 보았다. 과학적인 진보는 윤리적인 성숙을 수반해야지 그렇지 않으면 문화의 위기를 초래한다는 것이다. 과학과 지식이 초인을 만드나 윤리가 없으면 영혼 없는 초인이 된다. 슈바이처는 생명경외의 윤리가 문명의 위기에서 인류를 구할 수 있다고 믿었다. 슈바이처의 생명에 대한 경외는 다른 사람의 생명뿐 아니라 살아있는 모든 생물에 대한 것이었다. 그는 "생명에 대한

9 Albert C. Outler, The General Deliverance" in *The Works of John Wesley* vol. 2 (Nashville: Abingdon Press, 1985), Sermon 60, p. 441.

10 제임스 내쉬, op. cit., p. 201.

경외"(막 12:28~34) 라는 설교에서 하나님은 무한한 생명이며, 모든 지식의 종착점은 생명이라고 전제하였다. 그리고 생명의 경외는 존재하는 모든 것들은 내적으로 서로 닮았으며, 관련된 존재라는 인식을 갖는 것이다. 그 안에서 창조물 사이의 낯설음이 제거되는데, 이것이 도덕률의 시작이자 기초이다. 그러므로 우리는 다른 사람뿐 아니라 어떤 다른 존재를 향해서도 낯선 자가 되어서는 안 된다. 무한한 생명에 대한 경외는 하나님에 대한 사랑으로 연결되는데, 존재하는 모든 것들 사이의 소외를 극복하고 동정심과 자비심을 가지는 것이다. 참된 도덕이란 다른 존재를 생무지로 대하지 않는 것이다. 하나님과 이웃에 대한 사랑은 존재하는 모든 생명에 대한 경외이다. 모든 생명은 성스럽다. 윤리적 고려로서의 생명의 존엄성은 인간 서로를 향한 태도와 행위에 그치지 않고 생명을 가진 모든 것들로 확대된다. 우리의 이웃은 인종이나 지역이나 종교적 차이를 뛰어넘어 모든 사람이며 더 나아가 생명을 가진 모든 것들로 확대된다. 생명의 사슬에서 보면 인간은 모든 형태의 생명체와의 깊은 관련성을 맺고 있다. 생명경외는 모든 생명의 연대를 확인하는 것이다. 인간은 고립된 존재가 아니며, 인간은 다른 사람과 동물과 자연과 단절되어 살 수 없다. 모든 생명은 상호의존적이며 상호 돌봄의 삶을 살게 되어 있다.

현실은 생명이 다른 생명을 적대하며, 자연에는 잔혹한 이기주의가 존재한다. 그러나 오직 인간만이 하나님으로부터 생명을 경외할 수 있는 지혜를 부여 받았다. 생명을 나누고, 향유하고, 지속시키는 것은 하나님으로부터 부여 받은 인간의 책무다. 사랑이란 생명을 나누고, 공감하고, 돌보는 것이다. 생명경외는 언제나 약한 생명, 상처 받기 쉬운 생명을 경외함으로 시작한다. 마태복음 25장에 나오는 '작은 자'는 가난하고 병들고 유약한 사람뿐 아니라, 식물과 동물로까지 확대되어야 한다. 생명경외는 도덕의 시작이요, 마지막이다. 그것을 신약에서는 "사랑하라"고 표현했고, 구약에서는 "죽이지 말라"고 명령 했다. 생명경외의 소극적 표현은 생명에 대한 폭력을 포기하는 것이다. 생명경외는 개인과 세계를 끊임없이 새롭게 하는 근원적인 힘이다.

하나님은 우주적 생명의 의지(Universal will-to-live)라고 말할 수 있다.[11] 하나님은 밖으로는 창조적인 의지(creative will)로, 안으로는 윤리적 의지(ethical will)로 우리에게 접근한다. 슈바이처의 하나님 이해는 전통적인 유일신관과는 다른 점이 있다. 그의 신관은 하나님의 편재성을 강조하는 범재신론, 다시 말해 윤리적 범재신론 또는 윤리적 신비주의(ethical mysticism)라고 볼 수 있다. 슈바이처에게 생명, 생명의 의지, 생명의 경외는 하나의 묶음이다. 그의 윤리적 신비주의는 인간과 모든 생물을 가진 것들과의 소외를 극복하고 우주적 생명의 의지인 하나님과 연대를 추구한다. 생명경외가 문화를 재건할 수 있는 가장 신뢰할만한 해결책이며, 생명경외는 이성적이고, 절대적이고, 우주적인 윤리이다.

물론 슈바이처는 생명형태의 높고 낮은 것을 나누지 않고 모두 다 동등하게 취급했다는 점, 하나님 이해에 있어서도 범재신론을 넘어 범신론적인 경향이 있다는 점들은 비판적으로 검토할 필요가 있다.

4. 성서의 창조-생태주의적 세계관

오늘의 세계가 처한 상황을 염두에 둘 때에 오늘을 위한 신학과 신앙

---

11 Jackson Lee Ice "Did Schweitzer Believe in God?" *The Christian Century* (April 7, 1976), p.333

고백에는 창조 –생태주의적 세계관이 담겨야 한다. 필자는 환경이라는 말보다 생태계라는 말을 의도적으로 쓰고 있는데, 이유는 환경은 인간 중심적인 개념이고, 생태계는 생명중심적인 개념이기 때문이다. 자연은 더 이상 인간을 위해 존재하는 환경이 아니다. 우리와 더불어 살아가야 할 공생적인 세계이다. 정확하게 이야기하면 인간도 자연의 일부이며 (동물의 일종이며), 자연과 별도로 존재하는 외부인이 아니다. 인간은 다른 생명체들과 생명의 망을 형성하며 서로 속해 있다. 인간의 생명은 수없이 다양한 형태의 생명체로 구성된 생태계의 일부라는 사실을 알아야 한다.

그러나 생태중심, 생명중심, 인간중심이라는 용어는 각각이 오해를 불러일으킬 소지가 있다. 생태중심은 인간의 특별한 위치를 인정하지 않는 데에 문제가 있고, 생명중심은 모든 생명을 동등하게 취급하거나 생명의 범위를 한계 짓는 데에 문제가 있고, 인간중심은 자연을 배제할 소지가 있기 때문에 문제가 있다. 그러므로 필자는 창조–생태주의라는 말을 사용하여 하나님 중심의 생태윤리를 전개하고자 한다. 창조–생태주의는 생태주의와 창조질서의 개념을 통합한 개념으로 성령론을 도입하여 자연신관이나 범신론에 빠지지 않고, 생명이 하나님으로부터 비롯됐다는 보편성을 강조하므로 생명의 신성과 연대성의 문제를 해결하면서, 생명의 저자이신 하나님의 주권을 강조하는 입장이다. 우리는 하나님 중심적인 생태주의 세계관을 가져야 한다. 생명의 주권은 인간이나, 생명 스스로에게 있는 것이 아니라 하나님에게 있기 때문이다.

성서의 창조이야기는 창조–생태주의적 신앙고백에 있어서 근원적인 틀을 제공해 준다.

성서는 이야기로 세상의 창조 내력을 기록한다. 과학적 증거나 사실을 논증하기 위해서가 아니라 세상을 묘사하고 설명하기 위해서이다.

어떤 문화에서든 창조이야기는 중요한데, 기독교의 창조기사는 특정한 공간과 시간에 사는 만물의 관계를 보여 준다. 세계를 하나님 중심의 관계성 안에서 고안하며, 외부 구조에서 내부 내용을 채우는 방식으로 창조 작업이 진행된다. 개별 생명은 더 큰 의미의 컨텍스트 안에서 서로 연관되어 설명된다. 하나님과 피조물과의 관계성, 만물의 상호관련성이 나오면서 이 모두는 생명공동체(Community of Life)를 이룬다. 모든 피조물은 창조주 하나님을 중심으로 친족관계를 이룬다. 창조 과정에 있어서의 연속성은 시간과 공간 안에서 모든 피조물들의 연대성과 친족의식을 보여 준다.

창조의 구조는 인간의 삶이 우주와 조화를 이루며 하나님과 관계를 가지는 것으로 구성된다. 창조기사는 인간이 된다는 것이 무엇을 의미하는 지를 설명해 준다. 인간은 인간 이외의 세계인 대지, 바다, 대기, 식물, 물고기, 동물과의 적절한 관계에 있어야 된다는 것을 말해 준다.[12] 인간은 하나님 그리고 자연만물과 바른 관계를 설정하고 살아야 비로소 하나님의 창조 목적에 부합한 인간의 삶을 영위할 수 있다. 창조론은 성속의 이분법을 허용하지 않는다. 하나님이 지으신 세계는 하나님과 긴밀한 연관을 맺으며 하나님의 신성과 거룩성의 연장선상에 존재한다. 어떤 피조물도 하나님과 별도로 존재할 수 없으며, 어떤 피조물도 하나님과 동일시될 수 없다. 그러면서 창조는 하나님의 자기표현이며, 하나님이 만드신 만물에는 신성이 내재되어 있다.

모든 생명은 창조주 하나님의 소유이다. 자연에 대하여 절대적인 입장에 섰던 인간은 상대적 위치로 물러나야 한다. 하나님만이 절대자이

---

12 Howard L. Harrod, *The Animals Came Dancing: Narrative American Sacred Ecology and Animal Kinship* (Tucson: The University of Arizona Press, 2000), 43.

다. 기술문명 이전의 원시적 자연주의와 같이 자연이 절대가 되어서도 안 되지만, 기술문명 이후의 현대적 세속주의처럼 인간이 절대적인 자리를 차지해서도 안 된다.

하나님께서 제 6일, 같은 날에 생물, 육축, 짐승, 인간을 만드셨는데, 인간과 동물을 모두 흙을 재료로 하여 만드셨다.(창 2:17, 19) 본래 "아담"은 지구, 표토, 땅(adama)을 의미한다. 흙과 짐승과 인간의 연속성과 연대성을 보여 준다. 창세기 2장의 창조 이야기는 땅은 식물, 동물, 인간의 어머니요, 식물, 동물, 인간은 한 분 하나님을 아버지로 하는 친족관계(kinship)임을 보여 주고 있다. 처음부터 만물은 근본적으로 친척이었다. 시간과 공간을 공유하고 있으면서 동일한 생명의 그물망의 일부분을 이루고 있다. 연속선상에 있는 무생물과 생물, 무기물과 유기물모두는 근본적인 통일성을 가지고 있다. 이것은 상호 연관되어 있고 상호 의존적인 다양성 속의 통일성이다.[13]

"온생명"(global life)이 유기적으로 연결되어 하나님의 생명체를 이룬다. 생태학의 기초는 엔트로피의 법칙인데 생명계 순환이 중요하다. 생명체는 물순환, 대기순환, 생물순환을 통하여 온전한 생명을 이룰 수 있다. 이것이 생명의 황금사슬이다.

그러면서 인간의 생명과 동물의 생명은 구별되는 것이다. 창조이야기에서 생명의 지위에 대한 언급은 피조물들을 존중해야 하지만 피조물들이 동일한 지위를 갖는 것은 아니다 라는 사실을 가르치는 것이다. 창조-생태주의적 세계관은 생물평등주의와 다르다. 생물은 각각의 본질적인 가치에 있어서 다를 수 있다. 인간과 다른 생명체와의 윤리적 충돌을 피하기 위해서 구별성을 인식하는 것은 필요하다.[14]

---

13 래리 라스무센, "생명의 신학과 에큐메니칼 윤리" 「세계의 신학」 (1998, 가을), p. 279.

하나님의 형상대로 지음을 받은 인간은 생명에 있어서의 특별한 지위를 부여 받은 것이다. 인간만이 지닌 하나님의 형상은 인간의 특별한 역할과 소명을 말하고 있다. 형상 개념을 생태학적으로 적용한다면 인간은 피조물을 대표하는 자로 생태계를 보호하고 섬기고 관리하는 도덕적이고 이성적인 존재, 즉 창조적인 능력을 지닌 특별한 존재로 지음을 받았음을 의미한다.[15] 하나님의 형상은 인간생명의 존엄성과 더불어 인간의 책임성을 말하고 있다. 인간이 위대한 것은 오직 인간만이 생명을 경외할 수 있는 지혜를 부여 받았기 때문이다. 인간은 생명에 대한 지식을 지니고 있는 존재이다. 따라서 인간에게는 "높은 지위에 따른 도덕적 의무"(noblesse oblige)가 부여되어 있다.[16] 인간은 동물보다 훨씬 높은 존재이므로, 동물을 최대한 세심하게 보살필 수 있고, 아니 보살펴야 하며, 할 수 있는 모든 방식으로 동물에게 선행을 베풀 수 있고 베풀어야 한다.[17] 인간은 모든 생명의 지킴이이다. 생명의 지킴이가 되기 위해서는 요구되는 덕목들이 있다. 생명의 연대성을 깨닫고, 지속 가능한 지구를 만들기 위하여 검소한 생활양식을 개발해야 한다. 생명 앞에 겸손하게 서로 섬기며, 양육하고, 돌보는 것을 생활화해야 한다. 인간에게 주어진 하나님의 형상과 통치권에 대한 이해는 오만과 착취가 아니라 양육과 돌봄에 대한 책임으로 알아야 한다.

창세기 1장 26절에서 인간의 "다스림"은 통치보다는 조화로운 생활이며, 여기에서 주어진 명령은 하늘, 땅, 바다 세 영역의 대표적인 생명체들에 대한 하나님의 통치권을 대행하는 것이며, 28절의 "땅을 정복하

---

14 제임스 내쉬, op. cit., p. 286.

15 Ibid., p. 162.

16 E.F. 슈마허, 「작은 것이 아름답다」, 이상호 옮김 (서울: 문예출판사, 2002), p. 138.

17 Ibid., p. 139.

라"는 말은 통치보다는 "땅에 충만하라"는 말로 해석하는 것이 정당하다. 통치는 인간이 삶의 터전을 형성하는 것과 관계되어 있기 때문이다. 그러므로 인간의 통치권은 관리자, 보호자, 후견인, 보존자와 연관되어 있다. 이것이 생태주의적 청지기 또는 창조 청지기(creation stewardship)이다.

인간은 자연에 대한 다스림이 하나님과 연관되어 있다는 것을 종종 잊는다. 지배 (dominion)라는 개념은 청지기(steward) 모델로 이해해야 한다. 창세기 1장 28절은 지구의 모든 생물을 하나님의 뜻에 맞게 다스리고 돌보라는 것이다. 인간이 다른 피조물보다 우월한 것은 사실이나 하나님 아래서 탁월함이다. 유대전통에서는 지배를 착취와 정복으로 이해할 수 없다. 지배는 창조를 진행하시는 하나님과 함께하는 겸손한 참여요, 그 참여는 막중한 책임을 동반한 것이다. 창세기 2장 15절에서 "다스리며 지키라"는 명령은 히브리어로 보면 섬기고 보존하라는 뜻이다. 따라서 이 땅의 보호자, 관리인, 보존자로서의 청지기 의미는 분명하다. 인간은 주인으로서가 아니라 하나님에게 책임을 지는 청지기로서의 자연에 대한 관계를 재정립해야 한다. 인간의 통치권은 절대적인 것이 아니라 하나님 권위 아래서 위임받은 책임이다. 청지기직은 모든 형태를 가진 생명과 모든 자연 자원에까지 확장된다. 청지기직은 오직 인간에게만 집중된 것이 아니다, 그것은 하나님께 대한 책임과 다른 피조물들의 안녕에 대한 관심을 포함한다. 청지기 정신은 돌봄과 책임의 윤리이다.

칼빈 드위트는 생태주의적 청지기를 위한 성서적 원칙을 돌봄의 원칙(Earthkeeping Principle)—하나님이 우리를 지키시고 보존하는 것처럼 하나님의 창조물을 돌보는 것(창 2:15), 안식의 원리(Sabbath Principle)—창조물들에게 안식을 제공하는 것(출 20:8~11, 23:10~13, 신 5:12~15, 레

25, 26), 풍성함의 원리(Fruitfulness Principle)-창조물의 열매가 풍성함을 즐거워하는 것(창 1:20,22), 이상의 세 가지를 들었다.[18]

생명을 지닌 모든 것들은 생명 자체로서 본질적인 가치를 지닌다. 생명은 그 자체로 성스럽고 신비롭고 아름답고 귀하다. 자연을 인간에게 주어지는 실용적인 가치를 따라 평가하는 것은 인간중심의 환경관이다. 자연은 인간의 필요를 채우기 위해 존재하는 것이 아니다. 자연은 인간에게 주는 유용성 여부에 관계없이 하나님 앞에 자체의 아름다움과 가치를 지닌다. 하나님 중심의 생태학적 세계관은 하나님이 창조하신 피조물 모두는 각각 자신의 목적을 가지며 하나님 보시기에 좋은 가치를 지니고 있다고 보는 것이다. 하나님이 "좋다"고 하신 것은 인간 창조 이전부터 지어진 세계를 보시고 하신 말씀이다. 하나님의 가치평가는 인간중심적이 아니라 우주 중심적이고 생명체 중심적이다.[19] 창조된 세계에 대한 경축(celebration)은 청지기직을 넘는 것인데, 그것은 자연 자체가 나름의 가치를 지니고 있음을 보기 때문이다. 창세기 1장에는 창조된 세계의 아름다움을 확인시켜 주는 하나님의 말씀이 곳곳에서 언급된다.

창세기의 기사는 아담과 하와의 이야기에 초점을 맞추고 있기 때문에 현대의 생태학적 관점에서 보면 미흡한 점들이 있을 수 있다. 창세기는 인간의 타락으로 인한 관계 단절과 자연재해에 대해 말하고 있다. 인간의 타락은 생태학적인 결과를 가져왔다(창 3:17), 홍수 이야기는 인간의 타락에 대한 실제적 경험적인 서술이다. 홍수 심판의 생태학적인 재앙은 인간 타락의 결과이다.[20] 하나님의 구원의 역사에 있어서 대상과

---

18 Calvin B. DeWitt, Christian Environmental Stewardship: Preparing the Way for Action *Perspectives on Science and Christian Faith* 46/2 (1994), pp. 88-89.

19 제임스 내쉬, op. cit., p. 154.

20 인간은 원래 채식을 하도록 지음 받았는데(창1:29-30), 노아 홍수 이후 육식이 포함된 것으로 보인다(창9:2-4).

무지개 언약의 범위에는 인간뿐 아니라 생명 가진 모든 것들이 포함된다. 노아 방주에 함께 거주하였던 생명체들을 작은 우주로 생명종의 연대성과 다양성을 보여 준다. 하나님이 우주 만물과 함께 맺은 무지개 언약으로 상징되는 생태학적 계약에는 미래 세대에 대한 인간의 책임을 전제하고 있다.[21]

인간은 청지기외에 자연의 동반자(partner), 제사장, 더 나아가 예언자로 볼 수 있다.

우리는 제사장(priest)으로서 피조물을 대표하며, 피조물에게 하나님의 은혜를 전하고 하나님에게 피조물들의 예배를 전달하는 중보 역할을 한다. 예언자(prophet)로서의 역할은 지구의 위험의 근본문제를 지적하고 해결책을 제시하는 것이다.[22]

창조 중심의 영성을 회복하도록 촉구하는 것도 예언자적 사명의 주요한 역할이다.

구약성서는 인간이 자연을 착취하거나, 인간 중심적인 삶의 태도를 가지는 것을 정당화하지 않는다. 지혜문학은 식물과 동물, 그리고 자연환경을 보존하고 조화롭게 사는 것을 지혜로운 삶이라고 말하고 있다. 지혜문학에는 동물이나 식물, 또는 자연현상을 통하여 신비스러운 가르침을 인간에게 전해 주기도 한다. (잠 30:18~19, 욥 12:7~8, 35:11)[23] 발람의 당나귀(민 22:22~35), 엘리야의 까마귀(왕상 17:1~6), 요담의 나무들에 대한 우화(삿 9:8~15), 나단의 부자와 가난한 자의 이야기(삼하 7:1~4), 이사야와 에스겔에 나오는 짐승과 나무들의 비유(사 5:1~7, 겔

---

21 Ibid., p. 157.

22 Larry L. Rasmussen, *Earth Community Earth Ethics* (New York: Orbis Books, 1998), pp. 228-244.

23 한기채, 「성서이야기윤리」 (서울: 대한기독교서회, 2003), p. 132.

15:1~8, 17:1~10, 19:1~14, 31:1~18)들도 자연만물을 통하여 드러나는 하나님의 지혜를 설명하고 있다.[24]

자연에 대한 경탄과 경외의 절정은 욥기에서 찾아 볼 수 있다. 욥기 38장에서 41장까지 보면 하나님은 인간만을 위해서가 아니라 수많은 목적을 위하여 세상을 창조하셨고 인간은 그 창조의 신비를 다 헤아릴 수 없다. 지혜문학전통에는 성례전적 우주론(sacramental cosmology)이 들어가 있다. 이 우주는 다름 아닌 하나님을 드러내고 하나님의 은혜를 전달하는 통로이다. 성서는 자연을 신격화하여 자연신이나 다신론으로 빠지지 않지만, 자연을 하나님의 지혜와 능력이 표현된 위대한 작품으로, 신비로운 것으로, 경탄해야 할 것으로 여긴다. 예언서에도 하나님의 뜻을 따르는 자연세계와 배역하는 인간이 대조적으로 나오기도 한다. 예를 들면 "공중의 학은 그 정한 시기를 알고 반구와 제비와 두루미는 그 올 때를 지키거늘 내 백성은 여호와의 규례를 알지 못하도다 하셨다 하라"(렘 8:7)라고 한다.

시편 기자는 "생명의 원천(샘)은 주께 있사오니"(시 36:9)라고 고백하였다. 루아흐(영-성령)는 다름 아닌 하나님의 생명의 숨이다.[25] 시편의 여러 말씀들은 자연 안에 생명의 숨으로써 성령의 현존을 증언하고 있다. 시편 104편 하나님이 만드신 모든 것들 가운데 인간이 가장 위대한 작품임을 시사하고 있으며, 역시 시편 8편 5절에 인간이 다른 생물체보다 높은 위치에 있음을 말하고 있다. 시편 24편 1절에는 "땅과 거기 충만한 것과 세계와 그 중에 거하는 자가 다 여호와의 것이로다"라고 노

---

24 Kevin J. Cathcart, The trees, the beasts and the birds: fables, parables and allegories in the Old Testament in *Wisdom in Ancient Israel* ed. John Day, Robert P. Gordon & H.G.M. Williamson (New York: Cambridge University Press, 1995), pp. 212-268.

25 몰트만, 「생명의 샘」 이신건 옮김 (서울: 대한기독교서회, 2000), 40.

래하고 있다. 시편 기자는 태양계와 지구에 서식하는 모든 것이 하나님의 것이라는 하나님의 주권, 그리고 하나님의 위임 아래 인간의 청지기직을 말하고 있다.

신약성서는 자연에 대한 언급이 구약에 비해서는 적은 편이지만 정신은 같은 기조 위에 서 있다. 창조된 세계는 하나님의 작품이며 하나님은 하찮은 동물에게도 관심을 베풀며 (마 6:30, 10:29, 눅 12:24), 예수는 "들에 핀 백합" "공중의 새" 그리고 자연세계에 대한 많은 비유들을 언급했다(마 6:26, 28, 29, 8:27, 12:11, 24:32~34, 눅 13:15, 14:5, 15:4). 그리고 보면 우리에게 주신 하나님의 말씀은 기록된 성서보다 훨씬 오래된 역사를 가지고 있다. 하나님은 인간, 역사 그리고 자연을 통하여 이미 기록된 성서 이전부터 인간에게 말씀하셨다. 모든 만물을 주의 깊게 살펴보면 하나님의 말씀이 보인다. 그러므로 로마서 1장 19절과 20절에 "이는 하나님을 알만한 것이 저희 속에 보임이라 하나님께서 이를 저희에게 보이셨느니라 창세로부터 그의 보이지 아니하는 것들 곧 그의 영원하신 능력과 신성이 그 만드신 만물에 분명히 보여 알게 되나니"라고 하였다. 우리는 신구약성서에 기록되어 있는 특별계시를 통하여 하나님을 알게 되었지만, 하나님이 창조하신 우주 만물에 드러난 자연계시를 통하여 하나님의 신성과 능력과 영광과 온전함을 알 수도 있다(행 14:17, 롬 1:20, 시 19:1, 104편).

5. 창조 생태학적 신학

생태계가 위기를 맞고 있는 오늘의 상황에서는 전통적인 신학의 많은 개념들이 재해석되거나 그 의미가 확장되고 수정되어야 한다. 기독교는 생태계의 보존과 생존을 위한 새로운 신학과 윤리의 기초를 마련해야 할 책무가 있다.

1) 삼위일체 하나님에 대한 생태학적 이해

전통신학은 하나님의 초월성을 강조하여 하나님과 자연과의 간격을 넓게 벌려 놓았다. 그와는 정반대로 범신론, 자연신비주의, 뉴에이지 운동은 하나님의 내재성을 강조하여 자연과 하나님을 동일시하거나 하나님을 비인격화시켰다.[26] 이런 양극단의 하나님 이해는 생태계 위기 해소에 도움이 되지 않는다.

하나님의 초월성만을 강조하면 하나님과 세계는 점점 거리가 멀어져 모든 힘은 지배와 은혜라는 형태로 하나님에게만 집중된다. 이것은 결국 거리와 다름과 타자성이라는 추상성으로 발전하고 결국 하나님 없는 세계 또는 세계 없는 하나님을 만든다. 이런 상황에서는 생태계를 위한 신학의 자리가 없다. 여기에 대안으로 샬리 멕페그가 제안하는 것이 하나님의 몸으로서의 우주이다.[27] 우주는 하나님 안에 있고, 하나님의 보이는 자기표현이다. 그렇다고 하나님이 우주와 동일시되거나 우주에 한정되는 것은 아니다. 예수에게 성육신하신 하나님이 인간에게 위협을 받으신 것처럼, 우주의 몸이 되신 하나님은 인간의 손에 의해 위험에 처해 있다. 우리는 세계의 몸 안에 있는 하나님을 죽이려 하고 있다. 따라서 우리는 하나님의 몸, 즉 세계를 보살필 책임이 있다. 그리고 우리는 하나님의 몸인 우주의 일부분을 이루고 있다는 의식을 가져야 한다. 세

---

26 Ian G. Barbour, *Nature, Human Nature, and God* (Minneapolis: Fortress Press, 2002), p. 131.

27 Sallie McFague, *The Body of God: An Ecology Theology* (Minneapolis: Fortress Press, 1993).

상은 그 자체로 고귀한 것이며 조심스럽게 돌봄을 받고 양육되어야 하는 생명을 가진 모든 것들의 몸이다. 우리는 세상을 하나님으로 만난다. 그리고 하나님이 날마다 모든 시간과 장소에서 우리에게 나타나시는 하나님의 몸으로 세상을 만난다. 이 거대한 몸은 모든 생명의 영속하는 표현의 장소로 생명이 춤추는 곳이다. 하나님 없이 세상을, 그리고 세상없이 하나님을 제대로 볼 수 있는 방법은 없다. 사실 우리 인간의 몸도 인간이 아닌 다른 몸들과 장소를 공유하고 있는 생동감 있는 유기체이다. 대부분의 사람들은 음식문화의 영향을 받아 문화적 인공품으로서 동물과 식물을 대한다. 우리의 음식문화가 살아 있는 식물과 동물을 채소, 곡식, 열매, 고기로 가공하거나 변형시켜 살아 있는 생명체라는 개념을 없애고, 우리가 식물과 동물과 맺고 있는 관계를 애매하게 만든다.[28] 식물과 동물과 인간은 서로의 몸을 공유하고 그렇게 함으로 서로 온전해진다. 우리는 생명이 순환되고 있으며 서로 한 몸을 이루고 있다는 인식이 필요하다.

범신론(pantheism)은 "모든 것이 신이다"라는 비기독교적인 신관이지만, 범재신론(panentheism)은 "모든 것은 하나님 안에 있다"는 것으로 전통적인 유일신관과 대치되는 것은 아니다. 고정되어 있는 인격신의 개념을 넘어 모든 것에 편재하여 있는 하나님으로 하나님에 대한 이해가 확장되었다고 볼 수 있다. 따라서 하나님에 대한 범재신론적인 이해가 필요하다.

성육신하신 하나님은 땅에서 드러나는 하나님의 육체성을 보여 준다. 하나님은 최초에 하나님의 형상을 인간에게 부여함으로 하나님이 인간성에 연합하는 방식으로 자연계에 깊이 들어 오셨다. 성육신은 하

---

28 Harrod, op. cit., p. 126.

나님 자신이 인간이 되심으로 자연만물과 인간에 대하여 창조 이상의 더 큰 긍정을 보여 주셨다. 성육신은 하나님이 구체적인 것 안에서 구체적인 몸을 통해 계시된다는 것을 보여 준다. 예수님이 광야에서 들짐승 그리고 천사와 더불어 지내는 모습에서(막 1:13) 예수는 야생동물들을 포함한 만물을 평화롭게 통치하실 분이라는 암시가 나온다.[29] 예수 그리스도의 십자가는 인간을 포함한 만물을 새롭게 하고 회복하는 은혜의 역사이다. 신약의 이러한 사상들은 우주적 기독론(cosmic Christology)의 단초를 제공해 준다.

개신교에서는 성령의 역사를 개별 신자의 삶이나 신앙 공동체의 생활에 국한하여 사용하거나 오순절, 카리스마적 은사와 연관시켜 언급하므로 모든 만물에 거하시며 생명을 주시는 성령의 역사는 주목하지 못하였다. 이제 생명의 영으로서의 성령, 생명의 활기를 공급하시는 성령의 역사에 관심을 기울여야 한다. 성령의 역사를 통하여 우리는 하나님의 초월성과 내재성을 균형 있게 볼 수 있고, 하나님과 자연만물의 관계성을 설명할 수 있다. 몰트만은 "상호침투의 원리"와 "내재적 초월"이라는 개념을 사용하여 성령을 통한 하나님의 초월성과 내재성을 설명하고 있다.[30] 류터는 하나님의 초월성에 대하여, 진정한 하나님의 초월성은 통제와 왜곡의 시스템으로부터 우리를 풀어 새롭게 하시는 성령의 역사라고 했다.[31] 윌리스의 "녹색성령론"(green pneumatology)에 보면 성령은 생명의 숨이요, 치유의 바람이며, 생명의 물이며, 깨끗하게 하는 불로서 모든 피조물을 창조하고 보존하고 새롭게 하는 생명의 영이

---

29 Robert Murray, *The Cosmic Covenant* (London: Sheed & Ward, 1992), pp. 105-108.

30 조용훈, 「동서양의 자연관과 기독교 환경윤리」 (서울: 대한기독교서회, 2002), p. 242.

31 Rosemary Radford Ruether, "Ecofeminism and Healing Ourselves, Healing the Earth" *Feminist Theology* 9 (May 1995), p. 59.

다.[32] 하나님은 성령을 통하여 모든 피조물들에 내재하신다. 인간만이 성령의 담지자가 아니다. 만물이 성령의 내재의 대상이 된다. 생명의 영이신 성령은 모든 생명의 우주적 에너지로 만물 가운데 내재한다. 이것이 우주적 성령론이다. 이러한 방식으로 삼위일체 하나님은 피조세계와 관계를 맺으신다.

2) 생태학적 죄와 회개

먼저 우리는 인간 중심적인 사고에서 하나님 중심, 생명 중심, 우주 중심으로 회심해야 한다. 죄는 인간의 자기중심주의로 하나님과 다른 사람으로부터 이탈하고, 역시 자연의 세계로부터 분리되는 것이다. 현대인들은 자신들이 자연의 일부라는 사실을 모르고 자연을 지배하고 정복할 외부 세력이라고 여긴다.[33] 생명의 연결망을 형성하는 개체들의 관계의 단절이 죄의 본질이다. 생명체 간의 소외와 분리가 죄의 현상이다. 하나님과 인간, 인간과 인간, 인간과 자연 상호관계의 단절과 회복이라는 차원에서 죄와 회개를 논의할 수 있다. 생명(live)을 역행하는 것이 다름 아닌 악(evil)이다.

인간의 타락과 죄는 인간에게서 끝나지 않고, 자연 만물도 인간의 죄의 고통을 당한다. 인간은 하나님과 자연과의 중보자적 자리에 위치한다. 인간은 피조물의 제사장 역할을 잘 하므로 하나님과 자연 사이의 중보자 역할을 잘 해야 한다.

---

32 Mark I. Willace, "The Wounded Spirit as the Basis for Hope in an age of Radical Ecology" in *Christianity and Ecology* Dieter Hessel and Rosemary Reuther ed. (Cambrige: Harvard University Press, 2000), pp. 52-59.

33 슈마허, op. cit., p. 22.

구체적인 죄의 목록에는 자원을 낭비하거나 생태계를 오염시키는 것, 분리수거 안하는 것, 생태계를 남용하는 것들이 추가되어야 한다. 이 땅에 드리워진 죽음의 문화 전반을 향하여 죄의 개념도 확대 적용해야 한다. 생태학적인 죄는 땅을 독점하거나 우리가 하나님의 몸인 세계의 일부가 되기를 거절하는 것이다. 죄는 하나님께 충성하는 것을 거부하는 것이 아니라 하나님의 몸을 돌보거나 사랑할 책임을 거부하는 것이다. 죄는 생명이 서로에 대한 상호의존의 의무를 거부하는 것이다. 다른 것으로부터 자신을 분리하려는 욕망이다. 죄는 우주라는 몸의 일부가 되는 것을 거절하는 것이다.

3) 생태학적 구원관과 종말론

전통적인 신학이나 설교나 예전이 창조의 교리보다는 구속의 교리에 더 강조점을 두었고, 구속은 창조의 완성(the fulfillment of creation)이 아니라 벗어남(an escape from creation)으로 간주되곤 했다.[34] 그러나 창조론을 결여한 구원론은 오늘날 생태계 문제를 해결하는 데 공헌할 수 없다. 창조된 질서의 단절과 소외 그리고 창조의 완성으로서의 구원을 논해야 한다. 구원에 대한 예언적 비전은 인간뿐 아니라 창조물 전체의 조화, 온전함, 평화를 말하기 때문이다(호 2:18, 4:3, 롬 8:22, 골 1:16~17). 미래 창조의 회복과 치유의 종말론적 비전은 현재 우리 행동의 목표와 방향을 제시해 준다.

하나님 나라는 현 세상에 대하여 연속성과 불연속성을 동시에 갖는다. 불연속성을 강조하여 하나님 나라가 새 하늘과 새 땅으로서 이 세상

---

34 Ian G. Barbour, op. cit., p. 122.

을 완전히 대치하는 것이라고 주장하는 신학은 생태계의 위기가 종말의 징조는 될지언정 생태계 위기 해소를 위한 노력은 등한시할 것이다. 새로운 신학은 종말론과 생태학의 화해를 주문하고 있다.[35] 이러한 예는 바울이 로마서 8장 22절에서 23절까지 복음을 생태학적으로 해석할 때 이미 드러났던 것이다. 현재 창조세계의 연속선에서 하나님 나라를 보는 것이다.

이 유한한 지구가 우리의 진정한 집이며 우리는 죽음을 맞이하게 될 것이라는 사실을 우리가 확신하게 된다면 진정한 영성은 서로의 깊은 관계성을 기리며 생명보다 더 소중한 것이 없다는 확신을 나누는 것일 것이다. 우주적 조화의 모습 속에서 하나님 나라의 전형을 보듯이 만물이 함께 어우러져 지내는 우주적 구속의 희망을 키워가야 한다.

그 때에 이리가 어린 양과 함께 거하며 표범이 어린 염소와 함께 누우며 송아지와 어린 사자와 살찐 짐승이 함께 있어 어린 아이에게 끌리며 암소와 곰이 함께 먹으며 그것들의 새끼가 함께 엎드리며 사자가 소처럼 풀을 먹을 것이며 젖 먹는 아이가 독사의 구멍에서 장난하며 젖 뗀 어린 아이가 독사의 굴에 손을 넣을 것이라 나의 거룩한 산 모든 곳에서 해 됨도 없고 상함도 없을 것이니 이는 물이 바다를 덮음 같이 여호와를 아는 지식이 세상에 충만할 것임이니라(사 11:6~9)

제 2이사야(40장~66장)는 자연의 치유로서의 구원과 시온의 재건으로서의 구원을 언급한다. 이스라엘은 자연과 분리되지 않은 하나의 부

---

35 Al Truesdale, "Last Things First: The Impact of Eschatology on Ecology," *Communications* 46/2 (1994), pp. 118-119.

분으로 자연에 대한 치유가 곧 그들의 치유를 의미한다. 삶의 조건이었던 자연은 사람과 생활과 밀접한 관계를 맺고 있기 때문에 사람과 자연의 회복을 나누어 생각할 수 없었다.[36]

아모스에 나오는 심판과 회복에 대한 기사에도 이스라엘의 회복이 단지 정치적인 것에서 그치지 않고 환경적 평안도 포함함을 의미한다(암 9:11~15). 신약에서도 우리가 대망하는 새 하늘과 새 땅은 생명체 중심, 모든 만물이 참여하는 우주 중심의 구원관이다(골 1:14~20, 고전 15:28, 엡 1:10, 계 21:5).

노아의 홍수 이야기에서 볼 수 있는 구원의 상징은 인간과 짐승들이 공동운명체로 언약의 파트너도 되고 구원의 동반자도 된다. 구약의 가족 개념은 종, 가축까지를 포함하는 확대된 가족이었다. 예수님이 "누가 내 형제며 모친이냐"라고 언급한 대목도 역시 확대된 가족관을 피력한 것이었다. 오늘날 지구의 황폐화는 가족이 축소되고 붕괴되는 것과 무관하지 않다. 본래 지구공동체는 하늘을 나는 것, 물 속에서 헤엄치는 것, 다양한 서식지에 사는 모든 것을 포함한 것이었다. 지구공동체는 가족이나 사회 이전부터 존재한 원초적인 공동체이다. 그러므로 원래의 지구공동체의 회복이 중요하다.[37]

구원은 지구공동체로부터 인간을 자유케 하는 것이 아니라 지구공동체 안에서 관계를 회복하는 것이다.[38] 하나님이 세상을 이처럼 사랑하사 독생자를 주셨으니(요 3:16)에서 세상은 인간으로 축소될 것이 아니라 우주 만물로 확장되어야 한다.

예수님이 가는 곳마다 생명이 약동하였고 병자가 치유되었다. 치유

---

36 Richard J. Clifford, "The Bible and the Environment" pp. 12-16.

37 Edward P. Echlin, "생태계와 가족" 「한국여성신학」 제 35호 (1998. 가을), p. 24.

38 Ibid., p. 26.

는 하나님과 인간, 인간과 인간 그리고 인간과 자연의 단절되었던 관계가 회복되는 것을 의미한다. 파괴된 생명의 회복, 그리고 생명의 메트릭스가 복원되는 것이다.

예수는 고난과 부활을 통하여 피조물들을 고통에서 풀어 주고 풍성한 생명의 힘에 결합시킨다. 예수는 모든 피조물들을 죽음에서 생명으로 인도하기 위하여 성육신하여 피조물들의 고통과 연대함으로써 부활의 새 생명을 부여한다.

4) 녹색은총과 적색은총

이제까지 우리는 예수 그리스도의 보혈을 통하여 주어지는 적색은총을 강조하였다. 그러나 창조 때 하나님이 베푸신 처음 은총은 녹색은총이었다. 녹색은총은 원초적인 은총이었고, 적색은총은 죄에 빠진 인간을 회복시키는 이차적인 은총이었다.[39] 녹색은총은 하나님의 창조에서 드러났고, 적색은총은 예수님의 십자가 구속사건에서 나타났다. 창조주와 구속자로서의 하나님은 녹색은총과 적색은총을 우주만물에게 베푸신다. 물론 타락한 현 세상에서는 적색은총이 녹색은총을 다시 되살려 낸다. 구속은 창조에 이바지한다. 구속은 부서지거나 강탈당하거나 불완전한 피조물들의 생명을 새롭게 회복시키는 것을 의미한다. 구속은 하나님의 창조를 파괴시키는 반창조적 세력들에 맞서는 행위이다. 그러므로 구속은 만물에 깃든 잠재적인 생명을 온전하게 실현하는 것이다.[40] 이제 기독교는 적색은총과 더불어 녹색은총을 전파해야 온전한

---

39 Matthew Fox, *Original Blessing: A Primer in Creation Spirituality* (Santa Fe: Bear & company, 1983).

40 래리 라스무센, "생명의 신학과 에큐메니칼 윤리"「세계의 신학」(1998, 가을), p. 271.

복음이 된다. 녹색은총은 우리가 자연의 희생을 거룩하고 가치 있는 것으로 감사하게 받아들이며, 자연의 희생을 최소화하려고 노력할 때 가능한 것이다. 창조 영성의 핵심은 녹색은총을 힘입는 것이다. 무지개로 상징되는 하나님의 은혜의 언약은 하나님과 우주만물이 맺는 언약으로 생태학적인 계약이다. 무지개 언약은 사람뿐 아니라 온갖 짐승도 언약의 파트너로서 하나님과 영원한 언약에 참여한다. 인간은 다른 피조물들과 함께 하나님의 언약의 파트너가 되며 공동 운명체적인 삶을 영위한다.

5) 성례전

생태계는 하나님께서 정하신 거룩한 교제의 장소로 하나님과 인간 그리고 만물이 서로 만나 교제하는 장소이다. 여기에서 자연 만물의 성례전적 특성을 찾아 볼 수 있다. 시편 148편은 우리 예배의 우주적 환경을 확인시켜 주는 아름다운 시편이다. 우리는 모든 피조물이 참여하며 조화를 이룬 가운데 하나님을 예배한다. 성례전은 하나의 예전으로서뿐 아니라 하나님의 창조와 재창조를 역동적으로 경험하는 장이 되어야 한다.[41] 그러므로 성례전에 쓰이는 빵, 포도주, 물뿐만 아니라 모든 자연만물이 하나님의 은혜를 매개하는 수단이 될 수 있다. 성례전에 대한 역동적인 이해는 자연을 신격화하지 않으면서도 자연을 성스럽고 신비스러운 것으로 보게 한다. 우주는 하나님을 경험하는 성스러운 곳이다. 마치 모세가 호렙 떨기나무에서 "너의 선 곳은 거룩한 땅이니"(출 3:5)

---

41 K.C. Abraham, "A Theological Response to the Ecological Crisis" in *Ecotheology: Voices from South and North* edited by David G. Hallman (Maryknoll: Orbis Books, 1995), p. 72.

라는 하나님의 음성을 들은 것처럼, 우리의 눈과 귀가 열린다면 우주에 충만한 하나님을 경험할 수 있을 것이다.

하나님은 또한 생명을 허락해 주는 물질적 재화들 속의 생명으로 성례전적으로 임재하신다.[42] 성례전은 영적인 것과 물질적인 것을 구분하여 육체, 물질, 세상을 경시하는 이원론적인 경향을 극복하도록 도와준다.

성례전에 쓰이는 물은 자연이 베풀어 준 것인데, 기도하므로 죄를 씻기는 은혜의 수단이 된다. 포도주, 빵은 대지와 식물과 햇빛과 공기가 준 것을 인간이 땀 흘려 지어 만든 것으로 예수의 몸과 피가 되어 참된 생명을 전해주는 은혜가 된다. 성찬에서 음식은 우리를 예수의 희생과 고난으로 연결시켜 준다.

고든 라드로프(Gordon lathrop)는 성만찬의 의미를 빵은 땅의 비옥한 선함과 고대로부터 인간들이 해온 경작의 역사를 하나로 묶는다고 했다. 포도주는 대지와 태양 그리고 인간의 선한 수고의 결과이다.[43] 이와 같이 우주만물은 하나님의 은혜를 매개해 주는 성례전의 도구가 될 수 있다.

6) 안식일, 안식년 그리고 희년

안식일 준수는 인간중심이 아니라 하나님 중심의 창조-생태학적 세계관을 잘 보여 준다. 안식일은 하나님이 모든 시간의 중심이며 모든 만물의 주인이심을 고백하는 것이다. 하나님이 주신 자유는 비단 이스라

---

42 래리 라스무센, op. cit., p. 283.

43 Gordon W. Lathrop, *Holy Things: A Liturgical Theology* (Minneapolis: Fortress, 1993), pp. 91-92.

엘 사람뿐 아니라 종이나 나그네, 육축, 들짐승, 토지까지 확대하여 함께 누리게 하는 우주적인 축복이다. 안식일 준수는 종이나 짐승까지도 노동으로부터 휴식을 가지게 하는 공동체를 위한 사회윤리이면서 생태윤리까지도 포함한다. 안식일 규정에는 가족의 개념이 아들, 딸에게서 남종, 여종, 나그네, 육축으로까지 광의적으로 피력되어 있다. 여기로부터 인권과 동물권(animal right)에 대한 생각을 유추할 수 있다.[44] 안식일 준수는 이웃을 향한 공간적인 확장에 그치지 않고 시간적으로도 확대되어 안식년, 희년으로 정착된다. 이것이 계약법 전통을 이룬다. 안식일은 새로운 도덕 공동체의 질서와 자유를 실제 시간과 공간에서 경험하는 것이다.

안식일은 생명과 창조의 축복을 베풀어 주신 것에 대해 감사하는 날이다. 안식일은 하나님, 인간뿐 아니라 모든 피조물들이 함께 쉰다. 안식은 창조와 함께 시작되었으며 창조의 리듬을 유지하게 한다. 안식은 창조를 축복하고, 거룩하게 하고, 완성한다(창 2:2, 출 20:8, 10). 안식일을 거룩하게 지킬 때 창조도 거룩해 진다. 안식일 준수가 창조의 일을 은혜 되게 한다. 안식은 모든 생물권(biosphere)이 서로 연결되어 있다는 것을 보여 준다.

안식년에는 휴경하므로 대지에 대한 경의를 표하는 것이다(레 25:1~5). 여기에서 대지를 살아 있는 유기체로 보는 성서적인 안목을 볼 수 있다. 오염, 폐수, 무분별한 개발로 대지를 약탈하거나 남용하는 것은 대지를 죽이는 것이다. 대지는 하나님의 것이다. 생명 있는 모든 것들의 삶의 터전(서식지)으로 보호되어야 한다.

---

44 한기채, op. cit., p. 92.

이상에서 시도된 바와 같이 생태계의 위기는 종전의 신학에 대한 새로운 이해를 요구하고 있다. 우리의 믿는 바에 대한 고백도 새로운 상황을 반영한 건설적이고 실제적인 것이어야 한다.

12 기독교 孝 윤리의 현대적 적용

1. 들어가는 말

2003년 10월 1일 통계청이 발표한 "장래인구 추계 결과"는 65세 이 상 노령인구의 비중이 2000년 전체 인구의 7.2퍼센트에서 2020년에는 15.1퍼센트로 두 배가 될 것이라고 전망했다.[1] 2030년에는 23.1%로 가 파르게 높아질 것으로 추산되고 있다. 이는 우리나라가 2000년에 "고 령화 사회"(Aging Society)로 진입한 이래 2019년에는 "고령사회"(Aged Society)가 될 것을 예고하는 것이다. 그리고 2026년에는 노령인구가 23 퍼센트에 달하는 "초(超)고령사회"가 될 것이다. 평균수명도 의료기술 의 발달에 힘입어 2001년 76.5세에서 2030년에는 81.5세로 늘어날 전 망이다. 2003년 9월 17일 통계청 발표에 의하면 남녀 평균수명의 불균 형도 심각하여 2001년도 남자의 평균 수명은 72.8세, 여성은 80세로 여 성이 평균 7.2세 높다. 외국 선진국의 경우 노령인구가 7퍼센트에서 14

---

1 통계청이 2006년 16일 발표한 '2005년 한국의 사회지표'를 보면 2005년도엔 65세 이상 노 령인구가 9.1%로 높아졌다. 노인부양비는 12.6%로 이는 15~64세 인구 100명이 65세 이상 인 구 12.6명을 부양해야 하다는 뜻으로 향후 노인 부양의 문제가 현실화되고 있음을 보여준다.

퍼센트로 되는 기간, 즉 고령화 사회에서 고령사회로 들어가는데 프랑스는 115년, 미국은 75년, 서독과 영국은 45년 걸렸는데, 우리나라는 19년밖에 걸리지 않을 전망이다. 한국의 인구 고령화 속도가 세계에서 가장 빠른 것으로 나타났다. 이것은 무엇을 의미하는가? 오랜 기간 동안 고령화 사회의 도래를 대처해 온 선진 외국의 경우와는 달리 우리나라는 급속하게 고령화가 진행됨으로 사회, 경제, 문화, 의료, 윤리 각 분야에 미칠 영향이 지대할 것으로 예상된다. 그러므로 그에 대한 준비가 시급하다. 유럽과 미국 같은 선진국에서도 인구의 고령화와 관련된 문제들 때문에 정치, 경제, 사회에 커다란 어려움을 경험하고 있다. 그런데 우리나라는 고령사회에 대한 준비도 부족할 뿐더러 그 심각성조차 감지하지 못하고 있다.

고령화 사회의 위협 요인들은 비경제활동 인구인 노인의 증가로 부양에 대한 국민 부담가중, 노인인구 증가에 따라 건강보험 재정 악화, 연금체계의 위기, 장기요양 시설의 부족, 한정된 의료자원의 분배문제, 경제 성장률 둔화[2], 노인의 일자리 부족, 사회와 가족으로부터 노인들의 소외 같은 것들이다. 60세 이상이 되면 직장에 남아있기 힘들어지는 등 소득이 크게 감소한다. 최근의 조기퇴직 추세를 감안하면 이 같은 소득 감소 속도는 더욱 빨라질 전망이다. 반면에 노인층의 대표적인 지출인 의료비는 건강보험 자료에 따르면 1990년 2400억 원에서 2002년에는 3조 6800억 원으로 크게 늘었다. 거기에다 고부관계, 생계문제, 노인과 성, 노년의 재혼, 노후의 외로움 같은 노인 개인의 어려움도 많다.

---

2 산업자원부에서는 2004년 2월 11일 '고령화와 성장률' 보고서를 통해 1971년 이후의 65세 이상 인구 비중과 1인당 GDP를 조사한 결과 2000년 이후의 GDP 성장률이 70년대보다 30% 가량 낮아졌다고 밝혔다. 이는 인구증가율은 낮아진 반면 65세 이상 비중이 크게 높아지면서 경제활동인구가 줄어든 때문으로 분석됐다.

노인들은 경제적 빈곤, 건강악화, 소외로 인한 외로움, 소일거리 없음을 4대 주요 문제로 인식하고 있다. 현재 우리나라 노인복지정책은 가정 내에서의 부양을 우선으로 하고, 그 후 국가적 차원에서의 보호 정책을 보이고 있어서 가족의 부담과 고통을 가중시키고 있다.[3] 이제 노인공경 이라는 전통적인 효 사상을 강조하는 것만으로는 한계가 있다. 더구나 핵가족의 가속화와 가정의 해체 경향, 그리고 여성 취업의 증가로 노인 단독가구가 증가하면서 사실상 노인들이 가족의 도움을 받기가 불가능한 경우가 많다.

지금 고령화 사회에 대한 대비가 주로 의료, 복지, 경제 정책에 치우쳐 있다. 이런 노력은 어느 정도의 유용성을 지니고 있지만 근본적인 치유보다는 증상을 완화시키는 차원에 머물기 쉽다. 왜냐하면 이러한 접근은 의도적이든 아니든 노인이라는 존재를 문제시하는 시각에서 출발하고 있기 때문이다. 노령화는 해결해야 할 문제가 아니라 우리가 사는 "생명의 소중한 과정"이라는 새로운 인식이 필요하다. 우리는 노인을 문제로 보던 시각에서 탈피하여 생명에 대한 통전적인 관점에서 "나이듦"과 "죽어감"에 대해 살펴보아야 한다. 늙음이나 죽음이 우리 현재의 일부가 되지 못한다면 건강한 삶을 살아갈 수 없다. 죽음은 삶의 한 조건이다. 죽음에 직면할 때 결국 우리는 삶을 더 잘 살 수 있다.[4] 고령화

---

3 2000년 통계청 한국사회지표에 따르면 65세 이상 노인인구의 부양자가 정부나 사회단체 인 경우는 10.8%에 불과하고, 대부분이 자녀나 친인척에 생계를 의존하고 있다. 가족부양에 의한 생계유지가 90%를 차지하고 있어서 선진국에 비해 노인의 가족에 대한 생계의존도가 약 5배에서 20배가량 더 높은 수치이다.

4 죽음에 대한 독보적인 연구는 엘리사벳 퀴블러로스 「인간의 죽음」(서울: 분도출판사, 1979)을 참조하라. 일반서적으로는 앙드레 모루아 「나이 드는 기술」(서울: 나무생각, 2002), 지미 카터 「나이 드는 것의 미덕」(서울: 끌리오, 1999), 미치 앨봄 「모리와 함께한 화요일」(서울: 세종서적, 1998)이 유익하다. 기독교 영성가인 헨리 나웬 「죽음, 가장 큰 선물」(서울: 홍성사, 1998)은 신앙적인 관점에서 죽음을 잘 다루고 있다. 그 밖의 원서는 다음을 참조하라. Ira

사회에서 노인에 대한 이해는 생명 자체에 대한 이해에서 비롯되어야
한다. 그리고 생명에 대한 문제는 신학에서 주요하게 다루는 이슈이기
에 기독교 윤리적 성찰이 필요하다고 생각한다. 우리가 처한 상황에서
의 노인에 대한 사회적, 문화적 편견의 원인을 살펴보고, 젊음과 늙음
그리고 죽음에 대한 바른 가치관을 형성하는 것이 중요하다. 그러므로
기존의 사회과학과 의학 그리고 사회복지학에서의 연구와 더불어 신학
과 철학에서의 윤리적 성찰이 요구된다. 여기에서는 그러한 연구의 일
부분으로 효에 대한 성서윤리적인 이해와 그것의 현대적 적용을 살펴보
도록 하겠다.

2. 신앙과 윤리

네 부모를 공경하라 그리하면 너의 하나님 나 여호와가 네게 준 땅에서 네
생명이 길리라(출 20:12).

너는 너의 하나님 여호와의 명한 대로 네 부모를 공경하라 그리하면 너의
하나님 여호와가 네게 준 땅에서 네가 생명이 길고 복을 누리리라(신 5:16).

너희 각 사람은 부모를 경외하고… (레 19:3)

십계명(약 BC 1300년경)에 보면 하나님 신앙과 부모에 대한 효가 제 5
계명에서 만난다. 하나님에 대한 신앙관계와 인간 사이의 윤리관계가

Byock, *Dying Well: Peace and Possibilities at the end of Life* (New York: Riverhead Books,
1997), Mary Ellen O' Brien, *Living Well & Dying Well: A Sacramental View of Life and Death*
(Chicago: Sheed & Ward, 2001), Kenneth L. Vaux and Sara A. Vaux, *Dying Well* (Nashville:
Abingdon Press, 1996).

제3부 생명과 윤리　**319**

만나는 것이 "부모를 공경하라"는 계명인 것이다(출 20:12, 신 5:16). 그러므로 기독교에서 효는 신앙과 윤리가 만나는 지점에 위치한다. 제 5계명은 신앙과 윤리의 상호관계를 잘 드러낸다.

　성서에서 부모와 자녀의 관계는 하나님과 인간의 관계를 은유적으로 표현할 때 종종 사용된다(출 4:22~23, 신 32:5~6, 말 1:6). 부모를 공경하는 것은 궁극적으로 하나님을 경외하는 것과 연결된다. 부모를 공경하는 것과 하나님을 경외하는 것은 상통하는 점이 많다. 하나님을 공경하는 사람은 부모를 공경한다. 십계명에서 부모를 공경하라는 계명은 하나님에 대한 신앙과 인간에 대한 윤리를 연결하는 계명인 동시에 그 내용이나 형태, 표현에 있어서 하나님에 대한 신앙과 같다. 어버이는 하나님과 같은 존재이고 하나님도 어버이와 같은 존재이다. 그래서 성서는 하나님을 아버지로 부른다. 선조들은 하나님을 대표하는 분들이다. 부모는 이 땅에서 "하나님의 대리자"이다.[5] 성서는 부모 공경에서 부모를 거의 신격화하여 말하고 있다.[6] 보이는 부모를 공경하지 않으면서 보이지 않는 하나님을 섬긴다고 말하는 것은 거짓이다. 하나님은 생명의 궁극적인 근원이며, 부모는 생명을 전달해 주신 분이다. 부모를 공경하지 않는 것은 궁극적으로 생명의 원천이 되는 하나님을 공경하지 않는 것이다. 부모를 불명예스럽게 하는 것은 자신의 생명의 기반을 송두리째 무너뜨리는 것이요, 하나님과 인간의 관계를 부모와 자식의 관계로 유추적으로 보았을 때, 이러한 윤리적인 범법 행위는 하나님께 대한 신앙적인 반역으로 이해된다. 반면 부모를 공경하는 것은 하나님 공경으로 이어 진다. 여기에 종교적인 요소와 윤리적인 요소가 밀접하게 연관되

---

5 K. Barth, *Kirchliche Dogmatik* III/4, p. 272.

6 S. G. Post, "Filial Morality in an Aging Society" *Journal of Religion & Aging* Vol. 5 (1989), pp. 15-29.

어 있다. 그러므로 제 5계명은 단순히 부모와 자식 간의 인간관계를 말씀한 것에 그치지 않고 한걸음 더 나아가 하나님과 인간과의 관계까지를 포함하는 계명이다. 이 계명은 이중적인 의미를 가지는데, 부모 공경의 의무를 저버리는 것은 기초 공동체를 파괴하는 행위일 뿐 아니라 하나님에 대한 반역으로 이해된다. 칼빈도 부모에 대한 공경은 하나님에 대한 공경과 연관되어 있음을 분명히 했다. 칼빈은 부모 공경이라는 계명을 통하여 인간은 자연스럽게 권위에 대한 복종과 겸손을 배울 수 있다고 하였다.[7]

"공경"의 히브리어 어원은 "카베드"(kabed)로 "무겁게 여기다" "비중있게 생각하다" "중요하게 여긴다"라는 뜻이다. 그러므로 부모 공경은 부모를 무겁고 중요하게 여겨야 하며 또한 부모의 말씀을 무겁고 중요하게 받아들여야 한다는 뜻이다.[8] 부모 공경은 부모의 안녕을 염려하고 정서적으로나 물질적으로, 건강할 때나 병중일 때에도 마음으로부터 우러나는 존경심과 정성으로 보살펴 드리는 것이다.

십계명은 가치체계의 순서에 따라 나열되어 있다. 부모 공경은 인간관계에 있어서 가장 먼저 등장하는 계명으로 성서는 부모 공경을 인간이 지켜야 할 윤리 가운데 가장 중요한 윤리로 취급하고, 그것을 인간관계의 기초로 설명하고 있다. 심지어 그 다음에 나오는 "살인하지 말라"보다 "부모를 공경하라"를 우선적으로 요구하고 있다. 그런데 현대에는 살인, 간음, 도적질은 큰 죄로 다루면서 불효는 그렇게까지 말하지 않는 것이 현실이다. 이것은 성서의 정신과 위배된다. 성서가 부모 공경을 다른 것들보다 중요하게 취급하는 것은 부모로부터 생명이 시작되기 때문

---

7 Benjamin Farley, *John Calvin's Sermons on the Ten Commandments* 박희석 역 「칼빈의 십계명 설교」(서울: 성광문화사, 1991), p. 238.

8 박준서, 「십계명 새로 보기」(서울: 한들출판사, 2001), p. 109.

일 것이다. 생명이 전제되지 않는다면 다른 것은 아무 의미가 없다. 그리고 부모와 자녀의 관계는 모든 인간관계의 근간을 이룬다. 인간은 자기부정을 통한 자기극복의 훈련이자 하나님께로 돌아가는 훈련인 부모 공경을 먼저 지켜야만 살인, 간음, 도적질, 거짓증거, 탐욕도 피할 수 있다.[9]

> 자기 아비나 어미를 치는 자는 반드시 죽일찌니라(출 21:15).
> 아비나 어미를 저주하는 자는 반드시 죽일찌니라(출 21:17, 레 20:9, 신 21:18~21 참고).

부모에 대한 불경은 하나님에 대한 불경으로 그 죄의 형벌은 사형이었다. 그러므로 불효 죄는 신성 모독죄와 똑같은 형벌을 적용했다. 그것은 부모에 대한 무례가 곧 하나님에 대한 무례와 같다고 보았기 때문이다. 물론 문자대로 시행되지는 않았더라도 불효의 죄가 얼마나 큰 것인가를 보여 주고 모든 사람들이 경각심을 가지도록 교훈한 것이다.

> 그 부모를 경홀히 여기는 자는 저주를 받을 것이라 할 것이요 모든 백성은 아멘 할찌니라(신 27:16).
> 내 아들아 네 아비의 훈계를 들으며 네 어미의 법을 떠나지 말라 이는 네 머리의 아름다운 관이요, 목의 금사슬이니라(잠 1:8, 9).
> 손자는 노인의 면류관이요, 아비는 자식의 영화니라(잠 17:6).
> 아비를 구박하고 어미를 쫓아내는 자는 부끄러움을 끼치며 능욕을 부르는 자식이니라(잠 19:26).

---

9 김용규, 「데칼로그」(서울: 바다출판사, 2002), p. 173.

자기의 아비나 어미를 저주하는 자는 그 등불이 유암 중에 꺼짐을 당하리라(잠 20:20).

너 낳은 아비에게 청종하고 네 늙은 어미를 경히 여기지 말지니라(잠 23:22).

네 부모를 즐겁게 하며 너 낳은 어미를 기쁘게 하라(잠 23:25).

부모의 물건을 도적질하고 죄가 아니라 하는 자는 멸망케 하는 자의 동류니라(잠 28:24).

아비를 저주하며 어미를 축복하지 아니하는 무리가 있느니라 아비를 조롱하며 어미 순종하기를 싫어하는 자의 눈은 골짜기의 까마귀에게 쪼이고 독수리 새끼에게 먹히리라(잠 30:11, 17).

그들이 네 가운데서 부모를 업신여겼으며 네 가운데서 나그네를 학대하였으며 네 가운데서 고아와 과부를 해하였도다(겔 22:7).

만일 어떤 과부에게 자녀나 손자들이 있거든 저희로 먼저 자기 집에서 효를 행하여 부모에게 보답하기를 배우게 하라 이것이 하나님 앞에 받으실만한 것이니라(딤전 5:4).

성서는 이와 같이 부모를 공경하는 방식을 여러 가지 실례를 들어 가르치고 있다. 말씀에 순종하고, 존경해 드리고, 물질적으로 보답해 드리고, 마음을 즐겁고 기쁘게 해 드리는 것이다. 그리고 부모 공경은 그것 자체에 그치는 것이 아니고 하나님을 공경하기 위한 수단이 된다.

예수님은 신앙상의 이유로 핑계를 대면서 자신의 부모를 제대로 섬기지 않는 사람들을 엄하게 책망하셨다.

사람이 아비에게나 어미에게나 말하기를 내가 드려 유익하게 할 것이 고르반 곧 하나님께 드림이 되었다고 하기만 하면 그만이라 하고 제 아비나 어미에게 다시 아무 것이라도 하여 드리기를 허하지 아니하여 너희의 전한 유전으로 하나님의 말씀을 폐하며 또 이 같은 일을 많이 행하느니라(막 7:11~13).

당시 바리새인들은 부모에게 드릴 것을 대신 하나님에게 드렸다고 하면서 "고르반"이라고 말했다. "고르반"이란 "하나님께 드리는 예물"이란 뜻으로 부모님께 드릴 것을 하나님께 드렸으므로 부모에 대한 의무를 면제 받았다고 하는 것이다. 예수님은 이런 바리새인들의 거짓된 신앙을 비판하셨다. 부모에게 마땅히 해야 될 도리를 하지 않는 자는 믿음을 배반했고 불신자보다 더 악하다고 하셨고 하나님께 드렸다고 해서 부모에게 드릴 것을 면제 받을 수 없다고 하셨다. 바울도 그와 같이 말했다.

누구든지 자기 친족 특히 자기 가족을 돌아보지 아니하면 믿음을 배반한 자요 불신자 보다 더 악한 자니라(딤전 5:8).

신앙은 윤리를 대신하거나 대치하는 것이 아니다. 성서는 효 윤리를 신앙의 차원으로 끌어 올리고 있다. 결과적으로 효 윤리의 수준을 한층 드높이고, 효를 하는 데 있어서 신앙적인 지원을 받을 수 있게 했다.

3. 노인 봉양

제 5계명은 어린이들에게 부모를 공경하라는 말씀으로 이해되곤 하는데, 본래는 장성한 자녀들에게 인생의 휴식기에 들어가 있는 노년의 부모를 공경하라는 의미였다. 가부장적 사회에서 어린 자녀들인 경우는 이 계명이 아니더라도 부모를 공경할 수밖에 없었기 때문이다. 부모 공경은 부모 아래 있는 자녀에게 주는 계명이 아니라 이미 가장의 역할을 하고 있는 장성한 자녀가 노인이 된 그들의 부모를 존경해야 할 의무를 말하는 것이다. 그러므로 이 법은 장성한 자녀들에게 노년이 된 부모들을 공경하라는 의미가 강조된 계명이다. 부모가 생산능력을 다하고 노년에 도달했을 때 장성한 자녀들이 노부모를 어떻게 대해야 하는가에 대한 것이다. 이런 면에서 "안식일을 거룩하게 지키라"는 제 4계명과 인생의 휴식기를 보내는 부모를 공경하라는 제 5계명은 긴밀하게 연관된다. 제 4계명과 제 5계명은 공히 사람에게 있어서 물질적인 생산성보다 더욱 중요한 것은 사람의 존재 자체라는 것을 일깨워 주기 때문이다. 인생의 휴식기에 들어서서 생산 능력도 없고 가치도 없어 보이는 노인들을 멸시하지 말라는 것이다. 생산적인 활동을 못하는 노년의 부모라도 젊었을 때와 마찬가지로 존중을 받아야 한다. 사람의 생산능력이 사람을 가치 있게 만드는 것은 아니다.[10] 사람의 존엄성은 하나님이 주신 생명 자체에 있기 때문이다. 그러므로 부모가 생산능력을 잃어 경제적 능력, 사회적 지위가 상실되었다고 소홀히 대해서는 안 된다. 노후 생활을 위한 사회복지제도가 확립되지 않은 당시의 상황에서는 노인들을 위한 가정의 역할이 중요했다. 당시 가정 밖에서는 그 어떤 노후 대책도 마련되지 않았다. 노인들의 생계는 오로지 가족 안에서 젊은 자녀들의 봉양에만 의존되어 있었다. 부모 공경은 노후보장성 보험제도나 양로원 제도가 없었던 고대 사회에서 생활력을 상실한 노인의 생존권을 보장하는 것이다.[11] "공경하다"라는 의미는 정신적 · 영적인 의미를 지닐 뿐

---

10 장애를 가진 사람의 문제나 안락사 문제를 논할 때 삶의 질에 관점을 두고 판단하는 공리주의나 실용주의적 입장은 인간의 가치를 그의 생산능력에 기초하는 경향이 다분하다.

11 차준희, "네 부모를 공경하라: 제 5계명 연구" 「효와 성령」 (서울: 한들출판사, 2002), p. 62.

아니라 구체적인 물질봉양을 포함하고 있다. 그러므로 부모 공경은 노년의 부모에게 죽을 때까지 자녀들이 음식, 의복, 주거, 질병수발, 장례 등의 적절한 봉양을 감당하라는 것이다. 세대 간의 효의 연결 고리를 통하여 인간다운 자유인의 삶을 계속할 수 있도록 보장하는 것이다.[12]

이 계명은 가정의 신성을 말하는 것이다. 족장 시대의 대가족 제도인 구약의 가족은 조부모, 부모, 자녀들 뿐 아니라 종, 나그네, 심지어 가축까지도 포함하는 상당히 넓은 범위를 포괄하고 있다. 말하자면 구약의 가족에는 기초 공동체 개념이 들어 있다. 제 4계명과 제 5계명은 공동체의 안위를 위한 기본 계명이다. 이것이 무너지면 사회 공동체의 존립 기반이 위협을 받는다. 십계명의 처음 다섯 계명은 공동체 형성을 위한 기본적인 것들로, 위반하였을 때 공동체의 존립기반 자체가 흔들릴 위험이 많다. 그리고 다음의 다섯 계명은 보다 개인적인 사안에 관련되어 있는 것으로 위반한 결과는 즉각적이고 직접적이며 개별적인 경향을 띤다.[13]

부모 공경의 계명에는 다른 계명에서 볼 수 없는 보상규정이 나와 있다. 노년의 부모를 공경하는 것은, 비록 부모로부터 어떤 대가를 얻지 못한다고 할지라도, 하나님께서 대신 갚아 주시겠다는 약속이 있다. 성서에서 하나님이 갚아 주시겠다는 약속이 있는 계명은 대부분 약자를

---

12 F. Crusemann, 「Bewahrung der Freiheit」이지영 역 「자유의 보존」(서울: 크리스천 헤럴드, 1999), pp. 74-76.

13 Walter Harrelson, *The Ten Commandments and Human Rights* (Philadelphia: Fortress Press, 1988), p. 104.

14 성서에 하나님이 갚아 주시겠다는 약속이 있는 계명은 대부분 약자를 보살핀 대가다. 율법에는 통상 고아, 과부, 가난한 자, 나그네, 장애인과 같이 사회적 약자들에 대한 행위에 대하여 하나님의 보상과 보복 규정이 따라 나온다. 약자들은 자신들이 당한 일에 대하여 갚을 능력이 없으므로 보상이든 보복이든 하나님이 대신 갚아 준다는 것이다. 약자들은 도움을 받을 뿐 지불할 능력이 없으므로 하나님께서 대신 갚아 주신다. 반대의 경우로 약자를 억울하게 한 일에 대해서 약자 스스로 그 원한을 갚을 힘이 없으므로 하나님이 약자를 대신하여 보복하신다.

보살핀 경우다.[14] 가부장적인 사회에서 장년의 부모는 약자가 아니므로, 여기에서 말하는 부모는 노년의 부모라는 것이 더욱 분명해 진다.[15] 그러므로 부모 공경의 계명은 노부모와 성인 자녀 간의 관계를 의미하는 것으로 고령화 사회에 적합한 말씀이다. 보상규정에 나오는 축복인 "땅에서 잘되고"는 삶의 질을 의미하고, "장수하리라"는 삶의 양을 말한다.

4. 확대된 가족

효도를 부모의 명령이나 지시를 무조건 따르고 복종하는 것이라고 말한다면 권위주의적 봉건사회에서나 받아들일 수 있는 덕목이 될 것이다. 전통적인 효는 당시의 봉건적 수직문화의 사회적 환경과 가치를 전제로 한 것이기 때문에 민주주의의 평등윤리를 보편적 가치로 인정하는 수평문화를 특징으로 하는 현대의 지식 정보 사회에 그대로 답습한다는 것은 무리가 있다. 오늘날 우리가 우려하거나 일반인들이 거부반응을 보이는 것은 효가 자칫 종속적 계급주의, 폐쇄적인 보수주의, 형식주의와 허례의식, 비합리성, 피학적인 효행설화, 과거지향적인 복고주의, 숭문정신(崇文精神), 가족중심적 이기주의 등으로 변질되는 것이다.[16] 이런 부정적인 인식이 현대인들로 하여금 효 사상 자체를 시대에 뒤떨어진 것으로 치부하게 만든다. 그러나 효도는 서로의 사랑과 존중을 전제로 하는 기본적인 윤리의 원칙이므로, 가정과 사회가 시대 환경에 따라 변해도 여전히 뿌리공동체의 기본적인 윤리 개념이 되어야 한다.[17] 그

---

15 Walter Harrelson, op. cit., p. 97.

16 최성규, "성경적 효란 무엇인가" (성산효도대학원) 「교수논총」(1998), p. 3.

17 이규호, 「거짓말 참말 그리고 침묵」(서울: 말과 창조사, 2003), 177.

러므로 효 윤리의 필요성과 당위성을 강조하면서 효의 개념과 효행의 방법은 현대사회의 흐름을 반영해야 한다. 누구나 손쉽게 받아들일 수 있도록 윤리도 시대정신에 맞게 재해석되어야 한다. 현대 사회와 조화를 이루기 위해서는 민주성, 합리성, 현실성, 적합성, 개방성, 이타성, 자발성, 평등성, 공정성을 함축하는 효가 되어야 한다.

전통적으로 효라고 하면 부모와 자녀의 질서를 정하고, 자녀의 의무와 책임을 강조하는 것이었다. 이제 가정윤리의 모델이 과거의 위계질서 모델에서 상호관계 모델로 바뀌어야 한다. 부모와 자식의 관계나 남편과 아내의 관계가 일방적인 상하복종의 관계가 아니라 상호존중의 관계가 되어야 한다. 성서는 가정윤리를 일방적이거나 권위주의적으로가 아니라 상호적인 입장에서 서술하고 있다. 신약성서에서는 가정윤리의 전제를 "그리스도를 경외함으로 피차 복종하라"(엡 5:21)로 시작한다. 상호존중을 전제하는 것이다.

> 자녀들아 너희 부모를 주 안에서 순종하라 이것이 옳으니라 네 아버지와 어머니를 공경하라 이것이 약속 있는 첫 계명이니 이는 네가 잘 되고 땅에서 장수하리라 또 아비들아 너희 자녀를 노엽게 하지 말고 오직 주의 교양과 훈계로 양육하라(엡 6:1~4).
>
> 자녀들아 모든 일에 부모에게 순종하라 이는 주 안에서 기쁘게 하는 것이니라 아비들아 너희 자녀를 격노케 말찌니 낙심할까 함이라(골 3:20~21).

"자녀들아…" "아비들아…"라고 양쪽을 차례로 부르면서 말씀하는 이유는 일방적인 요구가 아니라 상호관계 안에서 각각 해야 될 일들을 말하기 때문이다. 자녀의 의무로써 효와 효의 한계점("주 안에서"), 그리고 부모의 책임도 말하고 있다. 여기에서 순종은 행동이고, 공경은 마음의 태도이다. 부모에게 순종하고 부모를 공경하는 것은 첫째 옳은 일이고, 둘째 하나님의 명령이고, 셋째 보상이 있다는 것이다. 이와 같이 성서의 효 윤리는 가부장적이고 권위적인 일방통행식이 아니라 수평적이면서 민주적인 쌍방통행식(interactive)이다. 부모로부터 자녀에게 이르는 선행적이고 희생적인 사랑에 출발점이 있고, 자녀로부터 부모를 향한 은혜에 대한 감사가 있다. 부모 공경과 자녀 사랑은 서로 함께 간다. 효는 우주적 삶의 원리를 담고 있는 하나님의 창조의 질서이다. 성서적인 효는 부모 자녀 상호간의 생명의 원리, 빛과 질서의 원리, 그리고 돌봄의 원리라고 말할 수 있다.[18]

예수님은 선한 사마리아인의 비유에서(눅 10:29~37) "누가 이웃인가"에 대한 질문에 답변을 하셨다. 강도 당한 사람의 이웃이 되었던 사람은 동족이나 같은 신앙인이나 부락사람이 아니라, 이방인과 대적으로 간주되었던 사마리아인이었다. 이 비유는 종교적 · 인종적 · 지역적 · 문화적 차원을 뛰어넘어 누구든지 어려움을 당한 자의 이웃이 될 수 있다는 것을 가르쳐 주면서 이웃의 개념을 확장시켜 준다. 그리고 이웃이 누구냐는 질문을 어려움을 당한 자에게 가서 네가 이웃이 되어 주라는 적극적인 요구로 뒤집는다.[19] "내가 효도를 해야 할 부모가 누구냐"라는 질문에도 마찬가지로 접근 할 수 있을 것이다. 예수님은 혈연관계를 뛰어 넘는 확대된 가족관을 피력하셨다. 이런 예수님의 가족에 대한 견해는 당시로서는 기존의 관습적인 틀을 깨는 것이었다. "당신의 어머니와 동생들과 누이들이 밖에서 찾나이다"(막 3:32)라는 말을 듣고 예수님은 "누가 내 어머니며 동생이냐"하시고 주위를 둘러보시며 "내 어머니

---

18 우택주, "성경적 효의 해석학적 타당성" (성산효도대학원)「교수논총」(2001), p. 97.

19 한기채, 「성서이야기윤리」(서울: 대한기독교서회, 2003), p. 222.

와 내 동생들을 보라 누구든지 하나님의 뜻대로 행하는 자가 내 형제요 자매요 어머니니라"(막 3:33~35) 하였다. 이는 예수님께서 기존의 혈연적인 가족관계를 부인한 것이 아니라 확대된 새로운 가족의 개념을 피력한 것이다.[20] 예수님이 십자가에서 못 박혀 임종하는 순간 어머니 마리아를 요한에게 부탁하는 광경에도, "예수께서 그 모친과 사랑하시는 제자가 곁에 섰는 것을 보시고 그 모친께 말씀하시되 여자여 보소서 아들이니이다 하시고 또 그 제자에게 이르시되 보라 네 어머니라 하신대 그 때부터 그 제자가 (마리아를) 자기 집에 모시니라"(요 19:26~27). 이렇게 성서는 혈연적인 가족관계를 넘어 서서 사회공동체를 포함하는 새로운 가족 공동체를 제시하고 있다. 앞에서 언급한대로 구약의 가족도 나그네와 종 그리고 가축까지도 포함한 확대된 가족개념으로 공동체와 이웃들에게 확대 적용될 수 있다. 그러므로 혈연적인 부모 공경을 어른 공경 사상으로까지 확대시켜야 한다. 즉 내 부모를 돌보는 것과 같이 다른 노인들도 돌봐야 한다. 이것이 성서가 가르치는 효이다.

> 늙은이를 꾸짖지 말고 권하되 아비에게 하듯하며 젊은이를 형제에게 하듯하고 늙은 여자를 어미에게 하듯하며 젊은 여자를 일절 깨끗함으로 자매에게 하듯하라(딤전 5:1~2).
> 너는 센(백발) 머리 앞에 일어서고 노인의 얼굴을 공경하며… (레 19:32)

그러므로 진정한 효는 가정으로부터 시작하여 이웃이나 사회와 국가 그리고 세계로 확장되어야 한다. 고령사회로 접어드는 우리에게 요구되는 효는 개인이나 가정 차원을 넘는 것이다. 효는 자신의 부모를 모시는

---

20 Ibid., p. 248.

것으로부터 시작하여 노년기를 보내는 이웃 어른들을 모시는 것으로 확대되어 나가야 한다. 이를 위하여 기독교의 궁극적인 가치인 섬김과 돌봄과 나눔이 생활화되어야 한다. 고령화 사회인 현대에는 정의가 내포되어 있는 효, 구조적이고 제도적인 사회적 차원의 효가 더욱 절실하다. 사회 공동체 구성원 모두가 노인들을 자신의 부모로 여기고 모시는 것이다. 고령화 사회에서 노인봉양을 가족 차원의 효에 전적으로 의존하게 하는 한국 사회는 많은 어려움에 봉착해 있다. 노인부모에 대한 문제로 개인이나 가정이 파탄지경에 이르고, 형편에 맞지 않는 과도한 요구로 개인에게 희생을 강요하거나 죄책감에 시달리게 해서는 안 된다. 아름답고 숭고해야 할 효의 윤리가 멍에가 되어서는 안 된다. 고령화 사회에서 개인적 효도 필요하지만 거기에 있는 한계도 분명히 알아야 된다. 치매 노인이나 만성투병환자를 개인이나 가정에서 효라는 차원으로 봉양하기에는 너무나 많은 희생이 요구된다. 감당할 능력이 없는 개인을 불효자로 만들지 않기 위해서라도 사회적 지원망을 구축해야 한다. 가족과 더불어 지역 사회와 국가가 연대하여 상호보완적인 프로그램을 마련해야 한다. 물론 사회가 노인복지를 위한 사회보장 제도를 아무리 잘 갖춘다고 할지라도 가족들이 제공하는 것과 같이 사랑과 존경, 희생과 책임을 가지고 노인들을 부양하지는 못할 것이다. 사회가 물질적인 부양은 할 수 있을지 몰라도 정서적인 부양은 미흡할 것이다. 그러므로 가족이 제공하는 개인적이고 비공식적인 봉양과 더불어 국가사회가 제공하는 제도적이고 공식적인 부양이 병행되어야 한다.

이상에서 필자는 효를 신앙으로 승화시키고, 사회적 차원으로 확대해석해야 할 필요성을 제시하였다. 마지막으로 이러한 실제적인 예를 성서 이야기 속에서 찾아보자.

5. 성서 이야기 엿보기

부모를 공경하여 축복을 받은 실제적인 경우가 성서 이야기에 많이 언급되어 있는 데, 약 BC 1100년을 배경으로 있었던 나오미와 그의 며느리 룻의 이야기(룻기)에서 그 실제적인 예를 찾아 볼 수 있다. 나오미는 남편 엘리멜렉을 따라 두 아들 말론, 기룐을 데리고 베들레헴에서 모압으로 이민을 갔다. 그런데 남편 엘리멜렉이 죽고, 혼자서 두 아들을 결혼시켰는데, 십 년 사이에 두 아들마저 자녀 없이 차례로 죽고 나오미와 두 며느리, 세 과부만 남게 되었다. 참으로 불행한 가정이었다. 그런데 룻기에는 이렇게 불행한 사람들이 인생을 역전시켜 행복을 만든 이야기가 나온다. 여기에는 나오미와 룻의 아름다운 고부관계가 바탕을 이룬다. 사랑스러운 고부관계의 기저에는 서로를 "어머니", "내 딸아"라고 친밀하게 부르고, 어려움의 원인을 자신의 탓으로 돌리며(룻 1:21), 상대의 아픔과 고통을 먼저 생각하고(룻 1:13), 상대의 필요를 채워주려는 정신이 깔려있다. 여기에 고부간의 상호존중관계의 모델은 연합모델로까지 발전하여 유기체적인 "한 몸 의식"으로 드러난다. 이방인이었던 룻은 친정으로 돌아가서 새 출발을 하라는 나오미의 반복적인 권면(룻 1:8)에도 불구하고 홀로 남은 시어머니와 일생을 함께 할 것을 거듭 다짐한다.

어머니와 함께 어머니의 백성에게로 돌아가겠나이다(룻 1:10).
나로 어머니를 떠나며 어머니를 따르지 말고 돌아가라 강권하지 마옵소서 어머니께서 가시는 곳에 나도 가고 어머니께서 유숙하시는 곳에서 나도 유숙하겠나이다 어머니의 백성이 나의 백성이 되고 어머니의 하나님이 나의 하나님이 되시리니 어머니께서 죽으시는 곳에서 나도 죽어 거기 장사될 것이라 만일 내가 죽는 일 외에 어머니를 떠나면 여호와께서 내게 벌을 내리시고 더 내리시기를 원하나이다(룻 1:16~17).

룻은 시어머니의 믿음도 시어머니의 백성도 시어머니의 운명도 자신의 것으로 달갑게 받아들인다. 시어머니의 강한 만류에도 불구하고 늙은 시어머니를 홀로 남겨 두고 자신의 삶을 찾아 나서는 대신 시어머니를 모시고 살기 위해 함께 시어머니의 고향으로 돌아간다. 그리고 룻은 나오미를 봉양하기 위해 추수 밭에 나가 이삭을 줍는 일부터 시작한다. 당시 사회에서는 고아, 과부, 나그네, 또는 가난한 자들을 위해 추수기에 이삭을 남겨 두는 풍습이 있었다. 밭의 주인인 보아스는 룻이 이방 여인이면서도 시어머니인 나오미를 극진하게 봉양한다는 사실을 알게 되어 룻에 대해 호감을 갖고 지켜본다. 보아스는 추수 일꾼들에게 이삭을 많이 남겨 두도록 지시하고, 룻에게 일꾼들과 함께 물을 마실 수 있도록 배려한다. 일과를 마치고 돌아온 룻은 나오미에게 추수 밭에서 있었던 모든 일들을 보고하고, 나오미는 룻이 행해야 할 일을 자세하게 일러준다. 룻과 나오미의 지혜로운 행동으로 결국 룻은 보아스와 결혼을 하게 되고, 나오미를 모시고 살면서 자녀들을 낳게 된다. 이 때 낳은 아들 오벳이 나중에 이새를 낳고, 이새는 이스라엘의 왕이 된 다윗을 낳게 된다. 그러므로 룻은 다윗 왕의 증조모가 된다. 이렇게 룻은 이방인으로서 예수님의 조상이 되고 그 족보에 이름을 올리는 복된 여인이 된다. 나오미는 손자 오벳을 키우며 여생을 보아스와 룻의 효를 받으면서 편안하게 산다. 사람들은 고부간을 칭송하며 나오미에게 "이(룻)는 네 생명의 회복자며 네 노년의 봉양자라 곧 너를 사랑하며 일곱 아들보다 귀한 자부"(룻 4:15)라고 한다. 아들 일곱이 하는 것보다 더 훌륭하게 나오미를 공경하였던 룻의 결말은 "네 부모를 공경하라 그리하면 땅에서 잘

되고 장수하리라"는 말씀대로 된 것이다. 이 이야기에는 혈연적인 관계를 넘는 효, 사회 보장 제도적인 성격을 띤 추수기의 이삭 남기기와 결혼 제도, 그리고 고부간의 효의 모델을 제시해 준다.

고령화 사회에 따른 노인 복지에 대한 대처가 심각한 사안으로 떠오르는 시점에 효의 개념을 재조명하여 누구나 평범한 생활 속에서 실천할 수 있는 효를 발전적으로 정립하는 작업이 필요하다.[21] 그리고 이제 효가 상호존중의 가족주의적 효와 더불어 노인 인구의 부양이라는 사회적 효를 생각해야 할 때가 되었다. 결국 현대적인 효를 실천한다는 것은 노인들에게 삶의 의미를 심어 주고 노후의 생활을 보람 있게 할 수 있도록 가정과 사회가 물질적 · 정신적으로 보살피는 것을 의미한다.

---

21 성규택, 「새 시대의 효」(서울: 연세대학교 출판부, 1995), p. 210.